de Gruyter Studienbuch

1749
Walter de Gruyter
250
Berlin · New York
1999

Joachim Heinzle

Einführung in die mittelhochdeutsche Dietrichepik

Walter de Gruyter · Berlin · New York
1999

♾ Gedruckt auf säurefreiem Papier,
das die US-ANSI-Norm über Haltbarkeit erfüllt.

Die Deutsche Bibliothek – CIP-Einheitsaufnahme

Heinzle, Joachim:
Einführung in die mittelhochdeutsche Dietrichepik / Joachim
Heinzle. – Berlin ; New York : de Gruyter, 1999
(De-Gruyter-Studienbuch)
ISBN 3-11-015094-8

Printed in Germany
Satz: Greiner & Reichel, Köln
Druck und buchbinderische Verarbeitung: Werner Hildebrand, Berlin
Umschlaggestaltung: Hansbernd Lindemann
unter Verwendung des Holzschnitts zum ‚Rosengarten‘:
Witege (Wittich) kämpft gegen den Riesen Aspasian (HBFaks)

Für Franziska und Georg

Vorwort

Die kleine Einführung in die mittelhochdeutsche Dietrichepik, die ich hier vorlege, ist in erster Linie für den akademischen Unterricht gedacht, doch hoffe ich, daß sie auch der Forschung Informationen liefern und Anstöße geben kann. Besonderes Gewicht habe ich auf die Dokumentation der Überlieferung gelegt. Sie stellt sich heute in vielem anders dar als bei der letzten umfassenden Bestandsaufnahme in meinem Buch von 1978: mehrere Handschriften und Druckausgaben sind seither entdeckt worden; einige als verschollen gemeldete Textzeugen sind wieder nachweisbar; einzelne Datierungen mußten revidiert werden (so die des ältesten Heldenbuchs, das nun ins 14. Jahrhundert gerückt ist). Vermehrt werden konnten auch die Exemplar-Nachweise zu den Heldenbuch-Drucken, doch ist damit nur ein erster Schritt getan: die Öffnung Osteuropas und das neue Instrumentarium der Online-Recherche lassen hier noch einen beträchtlichen Zuwachs erwarten.

Herzlich danke ich: Michael Bärmann, Francis B. Brévart, Jens Haustein, Elisabeth Lienert, Michael Mecklenburg, die großzügig Einsicht in noch unveröffentlichte Beiträge gewährten; Marina Cometta und Claudia Händl, die mir wichtige Publikationen zugänglich machten, die ich sonst nicht leicht erreicht hätte; Reinhard Hahn, Walter Kofler, Gisela Kornrumpf, Johannes Rettelbach, Anne-Beate Riecke, Christine Stöllinger-Löser, die wertvolle Auskünfte und Hinweise gaben; Christa Bertelsmeier-Kierst, Klaus Klein, Jürgen Wolf, die die Angaben zur Überlieferung prüften, ergänzten, korrigierten; Sebastian Krämer, Barbara Leupold, Annegret Pfalzgraf, die die Literatur und Bilder beschafften und die Korrekturen besorgten. Bedankt sei nicht zuletzt Brigitte Schöning: sie hat mir das Büchlein abverlangt.

Marburg, im Juli 1998   Joachim Heinzle

Inhaltsverzeichnis

Überblick:
Dietrichsage und Dietrichdichtung

Unter ‚Dietrichepik' wird in diesem Band eine Gruppe erzählender Versdichtungen in mittelhochdeutscher Sprache verstanden, deren Held Dietrich von Bern ist. Soweit wir sehen, ist zumindest der wesentliche, vielleicht sogar der gesamte Bestand dieser Texte im 13. Jahrhundert verfaßt worden. Was da erzählt wird, gehört zu einer gewaltigen mittel- und nordwesteuropäischen Stofftradition, der Dietrichsage, die neben der Nibelungensage den bedeutendsten Komplex der heroischen Überlieferung germanischer Herkunft, der germanischen Heldensage, darstellt. Wie die anderen Zweige dieser Überlieferung hat auch die Dietrichsage einen historischen Ursprung in der Völkerwanderungszeit: in Dietrich, dem Herrscher von Bern (das heißt: Verona), lebt die Erinnerung an den Ostgotenkönig Theoderich den Großen (geboren 451?, gestorben 526) fort.

Literatur:
Eine eingehende und zuverlässige moderne Gesamtdarstellung des Komplexes fehlt. Die ältere Monographie von Gisela Plötzeneder: Die Gestalt Dietrichs von Bern in der deutschen Dichtung und Sage des frühen und hohen Mittelalters, Diss. (Masch.) Innsbruck 1955, ist überholt. Die von Roswitha Wisniewski: Mittelalterliche Dietrichdichtung, Stuttgart 1986 (Sammlung Metzler 205), ist unbrauchbar (s. Joachim Heinzle, in: AfdA 99 [1988], S. 82–87). – Einen begrenzten Zugang über die Namen bieten die ausgezeichneten Dokumentationen bei George T. Gillespie, A catalogue of persons named in german heroic literature (700–1600). Including named animals and objects and ethnic names, Oxford 1973. Unverzichtbar, obwohl im einzelnen fast durchweg veraltet, bleibt die klassische Testimoniensammlung von Wilhelm Grimm (GHS). – Bibliographisch erschlossen ist das Feld bei Schneider, passim und S. 458–555

(Bibliographie zur deutschen Heldensage 1928–1960 von Roswitha Wisniewski), und in HHG, S. 329–413.

Theoderich der Große und Dietrich von Bern

Der Kern der Dietrichsage: die Fluchtfabel läßt sich auf das zentrale Ereignis in der Laufbahn Theoderichs beziehen: die Begründung des italienischen Reichs der Ostgoten.

Der Vorgang ist eingebettet in die Machtpolitik des römischen Kaisertums. Im Jahre 395 war es nach dem Tod Kaiser Theodosius' I. zur Teilung des Reichs gekommen: der ältere Kaisersohn Arcadius erhielt die Herrschaft im Osten (Byzanz/ Konstantinopel), der jüngere Kaisersohn Honorius die Herrschaft im Westen (Rom). Ursprünglich bloß als Verwaltungsteilung unter ein und derselben Dynastie gedacht, führte die Trennung schließlich zur völligen politischen und sprachlich-kulturellen Verselbständigung der beiden Reichshälften. Bestimmend für die weitere Entwicklung war die politische und militärische Auseinandersetzung mit den Germanen, denen im 5. Jahrhundert nach und nach das weströmische Reich erlag, und mit dem aus den asiatischen Steppen nach Europa vordringenden Reitervolk der Hunnen.

Die Hunnen vernichteten 375/76 das gotische Großreich des Königs Ermanarich aus dem Geschlecht der Amaler, dessen Kerngebiet in Südrußland lag, und konnten in der Folgezeit weite Bereiche vom Kaukasus bis zum Rhein unter ihre Kontrolle bringen (das Zentrum des Reichs lag in der Theißebene). Ihre größte Machtentfaltung erreichten sie unter Attila (Alleinherrscher 441–453), der 451 bis nach Frankreich vordrang, dort aber – auf den Katalaunischen Feldern (bei Troyes?) – von einem römisch-germanischen Heer unter Aëtius vernichtend geschlagen wurde.

Auch auf der Seite Attilas hatten in dieser Schlacht Germanen gekämpft, darunter ein unter der Führung von Amalern –

den Brüder Valamir, Thiudimir und Vidimir – stehender Verband aus einem Zweig der Goten, der sich seit der Katastrophe von 375/76 unter der Herrschaft der Hunnen formiert hatte: den Ostgoten. Nach Attilas Tod gingen die Ostgoten, nun in Pannonien (südlich und westlich der Donau etwa von Klosterneuburg bis zur Savemündung) ansässig, ein Föderatenverhältnis mit dem oströmischen Reich ein, zu dessen Sicherung Thiudimirs Sohn Theoderich für ein Jahrzehnt (von 459 bis 469/70) als Geisel nach Byzanz gegeben wurde. Nach der Rückkehr zu den Ostgoten übte er an der Seite seines Vaters, dem das Königtum zugefallen war, Herrschaftsfunktionen aus. 473 verließen die Ostgoten Pannonien. Der größere Teil des Volkes unter Thiudimir und Theoderich zog zunächst nach Makedonien. 474 übernahm dort Theoderich nach dem Tod des Vaters das Königsamt. Die ersten anderthalb Jahrzehnte seiner Regierungszeit waren gekennzeichnet durch neue Wanderungen und Kriege, in denen Theoderich schließlich seine Herrschaft sichern und zu einer – stets labilen – Übereinkunft mit dem oströmischen Kaiser Zenon I. (474–491) kommen konnte, die ihm eine herausragende Stellung im oströmischen Staat einräumte. 488 schloß er mit Zenon einen Vertrag, der ihm die Herrschaft in Italien zusicherte, die damals Odoaker innehatte, ein ehemaliger Heerführer, der – von der aus germanischen Söldnern bestehenden Truppe zum König erhoben – 476 den letzten weströmischen Kaiser Romulus (genannt Augustulus: ‚Kaiserlein‘) abgesetzt hatte.

Theoderich zog mit einem großen Heer nach Italien, besiegte Odoaker in mehreren Schlachten (489 an der Isonzobrücke bei Görz und bei Verona, 490 an der Adda) und erzwang 493 die Öffnung Ravennas, wo sich Odoaker verschanzt hatte (die Stadt war seit 402 die Residenz der weströmischen Herrscher). Es gelang Odoaker, mit Theoderich zu einem Vertrag zu kommen, der die gemeinsame Herrschaft über Italien vorsah, doch wurde er wenig später (am 15. März 493) von diesem eigenhändig erschlagen. 497 erreichte Theoderich die Anerkennung seiner Herrschaft durch Zenons Nachfolger Anastasius I. Sie

brachte Italien Jahrzehnte politischer Stabilität, wirtschaftlicher
Prosperität und kultureller Blüte. Nach außen suchte Theoderich die Sicherheit des Reichs durch eine intensive Bündnis-
und Heiratspolitik zu gewährleisten, mit der er die Westgoten
(deren König er wurde), Burgunden, Franken, Thüringer und
Vandalen an sich zu binden hoffte. Sein Ende war überschattet
vom Scheitern der Pläne für seine Nachfolge und von einem
damit zusammenhängenden innenpolitischen Konflikt mit einer einflußreichen Gruppe römischer Oppositioneller, in dessen Verlauf er 524 den Gelehrten Boethius (einen der bedeutendsten und wirkungsmächtigsten Autoren der Spätantike)
und 525 dessen Schwiegervater Symmachus, das Haupt des
römischen Senats, hinrichten ließ. Auf die Hinrichtung des
Katholiken Boethius durch den Arianer Theoderich reagierte
Kaiser Justinus I. (518–527) mit der Aufkündigung der Reli-
gionsfreiheit für die arianischen Goten, die im Osten zurückge-
blieben waren. Ein Vermittlungsversuch, den Papst Johannes I.
auf Veranlassung Theoderichs in Byzanz unternahm, scheint
wenig erbracht zu haben; der Papst starb 526 kurz nach seiner
Rückkehr in Ravenna, wo ihn Theoderich festgehalten hatte.
Wenig später, am 30. August 526, starb auch der König. Sein
Reich erlag nach einem fast zwanzigjährigen Vernichtungs-
krieg (535–553) den Heeren Kaiser Justinians I. (527–565).
Italien wurde oströmische Provinz.

Literatur:
Wilhelm Ensslin, Theoderich der Große, München ²1959; Herwig Wolfram,
Die Goten, München ³1990; John Moorhead, Theoderic in Italy, Oxford
1992.

Aus der Sicht der modernen Geschichtswissenschaft erscheinen
die skizzierten historischen Ereignisse in der Dietrichsage ei-
gentümlich verdunkelt und verzerrt. Nach der Grundfabel
wird Dietrich aus seinem oberitalienischen Erbreich mit der
Residenz Bern/Verona vertrieben, zieht ins Exil zum Hunnenkönig Attila/Etzel und kann nach dreißig (oder zweiunddrei-

ßig) Jahren zurückkehren. Als Vertreiber figuriert ursprünglich Odoaker, später Dietrichs Onkel Ermenrich, hinter dem sich jener Gotenkönig Ermanarich verbirgt, dessen Reich unter dem Ansturm der Hunnen zerbrach. Wann die Sage entstanden ist, läßt sich nicht genau sagen. Den Terminus ante quem liefert das im vierten Jahrzehnt des 9. Jahrhunderts aufgezeichnete althochdeutsche ‚Hildebrandslied‘, das sie voraussetzt (s. u. S. 11 ff.). Ein Terminus post quem gegen Ende des 6. Jahrhunderts ergäbe sich aus der Landnahme der Langobarden in Italien, wenn die Vermutung zuträfe, daß die Sage bei diesen ausgebildet wurde. Dafür könnte die Ersetzung von Theoderichs Residenz Ravenna durch Dietrichs Residenz Verona sprechen: Verona war einer der wichtigsten Plätze im Reich der Langobarden (zeitweise residierten ihre Könige dort), während Ravenna, die Residenz des kaiserlichen Statthalters in Italien, von den Byzantinern gehalten wurde.

Die anachronistische Verbindung von Theoderich/Dietrich mit Ermanarich/Ermenrich und Attila/Etzel hat im Rahmen der Sagenbildung nichts Befremdliches. Die Synchronisierung von Ereignissen, die zu verschiedenen Zeiten geschehen sind, und von Personen, die zu verschiedenen Zeiten gelebt haben, ist ein typischer Zug der Umformung von Historie in heroische Überlieferung. Sie zielt auf die Konstruktion einer geschlossenen Heldenwelt, in der alles mit allem zusammenhängt und jeder mit jedem zu tun hat. Nachvollziehbar ist auch, weshalb gerade Ermanarich in die Rolle des Vertreibers eintrat: in der Erzähltradition der Germanen war der alte König zum Inbegriff des Verwandtenfeinds geworden (in den Überlieferungen von Svanhild und von den Harlungen: in jener läßt er seinen Sohn und seine Frau, in dieser seine Neffen töten). Daß Dietrichs Flucht gerade zum Hunnenkönig führte, hat man mit der Feindschaft zwischen Ermanarich und den Hunnen in Verbindung gebracht und damit, daß die Ostgoten mit den Hunnen unter Attila verbunden waren. Ausschlaggebend dürfte indes das traditionelle Attila-Bild der Völker im Südosten Europas gewesen sein, denen der Hunnenkönig als mächtiger Beschüt-

zer, als ,Völkerhirte', galt. Dazu mag bei der Ausbildung des
Exilmotivs die Erinnerung an Theoderichs Geiselzeit in Byzanz
eine Rolle gespielt haben (die Zahl von dreißig oder zweiunddreißig Jahren könnte sich auf die Zeit vom Beginn des Aufent-
halts in Byzanz bis zum Beginn der italienischen Herrschaft
oder auf deren Dauer beziehen).

Rätselhaft bleibt indes die Hauptsache: wie es zur Verwandlung der historischen Eroberung Italiens durch Theoderich in
die Vertreibung Dietrichs aus Italien kommen konnte. Man hat
u. a. diskutiert, ob hier ein Versuch vorliegt, die Gotenherr-
schaft in Italien als ursprünglich und daher rechtmäßig hinzu-
stellen, ob im Schicksal des ,armen Dietrich' (wie er sich selbst
wiederholt nennt: vgl. S. 24, 69, 71) die Vernichtung des Ost-
gotenreichs durch Byzanz reflektiert wird oder ob es sich um
Reflexe von Ereignissen aus der Zeit der Balkanwanderung der
Ostgoten vor der Eroberung Italiens handelt. Für die zweite
Möglichkeit könnte die Figur des Dietrichhelden Witege sprechen, die vielleicht den Namen und einige Züge des Heerfüh-
rers und Königs Vitigis trägt, der für ein paar Jahre (536–540)
die militärische und politische Auseinandersetzung mit Justi-
nian geführt hat (s. S. 4). Letztlich bleiben aber alle Erklä-
rungsversuche unverbindlich, und man kann nur grundsätzlich
feststellen, daß sich die Umformulierung des historischen Geschehens zur Fluchtsage an einem ,Situationsschema' orientier-
te, das – mit einem mehr oder weniger festen Motivinventar
ausgestattet – aus älterer Erzähltradition geläufig war.

Auch dies ist typisch für die Verwandlung von Historie
in heroische Überlieferung: daß sie mit Hilfe traditioneller
Erzählschemata und Erzählmotive durchgeführt wird. Man
hat darin früher einen Akt der Enthistorisierung und künst-
lerischen Emanzipation gesehen: die Fakten wären nur der
Rohstoff gewesen, aus dem Dichter, in freier Willkür nach äs-
thetischen Erwägungen verfahrend, die Sage in Form von Heldenliedern geformt hätten. Heute wissen wir, daß heroische
Überlieferung mit Dichtkunst im modernen Sinn nichts zu tun
hat. Sie stellt vielmehr eine spezifische Form von Geschichts-

wissen dar, das als Gegenstand des ‚kulturellen Gedächtnisses‘ der Stiftung und Erhaltung der Identität der Gemeinschaften dient, die die Überlieferung tragen. Die (Um-)Formulierung der historischen Fakten mit Hilfe traditioneller literarischer Muster scheint dabei die Funktion zu haben, die historische Erfahrung über die Vermittlung mit vertrauten Vorstellungen zu bewältigen. In diesem Sinne läßt sich die heroische Überlieferung der Germanen – die Dietrichsage nicht anders als etwa die Nibelungensage – in ihrer blutigen Düsterheit als Produkt der Abarbeitung kollektiver Traumata verstehen, die das grauenvolle Geschehen der Völkerwanderungszeit bei den Betroffenen hervorrufen mußte.

Literatur:

Die Literatur zum Verhältnis Theoderich – Dietrich ist Legion. Grundlegend geblieben ist die Abhandlung von Richard Heinzel, Über die ostgothische Heldensage, in: Sitzungsberichte der kais. Akademie der Wissenschaften in Wien. Phil.-hist. Cl. 119, 3. Abh., Wien 1889, S. 1–98. – Die ältere Forschung war darauf fixiert, den Prozeß der Bildung und Entwicklung der Sage, von der man annahm, daß sie bis ins hohe Mittelalter so gut wie ausschließlich in Liedern gestaltet wurde, minutiös zu rekonstruieren. Die klassische Darstellung der deutschen Heldensage in dieser Sicht, die heute aufgegeben ist, stammt von Hermann Schneider (s. Abkürzungsverzeichnis). Was speziell die Dietrichsage betrifft, kann eine (in ihrer Art bedeutende) Abhandlung von Wolfgang Mohr als exemplarisch gelten: Dietrich von Bern, in: ZfdA 80 (1944), S. 117–155. Die moderne Forschung beginnt mit einem Aufsatz von Walter Haug: Die historische Dietrichsage. Zum Problem der Literarisierung geschichtlicher Fakten, in: ZfdA 100 (1971), S. 43–62. – Neuere Überblicksskizzen stammen von Achim Masser, Von Theoderich dem Großen zu Dietrich von Bern – Die Wandlung der historischen Person zum Sagenhelden, in: Der Schlern 58 (1984), S. 635–645 (hier S. 642 ff. Begründung der Langobardenthese); David McLintock, Dietrich und Theoderich – Sage und Geschichte, in: Geistliche und weltliche Epik des Mittelalters in Österreich, hg. von David McLintock/Adrian Stevens/Fred Wagner, Göppingen 1987 (GAG 446), S. 99–106; Edith Marold, Wandel und Konstanz in der Darstellung der Figur des Dietrich von Bern, in: HHG, S. 149–182. Ein Versuch von Roswitha Wisniewski, die historischen Grundlagen der Sage gänzlich neu zu bestimmen, kommt über haltlose Spekulationen nicht hinaus: Die Anfänge der Dietrichsage im Donauraum, in: PHG,

S. 125–151. – Wichtig für das Verständnis von Heldensage als Geschichtsüberlieferung ist ein Aufsatz von Walter Haug: Andreas Heuslers Heldensagenmo-
dell: Prämissen, Kritik und Gegenentwurf, in: ZfdA 104 (1975), S. 273–292
(wieder in: W. H., Strukturen als Schlüssel zur Welt, Tübingen 1989,
S. 277–292). Das Phänomen des ‚kulturellen Gedächtnisses‘ hat Jan Assmann
erhellt: Das kulturelle Gedächtnis, München 1992. Bedeutsam in diesem Zusammenhang sind auch Studien von František Graus: Lebendige Vergangen-
heit. Überlieferung im Mittelalter und in den Vorstellungen vom Mittelalter,
Köln/Wien 1975 (S. 39 ff. zur Dietrich-Überlieferung).

Zum Gegenstand der Sagenbildung ist auch Theoderichs Ende
geworden. Die katholische Propaganda hat seinen Tod – er starb
wie der ‚Ketzer‘ Arius an der Ruhr – als Sündenstrafe hingestellt.
Die Vorstellung, er sei zur Hölle gefahren, zieht sich in einer Fülle von Zeugnissen durch die Jahrhunderte. Zwei Hauptstränge
dieser Überlieferung, jeweils in mehreren Varianten ausgefaltet,
lassen sich unterscheiden: Vulkansturz und Höllenritt.
    Vom Vulkansturz berichtet zuerst Papst Gregor der Große in
seinen ‚Dialogen‘ (593/94): ein Einsiedler habe an Theoderichs
Todestag gesehen, wie der König – das heißt: dessen Seele –
ohne Gürtel und Schuhe und mit gebundenen Händen von
Papst Johannes und Symmachus in den Liparischen Vulkan gestürzt wurde; dies sei die gerechte Strafe dafür gewesen, daß er
die beiden getötet habe.
    Die ältesten Bezeugungen des Höllenritts bieten zwei Relief-
platten am Portal von San Zeno in Verona (um 1140?) und die
‚Weltchronik‘ Ottos von Freising (1143–46). Otto referiert die
Überlieferung vom Vulkansturz und fügt hinzu, es gebe auch
eine volkstümliche Tradition (*vulgo dicitur*), derzufolge Theoderich lebendig, auf einem Pferd sitzend, zur Hölle gefahren sei
(*vivus equo sedens ad inferos descendisse*). Das Relief, mit In-
schriften, zeigt einen ‚törichten König‘ (*regem stultum*), der,
auf galoppierendem Pferd einem Hirsch nachjagend, auf das
Höllentor zustürmt, wo ihn ein Teufel erwartet (Abb. 1). Daß
der Reiter Theoderich ist, wird nicht ausdrücklich gesagt, doch
sprechen gute Gründe dafür.

Mit der Höllenritt-Tradition könnten Überlieferungen zusammenhängen, in denen Dietrich anscheinend als Wilder Jäger oder als Führer der Wilden Jagd (des Totenheeres) auftritt, doch bleibt die Beurteilung der Zeugnisse schwierig. Unklar ist auch, ob dämonische Züge, die Dietrich in manchen Überlieferungen trägt – er soll ein Sproß des Teufels sein und ist in der Lage, Feuer zu speien – in den Sagenkomplex von Theoderichs/Dietrichs Ende gehören.

Offenbleiben muß, ob die Überlieferungen von Theoderichs/Dietrichs Ende zur Verteufelung des Gotenkönigs allererst aus kirchlich-katholischer Sicht entwickelt wurden oder ob es sich um die gezielte Verkehrung einer älteren Theoderich-Apotheose ins Negative handelt. Sicher ist nur, daß die populäre Dietrichdichtung die Verdammung ihres Helden nicht akzeptiert hat und die Überlieferung entsprechend umbog: so die mittelhochdeutsche Dichtung vom ‚Wartburgkrieg' den Vulkansturz (Dietrich täuscht diesen nur vor – s. S. 161) und die ‚Thidrekssaga' und der ‚Wunderer' den Höllenritt (nach der ‚Thidrekssaga' soll Thidrek auf dem Teufelsroß, das ihn davontrug, den Beistand Gottes und der Jungfrau Maria gefunden haben [s. S. 39]; nach dem ‚Wunderer' wurde er an einen Ort geführt, an dem er nach dem Willen Gottes Buße tat [s. S. 192]).

Literatur:
Das Material ist nahezu vollständig erfaßt und knapp kommentiert bei Erich Benedikt, Die Überlieferungen vom Ende Dietrichs von Bern, in: Festschrift für Dietrich Kralik, Horn 1954, S. 99–111. Vgl. u.a. noch Friedrich von Bezold, Zur Geschichte der Dietrichsage, in: Historische Vierteljahrsschrift 23 (1926), S. 433–445; Gisela Plötzeneder, Die Teufelssage von Dietrich von Bern, in: Germanistische Abhandlungen, hg. von Karl Kurt Klein/Eugen Thurnher, Innsbruck 1959 (Innsbrucker Beiträge zur Kulturwissenschaft 6), S. 33–40; Horst Peter Pütz, Studien zur Dietrichsage. Mythisierung und Dämonisierung Theoderichs des Großen, Diss. (Masch.) Wien 1969, S. 148 ff.; Marina Cometta, Tradizione e Letterarietà nella Leggenda di Teodorico, in: ACME – Annali della Facoltà di Lettere e Filosofia dell'Università degli Studi di Milano 47/1 (1994), S. 61–103; ferner die S. 18 angegebene Literatur zu den historiographischen Quellen. – Zu den Reliefs von San Zeno in Verona (und verwandten

Bilddenkmälern): Stammler, S. 53 ff.; Ingeborg Schröbler, Ikonographische Bemerkungen zur Komposition der Vorauer Bücher Mosis und zu den bildlichen
Darstellungen der Rolandssage, in: ZfdA 100 (1971), S. 250–269. Wie proble-
matisch die Beurteilung solcher Darstellungen sein kann, zeigt der Aufsatz von
Hans Szklenar, Die Jagdszene von Hocheppan – Ein Zeugnis der Dietrichsa-
ge?, in: DHT, S. 407–465. Vgl. dazu: Achim Masser/Max Siller, Der Kult des
hl. Oswald in Tirol und die ‚Hirschjagd‘ der Burgkapelle von Hocheppan, in:
Der Schlern 57 (1983), S. 55–91. – Zu Dietrich als Wildem Jäger/Führer der
Wilden Jagd: Friedrich Sieber, Dietrich von Bern als Führer der wilden Jagd, in:
Mitteilungen der Schlesischen Gesellschaft für Volkskunde 31/32 (1931),
S. 85–124; Alexander Haggerty Krappe, Dietrich von Bern als Führer der
wilden Jagd, ibid. 33 (1933), S. 129–136; J. O. Plassmann, Dietrich von Bern
als Wilder Jäger, in: Germanien. Monatshefte für Germanenkunde 1940, S.
176–183; Gschwantler, Zeugnisse (wie S. 18), S. 72 ff. – Zu Dietrichs Ende in
der ‚Thidrekssaga‘: Alexander Haggerty Krappe, La légende de la fin du roi
Théodoric, in: Le Moyen Age 2/39 (1929), S. 190–207; Edith Marold, Dietrich
als Sinnbild der Superbia, in: Arbeiten zur Skandinavistik, hg. von Heinrich
Beck, Frankfurt a. M./Bern/New York 1985 (Texte und Untersuchungen zur
Germanistik und Skandinavistik 11), S. 443–486 (dazu Sprenger [wie S. 80]);
Otto Gschwantler, Konsistenz und Intertextualität im Schlußteil der Þiðreks
saga, in: HLB, S. 150–172. – Zur Möglichkeit einer vorkirchlichen Theoderich-Apotheose: Walter Haug, Theoderichs Ende und ein tibetisches Märchen,
in: Märchen, Mythos, Dichtung. Festschrift Friedrich von der Leyen, hg. von
Hugo Kuhn/Kurt Schier, München 1963, S. 83–115 (wieder in: W. H., Strukturen als Schlüssel zur Welt, Tübingen 1989, S. 339–363). Vgl. auch Pütz (wie
oben) sowie u. S. 15 f. zum Rök-Stein.

Zu den Überlieferungen von Dietrich und Ermenrich (der
Fluchtsage) und von Dietrichs Ende kommt als dritter Teilbe-
reich der Dietrichsage die Überlieferung von Dietrichs Abenteuern: gefährlichen Kämpfen, die er gegen die verschiedensten, meist übernatürlichen Gegner (Riesen, Zwerge, Drachen)
zu bestehen hat. Diese Überlieferung läßt sich mit dem historischen Theoderich nicht verbinden. Ausgestaltet wurde sie in
der aventiurehaften Dietrichepik des 13. Jahrhunderts, scheint
aber ältere Wurzeln zu haben (s. S. 17).

Dietrich-Überlieferung im frühen Mittelalter

Die Lebenskraft der Dietrichsage ist erstaunlich. Sie blieb vom frühen Mittelalter bis weit in die frühe Neuzeit hinein lebendig, und sie hat über all die Jahrhunderte hin die Aura historischer Verbindlichkeit bewahrt. Erstaunlich ist auch, daß die Tradierung weitestgehend mündlich erfolgte. Man hat sie sich als Weitergabe in der dichterisch gestalteten Form von Heldenliedern, aber auch als Übermittlung von ungeformtem Sagenwissen vorzustellen. Ein Glücksfall der Überlieferungsgeschichte will es, daß das älteste Dokument der Dietrichsage ein solches Heldenlied ist, das einzige seiner Art, das jemals schriftlich fixiert wurde.

Das althochdeutsche ‚Hildebrandslied‘

Das althochdeutsche ‚Hildebrandslied‘ ist im vierten Jahrzehnt des 9. Jahrhunderts von zwei Schreibern im Kloster Fulda auf die Außenseiten des Vor- und Nachsatzblattes einer lateinischen Bibelhandschrift geschrieben worden. Die Aufzeichnung bricht mit dem Ende der zweiten Seite vor dem Schluß ab.

Der Text, knapp 70 Stabreimverse, führt uns in die Situation vor einer Schlacht. Zwei Krieger treten sich zwischen den Heeren gegenüber. Es sind Hildebrand und sein Sohn Hadubrand. Keiner weiß von der Identität des andern. Auf Hildebrands Frage, aus welchem Geschlecht er stamme, antwortet Hadubrand: man habe ihm gesagt, er sei der Sohn Hildebrands; dieser, der liebste der Helden des Dietrich (*Deotrich*), sei einst mit seinem Herrn und vielen von dessen Kriegern (*sinero degano filu*) nach Osten geritten, wohin Dietrich vor Odoakers Haß (*Otachres nid*) geflohen sei; den unerwachsenen Sohn (*barn unwahsan*) habe er ohne Erbe (*arbeo laosa*) zurückgelassen; er sei nicht mehr am Leben. Hildebrand sucht eine friedliche Lösung herbeizuführen, indem er einen goldenen Reif, den ihm der Hunnenherrscher (*Huneo truhtin*) gegeben hatte, vom Arm

streift und dem Sohn als Geschenk anbietet. Der fürchtet eine
List und beschimpft Hildebrand als ‚alten Hunnen‘. Hildebrand sieht nun keine Möglichkeit mehr, dem Kampf auszu-
weichen, und beklagt sein Schicksal, nach dreißig Jahren des
Herumziehens in der Fremde den eigenen Sohn erschlagen oder
von dessen Hand den Tod erleiden zu müssen. Der Eintrag endet mit dem Beginn des Kampfes mitten in einem Vers und einem Satz. Doch läßt sich mit großer Wahrscheinlichkeit erschließen, daß der Vater den Sohn tötete (vgl. S. 37).
    Die Andeutungen, die im Text gemacht sind, lassen die Kon-
tur der Fluchtsage erkennen, wie sie in verschiedenen Varianten in späteren Texten bezeugt ist: Dietrich wird von Odoaker
mit Haß verfolgt und muß, von seinen Kriegern begleitet, ins
Exil zum Hunnenkönig ziehen. Nach dreißig Jahren erobert er
mit einem Hunnenheer sein Land zurück. Eingelegt in diesen
Rahmen ist eine Variante der weit verbreiteten Wanderfabel
vom Kampf zwischen Vater und Sohn. Der tragische Ausgang
wirft einen dunklen Schatten auf Dietrichs erfolgreiche Rückkehr. Möglicherweise fassen wir hier schon ein Muster, das die
Dietrich-Rolle der jüngeren Überlieferung prägt: noch die Siege des ‚armen Dietrich‘ sind Niederlagen (s. S. 6, 24 f., 125 f.).
    Wann und wo der Text entstanden ist (im 8. Jahrhundert
oder früher? in Oberitalien?), läßt sich nicht mit Sicherheit sagen. Bedeutsam ist der Umstand, daß ihn die Fuldaer Schreiber
nachweisbar aus einer schriftlichen Vorlage abgeschrieben haben. Wir fassen damit vielleicht eine Spur der Beschäftigung
mit heroischer Überlieferung im Umkreis Karls des Großen.
Der hatte, wie sein Biograph Einhard berichtet, ‚die volkssprachigen und sehr alten Lieder, in denen die Taten und Kriege der
alten Könige besungen wurden, aufschreiben und dem Gedächtnis überliefern lassen‘ (*barbara et antiquissima carmina,
quibus veterum regum actus et bella canebantur, scripsit me-
moriaeque mandavit*). Man darf annehmen, daß es sich bei diesen *carmina* wenigstens zum Teil um Heldenlieder von der Art
des ‚Hildebrandsliedes‘ handelt. Und es ist offenkundig, daß
diese Lieder für den Kaiser Geschichtsüberlieferung waren, die

das Gedächtnis der Herrscher bewahrte, als deren Erbe er sich fühlte. Zu ihnen gehörte nicht zuletzt Theoderich, dessen Reiterstandbild er aus Ravenna nach Aachen schaffen und vor seinem Palast aufstellen ließ. Es zeigt sehr schön die Ambivalenz des Bildes von Theoderich/Dietrich, daß Walahfrid Strabo für Karls Sohn Ludwig den Frommen ein Huldigungsgedicht schrieb (‚De imagine Tetrici‘: ‚Über das Standbild Theoderichs‘), in dem er die Statue zum Anlaß nahm, den Dargestellten im Sinne der kirchlichen Polemik als Gotteslästerer (*blasphemus dei*) und – wie die Inschrift auf dem Relief in Verona – als Toren (*stultus Tetricus*) zu schmähen.

Literatur:

Das ‚Hildebrandslied‘ liest man am besten in der Ausgabe von Walter Haug in: Frühe deutsche Literatur und lateinische Literatur in Deutschland 800–1150, hg. von Walter Haug/Benedikt Konrad Vollmann, Frankfurt 1991 (Bibliothek des Mittelalters 1), S. 10 ff. (Text und Übersetzung), 1025 ff. (Kommentar mit Literaturverzeichnis). Vgl. auch Klaus Düwel, Hildebrandslied, in: VL III, Sp. 1240–1256. – Eine ausgezeichnete Gesamtinterpretation gibt Wolfgang Haubrichs, Die Anfänge: Versuche volkssprachiger Schriftlichkeit im frühen Mittelalter (ca. 700–1050/60), Tübingen ²1995 (Geschichte der deutschen Literatur von den Anfängen bis zum Beginn der Neuzeit, hg. von Joachim Heinzle I/1), S. 116–133. – Beachtung verdient eine neue Auffassung des Situationsrahmens, die Hans Heinrich Meier vorgeschlagen hat (nicht Einzelkampf zwischen den Heeren, sondern Massenschlacht): Die Schlacht im Hildebrandslied, in: ZfdA 119 (1990), S. 127–138. – Der Zusammenhang mit der Fluchtsage ist in einer kontroversen Diskussion geklärt worden: Norbert Wagner, ‚Ich armer Dietrîch.‘ Die Wandlung von Theoderichs Eroberung zu Dietrichs Flucht, in: ZfdA 109 (1980), S. 209–228; Joachim Heinzle, Rabenschlacht und Burgundenuntergang im Hildebrandslied? Zu einer neuen Theorie über die Entstehung der Sage von Dietrichs Flucht, in: Althochdeutsch, in Verbindung mit Herbert Kolb/Klaus Matzel/Karl Stackmann hg. von Rolf Bergmann/Heinrich Tiefenbach/Lothar Voetz, I, Heidelberg 1987, S. 677–684; Walter Haug, Literarhistoriker *untar heriun tuem*, in: *in hôhem prîse.* Festschrift Ernst S. Dick, Göppingen 1989 (GAG 480), S. 129–144 (wieder in: W. H., Brechungen auf dem Weg zur Individualität, Tübingen 1995, S. 91–105). – Die Bedeutung der Liedersammlung Karls des Großen hat Wolfgang Haubrichs erhellt: Veterum regum actus et bella – Zur sog. Heldenliedersammlung Karls des Großen, in: Aspekte der Germanistik. Festschrift für Hans-Friedrich Rosenfeld zum 90. Geburtstag, hg. von Walter Tauber, Göppingen 1989 (GAG 521), S. 17–46. Zu Karls Theoderich-Nachfolge vgl. auch Norbert Voorwinden, La fonction de la représentation littéraire du roi Théodoric, in: Histoire et littérature au Moyen Age, hg. von Danielle Buschinger, Göppingen 1991 (GAG 546), S. 473–483 (478 ff.). – Walahfrids Gedicht ist wiederholt ediert, übersetzt und kommentiert worden, so von Alois Däntl, Walahfrid Strabos Widmungsgedicht an die Kaiserin Judith und die Theoderichstatue vor der Kaiserpfalz zu Aachen, in: Zeitschrift des Aachener Geschichtsvereins 52 (1930), S. 1–38, und zuletzt von Michael W. Herren, The ‚De imagine Tetrici‘ of Walahfrid Strabo: Edition and Translation, in: The Journal of Medieval Latin 1 (1991), S. 118–139. Von Michael W. Herren stammt auch die jüngste Interpretation: Walahfrid Strabo‘s De imagine Tetrici: an interpretation, in: Latin culture and Medieval Germanic Europe, hg. von Tette Hofstra/Richard North, Groningen 1992 (Germania Latina 1), S. 25–41.

Spuren der Dietrichsage in Skandinavien und England

Die heroische Überlieferung der Germanen hat sich über deren gesamten Kulturraum in Mittel-, Nord- und Westeuropa verbreitet. Die Zentren der Bezeugung liegen außer in Deutschland im skandinavischen Norden und in England.

Die Dietrichsage läßt sich im Norden vor dem 13. Jahrhundert allerdings kaum greifen. Die Deutung bildlicher Darstellungen, die man als Zeugnisse in Anspruch genommen hat, ist mehr als unsicher: Motive auf einem Bildteppich des 12. Jahrhunderts aus Överhogdal in Schweden und eine Drachenkampfszenerie auf einer geschnitzten Kirchentür aus Valthjofstad in Island (um 1200?).

Literatur:
Die beiden Bilddenkmäler sind vor allem von Karl Hauck auf die Dietrichsage bezogen worden: Brieflicher Hinweis auf eine kleine ostnordische Bilder-Edda, in: Festschrift Elisabeth Karg-Gasterstädt, hg. von Gertraud Müller = Beitr. (Halle) 82 (1961), Sonderheft, S. 47–67 (53 ff.) (wieder in: GDH, S. 427–449 [434 ff.]). Wie fragwürdig Haucks Verfahren der Bildentzifferung ist, hat von

See gezeigt (S. 62 f.). Zur Tür von Valthjofstad s. zuletzt Richard L. Harris, The Lion-Knight Legend in Iceland and the Valþjófsstaðir Door, in: Viator 1 (1970), S. 125–145.

Daß Theoderich/Dietrich im Norden schon früh bekannt war, bezeugt indes ein einzigartiges Denkmal aus der ersten Hälfte des 9. Jahrhunderts: der Runenstein von Rök im schwedischen Ostergötland. Es handelt sich um einen ca. 2,5 m hohen, 1–1,5 m breiten Granitblock, der eine umfangreiche Runeninschrift trägt (Abb.2). Sie besagt, daß die Runen von einem Vater für seinen verstorbenen Sohn geritzt wurden, und schließt daran eine Reihe z. T. schwer verständlicher Aussagen, die sich auf heroische und mythische Überlieferungen beziehen. Am berühmtesten ist eine Strophe im eddischen Versmaß – das hier interessierende Zeugnis (hergestellter Text und Übersetzung nach von See, S. 69):

Reð (oder: *Raið*)   *þioðrikR hinn þurmoði,*
stilliR flutna,   *strandu HraiðmaraR.*
SitiR nu garuR   *a guta sinum,*
skialdi umb fatlaðR,   *skati Mæringa.*

Es herrschte (oder: es ritt)   Theoderich, der kühngemute,
der Fürst der (See-)Krieger,   über den Strand des Hreidmeeres.
Jetzt sitzt er gerüstet   auf seinem (gotischen) Roß,
den Schild auf der Schulter,   der Held der Märinge.

Daß mit diesem *þioðrikR* der Gotenkönig gemeint ist, kann kaum bezweifelt werden, auch wenn die Bedeutung der Namen in den Wendung *strandu HraiðmaraR* und *skati Mæringa* unklar und entsprechend umstritten ist. Zumindest der zweite dieser Namen verweist auf die Dietrichsage, denn er erscheint eindeutig – markiert durch den Bezug auf Dietrichs dreißig Jahre – in deren Zusammenhang in einem anderen frühen Text, dem altenglischen Gedicht ‚Deors Klage‘ aus dem berühmten ‚Exeter Book‘, das in der 2. Hälfte des 10. Jahrhunderts geschrieben wurde (Ausgabe von Kemp Malone: Deor, London 1933, V. 18 f.):

> *Ðeodric ahte*   *þrittiȝ þintra*
> *Mæringa burȝ;*   *þæt þæs moneȝum cuþ.*

Dietrich besaß   dreißig Winter lang
Maeringaburg (die Stadt der Maeringe?);   das war vielen bekannt.

Die Inschrift auf dem Rök-Stein ist einst von Otto Höfler als Beleg für die Existenz ·einer Dietrich-Apotheose in Anspruch genommen worden: als sakraler König sei Theoderich in der Vorstellung der Goten nach seinem Tod in die Rolle Wotans als Führer des Wilden Heeres eingetreten, und eben in dieser mythischen Rolle spreche ihn der Text an. Die Forschung hat gezeigt, daß diese These unhaltbar ist, konnte sie aber (noch) nicht durch eine allgemein akzeptierte Erklärung ersetzen. Als immerhin wahrscheinlich darf gelten, daß die Imagination des gerüstet zu Pferd sitzenden Theoderich von jenem berühmten Standbild in Ravenna/Aachen inspiriert ist.

Literatur:
Die Diskussion über den Rök-Stein, insbesondere die These Höflers, hat von See (S. 68 ff.) kritisch referiert. Die jüngsten Beiträge stammen von Marcello Meli, Teodorico il Grande signore dei Meringi, in: Quaderni di Lingue e Letterature dell'Università di Verona. Facoltà di Economia e Commercio. Corso di laurea in Lingue e Letterature Straniere 12 (1987), S. 181–192, und Kees Samplonius, Rex non reditvrvs. Notes on Theodoric and the Rök-Stone, in ABäG 37 (1993), S. 21–31. – Zum *Ðeodric* in ‚Deors Klage': Hans Kuhn, Dietrichs dreißig Jahre, in: Märchen, Mythos, Dichtung (wie S. 10), S. 117–120 (wieder in: H. K., Kleine Schriften II, Berlin 1971, S. 135–137).

Die zitierte Stelle aus ‚Deors Klage' gehört in eine Reihe von Zeugnissen, die zeigen, daß die Dietrichsage im England des frühen Mittelalters verbreitet war. Das wichtigste dieser Zeugnisse ist das Gedicht von ‚Waldere', die altenglische Fassung der Sage von Walther und Hildegund, die vor allem aus dem lateinischen Versepos ‚Waltharius‘ bekannt ist. Vom ‚Waldere‘ ist nur ein Fragment einer Handschrift aus der Zeit um 1000 erhalten. Da heißt es von einem Schwert, vielleicht dem berühmten Mimming (Text und Übersetzung nach der Ausgabe von Gerhard Nickel: Beowulf und die kleineren Denkmäler der altenglischen Heldensage Waldere und Finnsburg, I, Heidelberg 1976, S. 208/209):

Ic wāt, þæt [h]it ðōhte   Ðēodrīc Widian
selfum ons(en)don,   ond ēac sinc micel
māðma mid ðī mēce,   moniʒ oðres mid him
ʒolde ʒeʒirwan;   – iū lēan ʒenam –
þæs ðe hine of nearwum   Nīðhādes mǣʒ,
Wēlandes bearn,   Widia ūt forlēt;
ðurh fīfela ʒewe(a)ld   forð ōnette.

Ich weiß, daß Theodric die Absicht hatte, Widia das Schwert zusammen mit großen Reichtümern zu schicken – er nahm (damit) den Lohn für frühere Taten entgegen – und außerdem viele andere Dinge mit Gold verzieren (lassen wollte), weil Widia, der Verwandte Nithhads (und) Sohn Wielands, ihn aus großer Notlage befreit hatte. Er konnte aus dem Reich der Riesen entkommen.

Die sagengeschichtliche Bedeutung der Stelle besteht darin, daß sie das älteste Zeugnis der Überlieferung von Dietrichs Abenteuern ist. Es wird offenbar auf eine Geschichte angespielt, in der Witige, der Sohn des berühmten Schmiedes Wieland, Dietrich aus der Gewalt von Riesen befreite. Das Motiv der Gefangenschaft Dietrichs bei Riesen spielt in der aventiurehaften Dietrichepik – im ‚Sigenot‘ (s. S. 134) und in der ‚Virginal‘ (s. S. 140) – eine wichtige Rolle und wird auch in ‚Alpharts Tod‘ erwähnt (s. S. 90). Die ‚Waldere‘-Passage bezeugt sein hohes Alter, erlaubt es aber nicht, frühmittelalterliche (mündliche) Vorstufen der beiden Texte des 13. Jahrhunderts zu postulieren.

Literatur:

Eine kommentierende Übersicht über die Zeugnisse gibt Alois Brandl, Zur Go-
tensage bei den Angelsachsen, in: Archiv 120 (1908), S. 1–8 (wieder in: A. B.,
Forschungen und Charakteristiken, Berlin/Leipzig 1936, S. 15–23).

Dietrich in der lateinischen und volkssprachigen Historiographie

Die Heldensage stand als spezifische Geschichtsüberlieferung
der illiteraten Laien neben der gelehrten Historiographie der
Kleriker. Die beiden Bereiche haben sich immer wieder berührt
und überschnitten, und so kommt es, daß die Historiographie
– wie wir schon am Beispiel Ottos von Freising sahen (S. 8) –
wertvolle Aufschlüsse über die (mündliche) Sage geben kann.

Literatur:

Das Material zur Dietrichsage in der Historiographie ist zusammengestellt und
kommentiert bei Otto Gschwantler, Heldensage in der Historiographie des
Mittelalters, Habil.-Schrift (Masch.) Wien 1971; Heinrich Joachim Zimmermann, Theoderich der Große – Dietrich von Bern. Die geschichtlichen und sagenhaften Quellen des Mittelalters, Diss. Bonn 1972; Otto Gschwantler, Zeugnisse zur Dietrichsage in der Historiographie von 1100 bis gegen 1350, in:
HHG, S. 35–80. Vgl. auch Bernd Belzer, Wandel und Kontinuität. Zur Entstehung der ältesten Ermanarichsage und ihrer Wanderung nach dem Norden,
Regensburg 1993 (Theorie und Forschung 249. Literaturwissenschaft 20).

Aus der Masse der lateinischen Geschichtswerke des frühen
Mittelalters, die von Theoderich berichten, ragen als Zeugnis
für die Dietrichsage die ,Quedlinburger Annalen' heraus. Sie
sind um die Wende vom 10. zum 11. Jahrhundert von einem
unbekannten Kleriker verfaßt worden, der dem liudolfingi-
schen Kaiserhaus verbunden war. An passender Stelle vermerkt
er relativ ausführlich eine Reihe von Vorgängen, deren Kenntnis er, wie immer vermittelt, aus der heroischen Überlieferung
bezogen hatte. Darunter befindet sich, mit der Ermenrichsage
verflochten, auch die Sage von Dietrichs Flucht: Ermenrich (*Er-*

manricus), der Herrscher aller Goten, habe auf Anraten seines Verwandten (*patruelis*) Odoaker seinen Verwandten Theoderich (*Theodoricum patruelem suum*) aus Verona vertrieben, der ins Exil zu Attila gegangen sei; Odoaker, König der Goten, habe Rom (d. h. die Herrschaft in Italien) gewonnen; mit Hilfe Attilas sei Theoderich nach Ermenrichs Tod in sein Reich zurückgekehrt, habe Odoaker in Ravenna bezwungen, ihn aber auf Intervention Attilas nicht getötet, sondern in die Verbannung geschickt. Wir erfahren auch, daß Theoderich den Beinamen *Amulung* – ,der Amaler' – trug, weil sein Ahne (*proavus*), der als der mächtigste der Goten galt, *Amul* geheißen habe. Und an diese Mitteilung schließt sich – als offenbar nachträglich in den (nur in einer Handschrift des 16. Jahrhunderts erhaltenen) Text geratene Glosse – die Bemerkung, dieser Theoderich sei jener Dietrich von Bern (*Thideric de Berne*), von dem die Illiteraten einst gesungen hätten (*de quo cantabant rustici olim*).

Der Kern des Berichts stimmt zum ,Hildebrandslied': Theoderich wird aus Italien vertrieben, geht ins Exil zum Hunnenkönig und kehrt mit hunnischer Hilfe zurück. Zum Vertreiber ist nun aber Theoderichs Onkel Ermenrich geworden – er erscheint hier zum ersten Mal in dieser Rolle –, während Odoaker gleichwohl Theoderichs Gegner bei der Rückkehr ist. Odoakers Rolle entspricht im wesentlichen der des Sifka in der ,Thidrekssaga' (s. S. 77 ff.): Sifka hetzt Ermanrik gegen Thidrek auf, nach Ermanriks Tod fällt die Herrschaft in Rom an ihn, und er ist der Gegner, gegen den Thidrek seine Heimkehr zu erkämpfen hat (er stirbt allerdings in der Schlacht). Die Übereinstimmungen deuten darauf hin, daß auch die Odoaker-Rolle aus der Sage stammt und nicht etwa eine Erfindung des Annalisten ist, der sich genötigt sah, den historischen Odoaker neben dem sagenhaften Ermenrich irgendwie zu Theoderichs Gegner zu machen.

Literatur:

Otto Gschwantler, Die Heldensagen-Passagen in den Quedlinburger Annalen und in der Würzburger Chronik, in: Linguistica et Philologica. Gedenkschrift

für Björn Collinder (1894–1983), hg. von O. G./Károly Rédei/Hermann Reichert, Wien 1984 (Philologica Germanica 6), S. 135–181; Wolfgang Haubrichs, Heldensage und Heldengeschichte. Das Konzept der Vorzeit in den
Quedlinburger Annalen, in: Festschrift für Herbert Kolb zu seinem 65. Geburtstag, hg. von Klaus Matzel/Hans-Gert Roloff, Bern/Frankfurt/New York/Paris
1989, S. 171–201.

Die Heldensagen-Passagen der ‚Quedlinburger Annalen' sind
fast unverändert in die sog. ‚Würzburger Chronik' übernommen worden, von der man annimmt, daß sie im 11. Jahrhundert in der Bamberger Benediktinerabtei Michelsberg entstanden ist. Ins Umfeld der Bamberger Rezeption der Dietrichsage
in jener Zeit, die Frutolf von Michelsberg fortsetzen wird
(s. u.), gehört vielleicht ein Zeugnis-Komplex, der Licht auf die
Soziologie der Heldensage wirft. Es handelt sich um Briefe, die
der Domschulmeister Meinhard über und an seinen Bischof
Gunther (1057–1065) geschrieben hat. In einem Brief, der vermutlich an einen Domherrn im Gefolge des Bischofs gerichtet
ist, beklagt er sich bitter darüber, daß Gunther nie an Augusti-
nus oder Gregor (die Kirchenväter) denke, sondern immer nur
an Attila und Theoderich/Dietrich (*Amalungus*). Die Stelle ist
im Wortlaut nicht ganz verständlich, doch wird klar, daß der
Bischof sich auf Kosten seiner geistlichen Pflichten intensiv mit
der Sage beschäftigte. In einem anderen Brief legt Meinhard
dem Bischof dringend nahe, wenigstens die Bröckchen von
Zeit, die die Kissen – d. h. die Faulenzerei – und die ‚höfischen
Geschichten' (*fabulae curiales*) übrig ließen, auf die Lektüre eines Bandes Augustin zu verwenden, den er ihm sendet. Es ist
wahrscheinlich, daß mit den *fabulae curiales* wiederum die
Heldensage gemeint ist. Der Kontext erlaubt darüber hinaus
die Vermutung, daß Gunther in deren Gestalten seine Vorfah-
ren verehrte. In jedem Fall machen die Briefe auf eine sehr kon-
krete Weise deutlich, daß die Heldensage durchaus nicht die
Domäne der breiten Masse des ungebildeten Volkes war, wie
gelegentlich noch immer behauptet wird.

Literatur:

Otto Gschwantler, Heldensage als *Tragoedia*. Zu einem Brief des Domschulmeisters Meinhard an Bischof Gunther von Bamberg, in: PHG, S. 39–67.

Die ‚Würzburger Chronik' hat um 1100 der schon erwähnte Mönch Frutolf von Michelsberg in seiner berühmten ‚Weltchronik' verarbeitet. Diese bietet, nach dem Jahr 377 eingereiht, eine Geschichte der Goten nach der ‚Getica' des Jordanes (der wichtigsten Quelle zur Gotengeschichte, aus der Mitte des 6. Jahrhunderts). Frutolf begnügt sich aber nicht damit, Jordanes auszuschreiben, der Ermanarich, Attila und Theoderich zeitlich korrekt, also nicht als Zeitgenossen, einordnet. Er fügt die abweichende Erzählung von Dietrichs Flucht an, wie er sie in der ‚Würzburger Chronik' lesen konnte, und bemerkt ausdrücklich, daß diese Version nicht nur in der mündlichen Tradition – ‚volkssprachigem Erzählen und Gesang von Liedern' (*vulgari fabulatione et cantilenarum modulatione*) – verbreitet sei, sondern sich auch in gewissen Chroniken (*in quibusdam cronicis*) finde. Er kann den Widerspruch nicht auflösen und beschränkt sich darauf, Erklärungsmöglichkeiten zu notieren: entweder irre Jordanes oder die Sage oder diese meine einen anderen Ermanarich und einen anderen Theoderich. Frutolf ist also grundsätzlich bereit, die Sage für glaubwürdig zu halten, aber er hat mit seiner Beobachtung zur Chronologie den Anstoß zu ihrer Abwertung gegeben: spätere Historiker haben die Beobachtung aufgegriffen, um die Sage für irrig zu erklären und gegen sie zu polemisieren.

Literatur:

Otto Gschwantler, Frutolf von Michelsberg und die Heldensage, in: Philologische Untersuchungen. Gewidmet Elfriede Stutz zum 65. Geburtstag, hg. von Alfred Ebenbauer, Wien 1984 (Philologica Germanica 7), S. 196–211.

Die Tradition der Sagenschelte in der Nachfolge Frutolfs eröffnet um 1140/50 der anonyme Verfasser des ältesten Geschichtswerks in deutscher Sprache, der gereimten ‚Kaiserchronik'. Die

Gereiztheit seiner Äußerungen läßt vermuten, daß er es mit einem Publikum zu tun hatte, das sich den Glauben an die Sage nicht leicht ausreden ließ und ihn womöglich wegen seiner abweichenden Darstellung angriff (hg. von Edward Schröder, Kaiserchronik eines Regensburger Geistlichen, Hannover 1892 [Monumenta Germaniae Historica. Deutsche Chroniken I/1], V. 14176 ff.):

Swer nû welle bewaeren,
daz Dieterîch Ezzelen saehe,
der haize daz buoch vur tragen.

Wer gegen die Darstellung des Chronisten, derzufolge Dietrich erst 43 Jahre nach Etzels Tod geboren wurde (V. 14179 ff.), die Korrektheit der Sage beweisen will: daß Dietrich und Etzel Zeitgenossen waren, der wird aufgefordert, das ‚Buch‘ herbeibringen zu lassen. Die Forschung ist sich uneins darüber, welches Buch da gemeint ist: die Quelle der Chronik, die die Korrektheit der Wiedergabe durch den Chronisten bestätigen würde, oder die Quelle der Sagenversion, die es nach der Überzeugung des Chronisten nicht geben kann. In jedem Fall wird hier die Sage abqualifiziert, weil sie ‚nur‘ mündliche Tradition ist, und dies in denkbarer Schärfe: ‚Lüge‘ nennt der Chronist sie ein paar Verse später (V. 14187).

Ganz unter den Tisch fallen läßt er sie freilich nicht. Die Hauptmotive der Fluchtsage erscheinen bei ihm im Bericht über Dietrichs Vater und Großvater, der ebenfalls Dietrich heißt. Dieser *alte Dietrîch* (V. 13840), Fürst von Meran, wird von Etzel aus seinem Reich vertrieben und flieht in die Lombardei, wo ihm sein Sohn Dietmar, der Vater Dietrichs von Bern, geboren wird. Dietmar kann nach Etzels Tod die Herrschaft in Meran wieder übernehmen und sie gegen Etzels Söhne verteidigen. Man gewinnt den Eindruck, hier sei eine Lösung des chronologischen Problems im Sinne von Frutolfs dritter Möglichkeit versucht worden: die Fluchtsage bezieht sich auf einen älteren Dietrich, der ein Zeitgenosse Etzels war.

Literatur:
Ernst Friedrich Ohly, Sage und Legende in der Kaiserchronik, Münster 1940
(Forschungen zur deutschen Sprache und Dichtung 10), Neudruck Darmstadt
1968, S. 218 ff.; George T. Gillespie, Spuren der Heldendichtung und Ansätze
zur Heldenepik in literarischen Texten des 11. und 12. Jahrhunderts, in: Studien zur frühmittelhochdeutschen Literatur, hg. von L. Peter Johnson/Hans-
Hugo Steinhoff/Roy A. Wisbey, Berlin 1974, S. 235–263 (242 ff.); Joachim
Knape, Zur Typik historischer Personen-Erinnerung in der mittelhochdeutschen Weltchronistik des 12. und 13. Jahrhunderts, in: GDLM, S. 17–36; Karl
Stackmann, Dietrich von Bern in der Kaiserchronik, in: Idee – Gestalt – Geschichte. Festschrift für Klaus von See, hg. von Gerd Wolfgang Weber, Odense
1988, S. 137–142 (wieder in: K. St., Mittelalterliche Texte als Aufgabe. Kleine
Schriften I, hg. von Jens Haustein, Göttingen 1997, S. 70–75); Marina Comet-
ta, La figura di Teodorico nella Kaiserchronik, in: ACME – Annali della
Facoltà di Lettere e Filosofia dell'Università degli Studi di Milano 44/2 (1991),
S. 75–116; Ernst Hellgardt, Dietrich von Bern in der deutschen Kaiserchronik,
in: Deutsche Literatur und Sprache von 1050–1200. Festschrift für Ursula
Hennig zum 65. Geburtstag, hg. von Annegret Fiebig/Hans-Jochen Schiewer,
Berlin 1995, S. 93–110.

Die Verschriftlichung der Dietrichsage im 13. Jahrhundert

Es ist durchaus möglich, daß die traditionelle Dietrichsage
nicht lange nach der ,Kaiserchronik', irgendwann in der zweiten Hälfte des 12. Jahrhunderts, tatsächlich ins Buch gekommen ist: in Gestalt eines volkssprachigen Epos. Greifbar für
uns wird der säkulare Vorgang der Verschriftlichung von Heldensage, der allemal mit einer grundlegenden erzählerischen
Neukonzeption verbunden war, aber erst später und mit einem
ganz anderen Werk, in dem der Dietrich der Fluchtsage allerdings eine nicht unwichtige Rolle spielt: mit dem ,Nibelungen-
lied'.

Dietrich im ‚Nibelungenlied‘ und in der ‚Nibelungenklage‘

Das ‚Nibelungenlied‘ ist um 1200 von einem unbekannten Dichter wahrscheinlich im Auftrag Bischof Wolfgers von Passau zu Pergament gebracht worden. Es ist anzunehmen, daß ihm eine ältere, um 1160/80 entstandene Nibelungendichtung vorausging, die vielleicht schon ein Buchepos war. Bereits in diesem Werk muß Dietrich die Rolle gespielt haben, in der er uns im ‚Nibelungenlied‘ entgegentritt.

Den Rahmen bildet die Fluchtsage: Dietrich erscheint im Gefolge des Hunnenkönigs Etzel, bei dem er mit seinen Helden Asyl gefunden hat. Er warnt die Burgunden vor den Racheplänen Kriemhilds und lehnt deren Bitte um Unterstützung bei der Rache brüsk ab. Als im Festsaal die Gewalttätigkeiten zwischen Burgunden und Hunnen ausbrechen, gebietet er den Kämpfenden mit mächtiger Stimme Einhalt und bittet um freien Abzug. Gunther gewährt die Bitte, Dietrich führt mit den Seinen Etzel und Kriemhild aus dem Saal. Aus den folgenden Kämpfen halten sich die Berner zunächst heraus. Erst auf die Nachricht von Rüdigers Tod begeben sich Dietrichs Mannen zur Halle, in der die Kämpfe stattfinden, und bitten um Übergabe der Leiche. Ein Wort gibt das andere, und es kommt zum Kampf, in dem alle Burgunden außer Gunther und Hagen und alle Dietrichhelden außer dem alten Hildebrand den Tod finden. Als dieser Dietrich die Nachricht überbringt, bricht dieser in Klage aus, es fällt das Wort vom *armen Dietrîch* (vgl. S. 6), und Dietrich fragt verzweifelt, wer ihm nun helfen solle, *in der Amelunge lant* zurückzukehren (Ausgabe Bartsch/de Boor, Str. 2319 und 2322). Gewappnet begibt er sich zu Gunther und Hagen und bietet ihnen an, sie vor der Rache der Hunnen zu schützen, wenn sie sich ihm ergäben und ihn für seinen Verlust entschädigten. Hagen lehnt empört ab. Dietrich hat keine andere Wahl, als zu kämpfen, ringt die beiden nieder und fesselt sie. Es entspricht der sagentypischen Modellierung der Dietrich-Figur, daß der Sieg für den Sieger zugleich eine bittere Niederlage ist: Dietrich muß Gunther und Hagen, denen er

sich trotz allem in alter Kriegerfreundschaft verbunden weiß,
der Mörderin Kriemhild ausliefern. Weinend geht er davon.
Kriemhild läßt Gunther den Kopf abschlagen, tötet eigenhändig
Hagen und wird ihrerseits von Hildebrand in Stücke gehauen.

Literatur:

Das ‚Nibelungenlied' muß bis auf weiteres in der veralteten Ausgabe von Karl
Bartsch und Helmut de Boor gelesen werden: Das Nibelungenlied, Wiesbaden
²¹1979 (Deutsche Klassiker des Mittelalters). – Wichtige Beobachtungen zum
Einbau des Amelungen-Komplexes in die Untergangshandlung des ‚Nibelungenlieds' hat Alois Wolf gemacht: Heldensage und Epos, Tübingen 1995
(ScriptOralia 68), besonders S. 401 ff. – Die Rolle Dietrichs ist in der Forschung intensiv und kontrovers diskutiert worden, zuletzt: Peter Göhler, Die
Funktion der Dietrichfigur im Nibelungenlied, in: PHG, S. 25–38; Joachim
Heinzle, *heldes muot*. Zur Rolle Dietrichs von Bern im Nibelungenlied, in:
bickelwort und *wildiu maere*. Festschrift für Eberhard Nellmann zum 65. Geburtstag, Göppingen 1995 (GAG 618), S. 225–236; Walter Kofler, Der Held
im Heidenkrieg und Exil, Göppingen 1996 (GAG 625), S. 291 ff.

Bald nach der Fertigstellung des ‚Nibelungenliedes' hat ein
ebenfalls unbekannter Dichter eine Art Fortsetzung und Kommentar zu diesem verfaßt: die ‚Nibelungenklage', die in der
Überlieferung regelmäßig mit dem ‚Nibelungenlied' verbunden
ist. Sie berichtet, wie man unter unendlichen Klagen der Überlebenden die Toten auffindet und bestattet und wie die Kunde
von der Katastrophe in der Welt verbreitet wird. Aus der Klagerede, die Dietrich auf Rüdiger hält, erfahren wir, daß Rüdiger sich Dietrichs angenommen hatte, als dieser vor seinen
Feinden sein Land verlassen mußte, und daß er und Etzels (erste) Gemahlin Helche Etzel dazu gebracht hatten, Dietrich eine
große Schuld zu vergeben. Dietrich will nicht länger am Etzelhof bleiben: *dô wolde ouch wider in sîn lant her Dietrich von
Berne* (Ausgabe Bartsch, V. 4114 f.). Vergeblich versucht der
verzweifelte Etzel, ihn zurückzuhalten. Mit seiner Gemahlin
Herrat und dem alten Hildebrand reitet er los. In Bechelaren
machen sie Station und trösten Rüdigers Tochter Dietlind, deren Mutter aus Gram über Rüdigers Tod gestorben war; Diet-

rich befiehlt sie dem Schutz von Rüdigers Vasallen und verspricht ihr, sie zu gegebener Zeit standesgemäß zu verheiraten.
Von der Heimkehr wird weiter nichts erzählt.

Die Anspielung auf die große Schuld, die Dietrich auf sich
geladen hatte, bezieht sich auf die Sage von der Rabenschlacht,
der Schlacht bei Raben (Ravenna). Nach dieser Sage kehrt
Dietrich mit einem Hunnenheer vom Etzelhof in sein Land zurück und kämpft gegen die Truppen des Usurpators; dabei ver-
lieren Etzels Söhne, die mitgezogen waren, ihr Leben: dies
nicht verhindert zu haben, ist die Schuld, von der Dietrich
spricht. Entsprechend endet das Epos von der ‚Rabenschlacht'
mit den Worten (DHB II, Str. 1140,1 ff.):

> *Hie mit gewan hulde*
> *der herre Dietrîch.*
> *si vergâben im sîn schulde,*
> *Etzel und die küneginne rîch.*

Damit gewann Herr Dietrich die Huld. Sie vergaben ihm seine Schuld, Etzel
und die mächtige Königin.

In der ‚Thidrekssaga' und in der ‚Rabenschlacht' behält Dietrich im Kampf die Oberhand, nutzt den Sieg aber nicht aus,
sondern zieht sich wieder zu Etzel zurück (s. S. 71, 78). Es ist
unklar, ob in der ‚Nibelungenklage' auf diese Version angespielt wird oder auf eine möglicherweise ältere, in der die Rabenschlacht mit einer Niederlage Dietrichs endete. Und unklar
ist auch, was Dietrich meint, wenn er sagt, er wäre lieber vor
zwölf Jahren gestorben, als den Tod Rüdigers erleben zu müssen. Das kann sich auf den Zeitpunkt der Vertreibung, wird
sich aber eher auf den Zeitpunkt unmittelbar nach der Rabenschlacht beziehen: nach der ‚Thidrekssaga' findet die Schlacht
zwanzig Jahre nach der Vertreibung statt, und da Dietrich insgesamt 32 Jahre bei Etzel bleibt, ergeben sich eben zwölf Jahre
zwischen der Schlacht und der Heimkehr. Umstritten ist
schließlich, ob der Ansatz zur Erzählung von Dietrichs Heim-

kehr, der zum Bericht der ‚Thidrekssaga' stimmt, aus der Sage
stammt oder vom ‚Klage'-Dichter erfunden wurde (vgl. S. 40).

Literatur:
Die ‚Nibelungenklage' liest man am bequemsten in der Ausgabe von Karl
Bartsch, Diu Klage, Leipzig 1875, Neudruck Darmstadt 1964. Eine neue Ausgabe bereitet Joachim Bumke vor. Von Bumke stammt auch die jüngste Analyse der Beziehungen zur Dietrichsage: Die vier Fassungen der Nibelungenklage,
Berlin/New York 1996 (Quellen und Forschungen zur Literatur- und Kulturge-
schichte 8), S. 482ff.

Die Verbindung der Dietrichsage mit der Nibelungensage hat
für beide Überlieferungen Konsequenzen gehabt. Sie hat die
massive Literarisierung der Dietrichsage im 13. Jahrhundert
vorbereitet und mit den Erzählungen vom Rosengarten zu
Worms eine spezifische Dietrich-Überlieferung hervorgetrieben
(s. S. 184). Der ‚Rosengarten'-Komplex zeigt besonders deutlich, was auch sonst vielfach zu beobachten ist: daß man die Nibelungensage im Spätmittelalter wesentlich von der Dietrichsage her zu verstehen suchte. Nicht zuletzt war es möglich, auf
diesem Weg zu einer präzisen historischen Verortung der Nibelungensage zu gelangen. So stellt die Nibelungenhandschrift a
aus dem zweiten Viertel des 15. Jahrhunderts dem (hier mit der
VI. Aventiure beginnenden) ‚Nibelungenlied' eine entsprechen-
de Prosa-Einleitung voran (Text, leicht reguliert und mit Interpunktion versehen, nach der Handschrift: Cologny-Genève, Bibliotheca Bodmeriana, Cod. Bodmer 117, Blatt 1ʳ):

Da mann czalt vonn christ gepurde sibenn hunndertt jar, dar-
nach inn dem vietzistenn jar da was Pipanus vonn Frannkch-
reich romischer augostus. Der hueb sich ze Ram und sacztt
sich genn Kostanntinapell vonn ungeharsam der Römär und
verswuer, das er nimer mer dar chäm. Auch sacztt er zee vogt
ann seiner statt her Dietreich, chunig zw Gottlanntt, denn
mann die czeitt nennt her Dietreich vonn Pernn. Pey denn czei-
ten lebt der weis Römer Boeczius, denn her Dietreich vieng

*umb das, daz er die Romär vast vor im frist mit seiner weis-
haitt, und lag gevangen unncz ann seinenn tod. Pein her Dietrichs zeitenn, dez romischenn vogtz, vergienng sich die avenn-
teur des pueches vonn denn rekchenn und vonn Kreymhill-
denn.*

Als man nach Christi Geburt siebenhundert Jahre zählte, war im vierzigsten
Jahr danach (also im Jahr 740) Pipanus von Frankreich römischer Kaiser. Der
machte sich in Rom auf und ließ sich in Konstantinopel nieder wegen Unge-
horsams der Römer und schwor, daß er niemals mehr dorthin (nach Rom)
käme. Auch setzte er als Herrscher an seiner Statt Herrn Dietrich ein, König zu
Gotland, den man jetzt Herrn Dietrich von Bern nennt. Zu dieser Zeit lebte der
weise Römer Boethius, den Herr Dietrich gefangen setzte, weil er die Römer
mit seiner Weisheit vor ihm beschützte, und er lag gefangen bis zu seinem Tod.
Zu Herrn Dietrichs Zeit, des römischen Herrschers, geschahen die Begebenheiten des Buches von den Helden und von Kriemhilde.

Eine vergleichbare Kombination der Sagen mit der gelehrten
Historiographie findet sich in den Drucken des ‚Eckenliedes' (s.
S. 34) und in der ‚Weltchronik' Heinrichs von München aus
dem 14. Jahrhundert (s. S. 61 ff.). Die Zeugnisse belegen den
fortwährenden Glauben an die Historizität der heroischen
Überlieferungen.

Literatur:
Michael Curschmann, Zur Wechselwirkung von Literatur und Sage. Das ‚Buch
von Kriemhild' und Dietrich von Bern, in: Beitr. 111 (1989), S. 380–410; Lienert (wie S. 83). – Prosa-Einleitung in der Nibelungenhandschrift a: Ursula
Hennig, Zu den Handschriftenverhältnissen in der *liet*- Fassung des Nibelungenliedes, in: Beitr. 94 (Tübingen 1972), S. 113–133 (114 ff.); Kornrumpf, S. 339
(Anm. 63).

Die mittelhochdeutsche Dietrichepik

Im 13. Jahrhundert ist die Dietrichsage von einem mächtigen Schub der Verschriftlichung erfaßt worden, der eine ganze Reihe von Dietrichepen in (mittelhoch)deutscher Sprache hervorgebracht hat, die in Handschriften und dann in Drucken bis tief ins 17. Jahrhundert hinein verbreitet wurden. Greifbar ist dieser Prozeß für uns zuerst in einer Strophe des ‚Eckenliedes‘, die um 1230 in den Codex Buranus (die Handschrift der ‚Carmina Burana‘) eingetragen wurde (s. S. 109).

Doch hat die Schriftlichkeit die Mündlichkeit nicht abgelöst. Wir haben vielmehr damit zu rechnen, daß die alte mündliche Tradition – in gebundener wie in ungebundener Form – weiterhin lebendig blieb (vgl. S. 49). Und wir müssen annehmen, daß auch die schriftlich konzipierten und weithin schriftlich tradierten Texte nicht nur vorgetragen, also mündlich präsentiert, sondern strecken- und phasenweise auch mündlich weitergegeben wurden. Einiges deutet daraufhin, daß die Verbreitung zu einem nicht geringen Teil in den Händen wandernder Berufsrezitatoren – wohl auch der Dichter und Sänger von Sangspruchdichtung – lag.

Nur einmal ist ein Verfasser (Albrecht von Kemenaten im ‚Goldemar‘) und einmal ein Bearbeiter (Heinrich der Vogler in ‚Dietrichs Flucht‘) genannt (s. S. 72 und 104 f.). Im übrigen sind die Texte anonym. Das ist nicht Zufall, sondern entspricht einem Gesetz der Gattung: die Verfasser von Heldendichtung bleiben in aller Regel namenlos, weil sie sich nur als Glieder in der Kette derer verstehen, die ‚Vorzeitkunde‘ tradieren, als bloße Vermittler einer überindividuellen Materie also.

Literatur:
Die Zeugnisse für berufsmäßige mündliche Weitergabe der Texte sind DE, S. 82–92, zusammengetragen und kommentiert; vgl. auch Michael Curschmann, Sing ich dien liuten mîniu liet, … Spruchdichter als Traditionsträger der spätmittelalterlichen Heldendichtung?, in: Kontroversen, alte und neue. Akten des VII. Internationalen Germanisten-Kongresses Göttingen 1985, VIII, Tü-

bingen 1986, S. 184–193. – Eine wichtige Rolle hat in der Diskussion eine
Strophe des Lied- und Spruchdichters Marner gespielt (im Titel des Aufsatzes
von Curschmann zitiert), zuletzt dazu: Jens Haustein, Marner-Studien, Tübingen 1995 (MTU 109), S. 222 ff.; Joachim Heinzle, Konstanten der Nibelun-
genrezeption in Mittelalter und Neuzeit, in: 3. Pöchlarner Heldenliedgespräch.
Die Rezeption des Nibelungenliedes, hg. von Klaus Zatloukal, Wien 1995
(Philologica Germanica 16), S. 81–107 (96); Reichert, Þiðreks saga und oberdeutsche Heldensage (wie S. 41), S. 253 f. – Das Anonymitätsgesetz der Heldendichtung hat Otto Höfler (wie S. 73) aufgedeckt.

In Nachrichten über die Verbreitung der Texte durch Berufsrezitatoren ist – mit abfälligem Tenor aus dem Mund anspruchs-
voller Literaten – davon die Rede, daß sie auf Jahrmärkten und
in Wirtshäusern vorgetragen wurden. Es spricht nichts dafür,
diese Angaben nicht ernst zu nehmen, nur wäre es falsch, aus
ihnen zu schließen, daß die Texte bloß billige Unterhaltungs-
ware für ein anspruchsloses Massenpublikum waren. Sie werden es a u c h gewesen sein, doch zeigt die Analyse der intertex-
tuellen Bezüge ebenso wie der handschriftlichen Überlieferung
(der Ausstattung der Codices, der Überlieferungsverbände, der
Nachrichten über Besitzer und Benutzer), daß sie ihre Interes-
senten auch in gebildeten und kunstverständigen, in gelehrten
und in geistlichen Kreisen fanden. Das heißt: sie hatten einen
sozial denkbar weiten Resonanzraum.

Hervorzuheben ist allerdings das besondere Interesse, das
der Adel an ihnen genommen hat. Für ihn waren sie ein Medi-
um der Diskussion und Demonstration adligen Selbstverständ-
nisses und adliger Lebensführung wie die Romane, aber auch
noch immer und nicht zuletzt Träger von Vorzeitkunde, die als
Legitimation der eigenen Herrschaft dienen konnte. Der soziale Prestigewert der Überlieferung zeigt sich sinnfällig darin,
daß sie wiederholt zur repräsentativen bildlichen Ausstattung
von Adelssitzen herangezogen wurde. So ließ um 1400 Niklaus
Vintler die von ihm erworbene Burg Runkelstein bei Bozen mit
einem aufwendigen Bildprogramm ausmalen, u. a. mit Szenen-
folgen aus höfischen Romanen und – in der Galerie des sog.

Sommerhauses – einer Reihe von Gruppen zu je drei Figuren (Triaden), die durch Beischriften identifiziert sind, darunter Helden, Riesen, Riesenweiber und Zwerge aus dem Dietrich-Kreis (Abb. 6). Etwa zur gleichen Zeit wurde Schloß Lichtenberg im Vintschgau mit einem Freskenzyklus ausgestattet, der u. a. Szenen aus dem ‚Laurin‘ zeigt (s. S. 154 f. und Abb. 9). Und noch ganz am Ende des Überlieferungszeitraums, im frühen 16. Jahrhundert, ließ Graf Gottfried Werner von Zimmern, offenbar ein begeisterter Leser und vielleicht selbst Verfasser oder Bearbeiter von Dietrichepik, auf seiner Burg Wildenstein bei Sigmaringen einen ‚Sigenot‘-Zyklus anbringen (s. S. 133 f.).

Die wohl eindrucksvollsten Zeugnisse adliger Inanspruchnahme der Dietrich-Überlieferung sind, ebenfalls gegen Ende des Überlieferungszeitraums, aus den Bemühungen Kaiser Maximilians I. (1493–1519) hervorgegangen, Traditionen zu sichern und zu erneuern, die die Adelsherrschaft im allgemeinen und die Herrschaft der Habsburger im besonderen betrafen. In diesem gewaltigen ‚Gedächtnis‘-Projekt spielt auch Dietrich von Bern als Ahn und Vorgänger des Kaisers im Herrscheramt eine Rolle. So erscheint er im monumentalen Triumphbild der u. a. von Albrecht Dürer gestalteten ‚Ehrenpforte‘ neben Odoaker als König Italiens in der Reihe der römischen Kaiser von Caesar bis Maximilian, und er ist auch unter den Gestalten, deren Bronzestatuen in der geplanten Grabkirche dem toten Herrscher das Geleit geben sollten (Abb. 3). Diese Dietrich-Memoria gibt der Befassung des Kaisers mit der Dietrichepik, die durch Einträge in seinen Bücherverzeichnissen und Gedenkbüchern, vor allem aber durch die Aufnahme der beiden großen historischen Epen in das Ambraser Heldenbuch (s. S. 45 f.) bezeugt ist, eine besondere Perspektive. Auch bei seinem Entschluß, die Wandmalereien in Burg Runkelstein, die inzwischen im Besitz der Habsburger war, renovieren zu lassen, wird dieses Interesse eine Rolle gespielt haben. Es wirkt wie ein Hohn, daß nur wenige Jahrzehnte später eine Bücherkommission im Auftrag seines Urenkels Erzherzog Ferdinand II. (1564–1595) in Tirol Drucke von Dietrichepen beschlag-

nahmte, weil sie darin reformatorisches Gedankengut vermu-
tete: Bücher wie *Die hystory von Dietrichen von Bern vnnd
dem Rysen* („Sigenot‘), *Die hystorj von herrn Eckhen Außfart*
(„Eckenlied‘) oder *Ain hystorj vom Zwerhen vnnd Perner* („Laurin‘).

Literatur:

Allgemein: DE, S. 268 ff. – Eine Fallstudie, die die breite Popularität der Texte
aus einem besonderen Blickwinkel beleuchtet, hat Viktor Schlumpf vorgelegt:
Die frumen edlen puren. Untersuchungen zum Stilzusammenhang zwischen
den historischen Volksliedern der alten Eidgenossenschaft und der deutschen
Heldenepik, Zürich 1969 (Geist und Werk der Zeiten 19). Vgl. auch Horst
Brunner, Verkürztes Denken. Religiöse und literarische Modelle in der politi-
schen Dichtung des deutschen Mittelalters, in: Uf der mâze pfat. Festschrift für
Werner Hoffmann zum 60. Geburtstag, hrsg. von Waltraud Fritsch-Rößler/Li-
selotte Homering, Göppingen 1991 (GAG 555), S. 309–333 (322 ff.). – Zu
Runkelstein: Walter Haug/Joachim Heinzle/Dietrich Huschenbett/Norbert H.
Ott, Runkelstein. Die Wandmalereien des Sommerhauses, Wiesbaden 1982. –
Zu Maximilian: Jan-Dirk Müller, Gedechtnus. Literatur und Hofgesellschaft
um Maximilian I., München 1982 (Forschungen zur Geschichte der älteren
deutschen Literatur 2), S. 190 ff. Vgl. auch Becker, S. 194 ff. – Zu den Ferdi-
nandeischen Büchervisitationen: John L. Flood, Die Heldendichtung und ihre
Leser in Tirol im späteren 16. Jahrhundert, in: Geistliche und weltliche Epik
des Mittelalters in Österreich (wie S. 7), S. 137–155 (mit sinnentstellendem Le-
sefehler S. 145: *von Zwerhen* statt *vom Zwerhen*).

Stofflich lassen sich die Texte zwei Gruppen zuordnen: historische Dietrichepik und aventiurehafte Dietrichepik.

Gegenstand der historischen Dietrichepik ist die Fluchtsage.
Es handelt sich um drei Texte, die wohl auf älterer, im einzelnen aber nicht sicher zu fassender Grundlage wahrscheinlich in
der zweiten Hälfte des 13. Jahrhunderts entstanden sind: „Dietrichs Flucht‘, „Rabenschlacht‘, „Alpharts Tod‘.

Die Exilsituation der Fluchtsage bildet den Handlungsrah-
men auch in der Dichtung von „Dietrich und Wenezlan‘, die
vielleicht noch in der ersten Hälfte des 13. Jahrhunderts verfaßt wurde. Handlungsmuster der historischen Dietrichepik

mit solchen der aventiurehaften verknüpfend, stellt sie sich zwischen die beiden Gruppen.

Die aventiurehafte Dietrichepik umfaßt in ihrem überlieferten und sicher identifizierbaren Bestand sieben Texte. Sie berichten von gefährlichen Kämpfen, die Dietrich allein oder in Begleitung seiner Gesellen gegen die verschiedensten, meist übernatürlichen Gegner zu bestehen hat: Zwerge (,Goldemar‘, ,Laurin‘), Riesen (,Eckenlied‘, ,Sigenot‘), Drachen (,Virginal‘), einen Menschenfresser (,Wunderer‘), aber auch die versammelte Heldentruppe des burgundischen Hofs in Worms einschließlich Siegfrieds (,Rosengarten zu Worms‘). Die Kennzeichnung dieser Texte als ,aventiurehaft‘ ist von dem mittelhochdeutschen Wort âventiure in der Bedeutung ,gewagtes Unternehmen, Wagnis‘ abgeleitet und unterstreicht ihre stoffliche und strukturelle Nähe zum höfischen Aventiure-Roman. Abzulehnen ist die konkurrierende Bezeichnung ,märchenhafte Dietrichepik‘, die auf die Übernatürlichkeit der Gegner abhebt: sie nötigt dazu, den ,Rosengarten‘ abzutrennen (in dem freilich auch Riesen unter den Kämpfern sind), und verdeckt damit einen wichtigen Zusammenhang; und sie führt mit dem Verweis auf die Gattung des Märchens typologisch in die Irre.

Mit der Dietrichrolle der aventiurehaften Dietrichepik operiert auch der wohl um die Mitte oder in der zweiten Hälfte des 13. Jahrhunderts verfaßte Heldenroman von ,Biterolf und Dietleib‘. Er enthält eine wahrscheinlich nach dem Muster des ,Rosengarten‘ gearbeitete Episode, in der Dietrich wie in diesem zum Kampf gegen Siegfried antreten muß (s. S. 179 f.).

Wie die Überlieferung des ,Eckenliedes‘ im Codex Buranus zeigt, setzt die Ausbildung der aventiurehaften Dietrichepik sehr früh, vielleicht zu Beginn, jedenfalls aber vor der Mitte des 13. Jahrhunderts ein. Ob sie – wie die historische Dietrichepik – an mündliche Tradition anknüpft, ist unklar. Daß es in dieser Tradition von altersher Kämpfe Dietrichs mit übernatürlichen Wesen gab, zeigt das Zeugnis des altenglischen ,Waldere‘ (s. S. 17). Vielleicht hat sie einzelne Motive oder auch Motivkomplexe geliefert, doch dürften die Texte im wesentlichen Schöpfungen des 13. Jahrhunderts sein. Ihre Entstehungsdaten sind im einzelnen nicht präzis zu fixieren, aber es spricht alles dafür, daß sie in rascher Folge innerhalb weniger Jahre oder Jahrzehnte verfaßt wurden (abseits steht der ‚Wunderer‘, dessen Überlieferung erst im späteren 15. Jahrhundert beginnt, der aber ebenfalls noch ins 13. Jahrhundert gehören könnte).

Auffällig ist, daß die historische und die aventiurehafte Dietrichepik in der Überlieferung streng geschieden sind: niemals sind Texte der einen Gruppe mit solchen der anderen gemeinsam überliefert. Offenbar bestand auch kein Interesse daran, die beiden Gruppen inhaltlich auf einen übergreifenden biographischen Zusammenhang, eine Dietrich-Vita, zu beziehen, wie sie in der ‚Thidrekssaga‘ vorliegt (nur die ‚Heldenbuch-Prosa‘ bietet einen entfernt vergleichbaren Zusammenhang: s. S. 46 ff.). Generell entsteht der Eindruck, daß die aventiurehaften Dietrichepen in der Zeit vor der Auseinandersetzung mit Ermenrich spielen: ‚Virginal‘ und ‚Wunderer‘ berichten jeweils von den ersten Taten des jungen Dietrich; im ‚Rosengarten‘ erfahren wir von Witeges Übertritt zu Ermenrich, der später dem jungen Alphart zum Verhängnis werden sollte (s. S. 90 f.); die Drucke des ‚Eckenliedes‘ schließen mit dem Hinweis, daß Dietrich das von Ecke erbeutete Schwert nur noch im Kampf gegen *Octahern von Lampart* (Odoaker von der Lombardei) *bey Keyser Zenos zeite* eingesetzt habe (Schade [wie S. 111 f.], Str. 282, 11 ff. – vgl. S. 28, 63). Konsequent herausgearbeitet ist die zeitliche Staffelung der Gruppen aber nicht, und es gibt auch gegenteilige Signale: so läßt sich Dietrich im ‚Eckenlied‘ von Ekkes Bruder Fasold mit einer Erinnerung an die Rabenschlacht provozieren (DHB V, Str. 198 f.). Innerhalb der Gruppen gibt es hingegen deutliche Ansätze zur biographischen Zyklusbildung, die sich auch in der Überlieferung niederschlagen (s. S. 133).

Im ganzen eher locker ist auch die Verbindung der Texte zur übrigen Heldenepik. Die Rolle Dietrichs im ‚Nibelungenlied‘ hat in den drei erhaltenen Handschriften, in denen dieses mit Dietrichepik verbunden ist (Linhart Scheubels Heldenbuch, Ambraser Heldenbuch, Handschrift von ‚Alpharts Tod‘) nicht zu einer zyklischen Verzahnung geführt (s. S. 44, 45, 83). Ausgeprägter ist die Verbindung mit dem ‚Ortnit'/‚Wolfdietrich'-Komplex (s. S. 41 ff.). In ‚Dietrichs Flucht' ist der Komplex als Teil der Geschichte von Dietrichs Ahnen integriert (s. S. 67), und auch in den Heldenbuch-Drucken erscheint er als genealogischer Hintergrund (s. S. 44 f.). Das spektakuläre Bindeglied zwischen ihm und der aventiurehaften Dietrichepik ist eine goldene Brünne, die zuerst Ortnit, dann Wolfdietrich gehört und über den Riesen Ecke, Dietrichs Gegner im ‚Eckenlied', zu Dietrich gelangt. Im Dresdner Heldenbuch (vgl. S. 44) scheint der Zusammenhang zyklisch pointiert: im ursprünglichen Textverband folgte dort das ‚Eckenlied' auf den ‚Wolfdietrich', in dem am Schluß berichtet wird, daß die drei Königinnen von Jochgrimm die Brünne kauften (DHB III, S. 162, Str. 331), mit der eine von ihnen dann Ecke für seinen Zug gegen Dietrich austatten sollte.

Literatur:
Übersichten über die mittelhochdeutsche Dietrichepik zur ersten Information geben u. a. Werner Hoffmann, Die Dietrichepik, in: Wolfgang Spiewok, Geschichte der deutschen Literatur des Spätmittelalters I, Greifswald 1997 (Wodan 2/9), S. 237–294, und Johannes Janota in seiner Neubearbeitung der Darstellung von Helmut de Boor, Die deutsche Literatur im späten Mittelalter, Erster Teil: 1250–1350, München ⁵1997 (Geschichte der deutschen Literatur von den Anfängen bis zur Gegenwart 3/1), S. 132–161. – Im Hinblick auf Funktion und Verwendung der Eigennamen ist der gesamte Komplex zuletzt von Lenschow analysiert worden. – Überlegungen zur Problematik der Literarisierung des Dietrich-Stoffes hat Ulrich Wyss angestellt: Unterwegs zum Amelungenlied, in: PHG, S. 153–163. – Zum Verhältnis der aventiurehaften Dietrichepen untereinander und zu den historischen Dietrichepen (Zyklusbildung): DE, S. 223 ff.; Matthias Meyer, Die aventiurehafte Dietrichepik als Zyklus, in: Cyclification, hg. von Bart Besamusca/Willem P. Gerritsen/Corry Hogetoorn/Orlanda S. H. Lie, Amsterdam/Oxford/New York/Tokio 1994 (Koninklijke Nederlandse Akademie van Wetenschappen Verhandelingen, Afd. Letterkunde, Nieuwe Reeks 159), S. 158–164. – Ein signifikantes Motiv, in dem sich historische und aventiurehafte Dietrichepik unterscheiden, ist das der ‚Zagheit' des Helden: in den aventiurehaften Texten (und in ‚Dietrich und Wenezlan')

zögert Dietrich oft bis zu Feigheit, ehe er in den Kampf eintritt, in den historischen fehlt dieser Zug gänzlich. Vgl. zuletzt Jens Haustein: Die „zagheit"
Dietrichs von Bern, in: Der unzeitgemäße Held in der Weltliteratur, hg. von
Gerhard R. Kaiser, Heidelberg 1998 (Jenaer germanistische Studien N. F. 1), S.
47–62. – Zu klären bleibt, inwieweit sich die Opposition zwischen historischer
und aventiurehafter Dietrichepik auf ein allgemeines Entwicklungsmodell heroischer Überlieferung beziehen läßt, in dem eine ältere, wirklichkeitsnähere
Schicht einer jüngeren, wirklichkeitsferneren Schicht gegenübersteht: vgl. Klein,
der auch die historische Dietrichepik der zweiten Schicht zurechnet (S. 116).
Dafür sprechen Befunde wie der Einbau der Ortnit-Wolfdietrich-Geschichte
und das exorbitante Alter von Dietrichs Ahnen in ‚Dietrichs Flucht' oder die
Hyperbolik der Kampfschilderungen (s. S. 81), doch sind die historischen Diet-
richepen alles in allem deutlich wirklichkeitsnäher als die aventiurehaften. –
Zum Verhältnis zwischen historischer Dietrichepik und ‚Nibelungenlied'/
‚Nibelungenklage': Lienert (wie S. 83). – Zu Ortnits Brünne: Walther Vogt,
Ortnits Waffen, in: Festschrift des germanistischen Vereins in Breslau. Hg. zur
Feier seines 25jährigen Bestehens, Leipzig 1902, S. 193–203.

Eddische Lieder und ‚Thidrekssaga'

Die Dietrichsage ist im 13. Jahrhundert nicht nur in Deutschland, sondern – überraschender Weise – auch im skandinavischen Norden zu Pergament gekommen.
  Zu nennen ist zunächst das Lied von Gudruns Gottesurteil,
das dritte der Gudrunlieder (‚Guðrúnarqviða' III) der berühmten Lieder-‚Edda', einer isländischen Sammlung von Götter-
und Heldenliedern, die in einem Codex von ca. 1270 (und einem Fragment des 14. Jahrhunderts) erhalten ist. Die Texte
dieser Sammlung sind von sehr unterschiedlichem Alter, die
meisten dürften aus dem 11./12. Jahrhundert stammen. Das
Lied von Gudruns Gottesurteil gehört sehr wahrscheinlich der
jüngsten Schicht an, ist vielleicht erst im 13. Jahrhundert entstanden. Der kurze Text ist ziemlich rätselhaft. Gudrun (das ist
die Kriemhild der Nibelungensage), die Gemahlin Atlis (Etzels), reinigt sich in einem Gottesurteil von der durch Atlis
Geliebte Herkja vorgebrachten Anschuldigung, sie hätte mit

Thjodrek (Dietrich) geschlafen. Es handelt sich offenbar um eine Episode aus der Zeit von Dietrichs Exil am Hunnenhof. Die Einzelheiten sind unklar (an einer für die Beurteilung des Sagenzusammenhangs wichtigen Stelle ist auch der Wortlaut unsicher). Seltsam ist vor allem die Gestalt der Herkja, die den Namen von Etzels erster (verstorbener) Gemahlin trägt, die Dietrich besonders gewogen war. Ein nahes Verhältnis zwischen Gudrun und Thjodrek setzt auch die Inszenierung des zweiten Gudrunliedes der Edda voraus, in dem Gudrun auf ihr Leben zurückblickt. Dem Lied geht ein kurzer Prosabericht über den Burgundenuntergang, die ,Tötung der Nibelungen' (,Dráp Niflunga'), voran; Gudrun und Thjodrek beklagen ihr Leid, und das zweite Gudrunlied wird als Klagerede Gudruns zu Dietrich eingeführt.

Ein weiteres einschlägiges Lied ist zwar nicht in den ,Edda'-Handschriften überliefert, wird aber zum Kreis der eddischen Dichtungen gezählt: ,Hildibrands Sterbelied', das in die Prosa der wohl um 1300 entstandenen ,Ásmundar saga kappabana' (,Saga von Asmund, dem Kämpentöter') eingefügt ist. Von seinem Halbbruder Asmund, der nicht weiß, wen er vor sich hat, im Zweikampf tödlich verwundet, spricht Hildibrand die Strophen, in denen er sich Asmund zu erkennen gibt und im Lebensrückblick beklagt, daß er unwillentlich seinen eigenen Sohn erschlagen hat. Es steht außer Zweifel, daß damit auf die Situation des ,Hildebrandsliedes' angespielt ist. Zu diesem stimmt auch, daß Hildibrand ,Hunnenkämpe' (*Húna kappi*) genannt wird, und es gibt sogar einen wörtlichen Anklang an den althochdeutschen Text: *suasat chind* ,trautes/eigenes Kind' nennt dort Hildebrand den Sohn, und im Sterbelied spricht Hildibrand mit der selben Wendung von seinem *svási sonr*, dem ,trauten/eigenen Sohn'.

Literatur:

Die klassische Ausgabe ist die von Gustav Neckel/Hans Kuhn, Edda, I, Heidelberg ⁴1962, S. 232 f. (,Guðrúnarqviða' III), 223 (,Dráp Niflunga'), 313 f. (,Hildibrands Sterbelied'). Zu warnen ist vor der in mehreren Ausgaben verbreiteten deutschen Übersetzung von Felix Genzmer: sie weicht bis zur Verfälschung von den Originaltexten ab und beruht zudem auf einer veralteten Textgrundlage. – Zum Gudrunlied: Michael Curschmann, Eddic Poetry and Continental Heroic Legend: The Case of the Third Lay of Guðrún (*Guðrúnarqviða*), in: Germania. Comparative Studies in the Old Germanic Languages and Literatures, hg. von Daniel G. Calder/T. Craig Christy, Wolfeboro/Woodbridge 1988, S. 143–160; Edgar Haimerl, Verständnisperspektiven der eddischen Heldenlieder im 13. Jahrhundert, Göppingen 1992 (GAG 567), S. 170 ff. – Zur Stellung von ‚Hildibrands Sterbelied‘ in der deutschen und nordischen Hildebrand-Überlieferung: Düwel (wie S. 13), Sp. 1253f.

Ungleich bedeutsamer als die beiden Lieder ist die norwegische ‚Thidrekssaga‘ (‚Þiðriks saga af Bern‘). Man nimmt meistens an, daß sie um die Mitte des 13. Jahrhunderts entstanden ist, und bringt sie mit den Bestrebungen des Königs Hákon IV. Hákonarson (1217–63) in Verbindung, sein Land der Kultur des Kontinents zu öffnen. Diese Bestrebungen haben sich u. a. in einer Reihe von Prosa-Adaptationen französischer höfischer Literatur (*Riddarasögur*, d. h. ‚Rittersagas‘) niedergeschlagen, deren Abfassung der König veranlaßt hat. Ihnen wäre die ‚Thidrekssaga‘ als Adaptation einer deutschen Erzähltradition zur Seite zu stellen.

Den Kern der ‚Thidrekssaga‘ bildet die Lebensgeschichte Thidreks/Dietrichs. Der Bericht beginnt mit den Taten von Thidreks Großvater und Vater und erzählt dann von seinem Leben am Hof des Vaters, wo er von Hildebrand erzogen wird, von seinen abenteuerlichen Jugendtaten und vom Erwerb der Gesellen. Es folgen mehrere Kriegszüge, die Thidrek als Herrscher von Bern nach dem Tod des Vaters unternimmt. Dann kommt das Hauptstück der Erzählung, die Fluchtsage: Vertreibung durch den Onkel Ermanrik, Exil bei Attila, Heldentaten in dessen Dienst, erfolglose Rückkehrschlacht mit Tod der Attila-Söhne, Verwicklung in den Untergang der Niflungen (Nibelungen), Heimkehr nach Bern und Wiedergewinn der Herrschaft dort. Später – Hildebrand und die Gemahlin Herrad sind gestorben – hat Thidrek ein Abenteuer mit einem Drachen zu bestehen, der den König Hertnit von Bergara getötet hatte; er erschlägt das Untier und heiratet Hertnits Witwe. Nach Attilas Tod übernimmt Thidrek die Herrschaft auch im Hunnenland. Der letzte Gegner, den er niedermacht, ist ein Riese, der seinen Gesellen Heime umgebracht hatte. Dann gibt es niemanden mehr, gegen den zu kämpfen sich für ihn lohnte: ,Es schien ihm allein noch rühmlich, große Tiere zu jagen, an die andere Kämpen sich nicht heranwagten' (ThSE, S. 459 = ThSB II, S. 392). Die Jagdleidenschaft wird ihm schließlich zum Verhängnis. Als er, im Bade sitzend, von einem prächtigen Hirsch hört, läuft er im Bademantel ins Freie und springt voller Ungeduld auf ein riesiges rabenschwarzes Roß, das gesattelt bereitsteht. Dieses Roß ist der Teufel. Es trägt ihn davon, ,und niemals hat man seitdem etwas von ihm vernommen' – doch erzählen deutsche Männer, ,in Träumen sei kundgetan, König Thidrek habe Gottes und Sankt Marias Beistand gehabt, weil er bei seinem Tod ihres Namens gedachte' (ThSE, S. 460 = ThSB II, S. 393 f. – vgl. o. s. S. 9).

Die Thidrek-Vita ist in Erzählsequenzen aufgespalten, die kunstvoll mit anderen Sequenzen verschachtelt sind, in denen von weiteren Helden berichtet wird, u. a. vom Hunnenkönig Attila (dessen Vita einen zweiten großen Erzählstrang bildet), von Wieland dem Schmied, von Sigurd (Siegfried) und den Niflungen (Nibelungen), von Walther und Hildegund. Die ,Thidrekssaga' erscheint so als zyklische Summe der germanisch-deutschen Heldensage.

Umstritten ist, ob ihr eine geschlossene (nieder)deutsche Quelle, eine Art Dietrich-Chronik des 12. Jahrhunderts, zugrundeliegt oder ob sie von einem norwegischen Dichter nach verschiedenen Quellen erarbeitet wurde, also ein eigenständiges Werk der norwegischen Literatur ist. Die Ergebnisse der neueren Forschung sprechen für die zweite Möglichkeit und dafür, daß der Dichter sowohl Zugang zu genuin mündlicher Sage als auch zu den buchliterarischen Werken hatte. Diese – in erster Linie das ,Nibelungenlied', aber etwa auch das ,Eckenlied' (s. S. 122 ff.) – können ihm auf dem Pergament vorgelegen

haben oder ihrerseits mündlich übermittelt worden sein. Das
bedeutet, daß es von Fall zu Fall schwierig bis unmöglich ist
festzustellen, ob ein bestimmter Zug aus der mündlichen Sage
oder aus einem Buchwerk stammt. Ein Beispiel ist der Aufbruch Dietrichs, Herrads und Hildebrands vom Hof des Hunnenkönigs: sowohl die ‚Thidrekssaga‘ als auch die ‚Nibelungenklage‘ berichten, daß die drei in Bakalar/Bechelaren Station
machten, und in beiden Erzählungen wird in auffälliger Weise
Gewicht darauf gelegt, daß sie ein Packpferd mitnahmen. Es ist
unwahrscheinlich, daß die Berichte völlig unabhängig voneinander sind, aber man kann nicht sagen, ob sie auf einer gemeinsamen Sagenbasis beruhen oder ob die ‚Thidrekssaga‘ die
‚Nibelungenklage‘ ausschreibt.

Die skizzierte Entstehungshypothese läßt sich gut mit dem
vereinbaren, was im Prolog gesagt wird. Es heißt da, die Geschichte sei ‚zusammengestellt nach der Erzählung deutscher
Männer‘, doch stamme einiges ‚aus ihren Liedern, womit man
große Herren unterhalten soll, und die vorzeiten gedichtet waren unmittelbar nach den Geschehnissen, von denen in dieser
Geschichte die Rede ist‘ (ThSE, S. 61 f. = ThSB I, S. 2). Die letzte
Bemerkung zeigt wiederum, daß die Überlieferung für historisch wahr galt, und es ist interessant zu sehen, daß der Wahr-
heitsgehalt der Erzählung ausdrücklich gegen mögliche Zweifel
behauptet wird: ‚Es ist aber einfältig, etwas, was man nicht gesehen oder gehört hat, Lügen zu nennen, falls man selbst nichts
Wahreres darüber weiß‘ (ThSE, S. 65 = ThSB I, S. 6 f.). Das gilt
vor allem für die übernatürlichen Dinge, von denen die Sage
weiß, den ‚Verwandlungen, Ungeheuern und Wundern‘: ‚Denn
bunt ist es in der Welt hergegangen. Was in einem Land merk-
würdig erscheint, ist in dem andern alltäglich. So kommt es dem
unerfahrenen Mann seltsam vor, wenn man etwas erzählt, wo-
von er noch nichts gehört hat. Aber dem erfahrenen Manne, der
viele Beispiele kennt, erscheint nichts verwunderlich, da er den
Zusammenhang einsieht‘ (ThSE, S. 64 = ThSB I, S. 5 f.).

Literatur:
Maßgeblich ist noch immer die alte Ausgabe von Henrik Bertelsen (ThSB). Brauchbar ist die Übersetzung von Fine Erichsen (ThSE). – Zu Erzählstruktur und Entstehung: Uwe Ebel, Die Þiðreks saga als Dokument der norwegischen Literatur des 13. Jahrhunderts, in: Niederdeutsches Wort 21 (1981), S. 1–11; Thomas Klein, Zur Þiðreks saga, in: Arbeiten zur Skandinavistik. 6. Arbeitstagung der Skandinavisten des Deutschen Sprachgebietes, hg. von Heinrich Beck, Frankfurt a. M. 1985 (Texte und Untersuchungen zur Germanistik und Skandinavistik 11), S. 487–565; Hermann Reichert, Heldensage und Rekonstruktion. Untersuchungen zur Thidrekssaga, Wien 1992 (Philologica Germanica 14); Susanne Kramarz-Bein, Zum Dietrich-Bild der Þiðrekssaga, in: Arbeiten zur Skandinavistik. 10. Arbeitstagung der deutschsprachigen Skandinavistik, hg. von Bernhard Glienke/Edith Marold, Frankfurt a. M. 1993 (Texte und Untersuchungen zur Germanistik und Skandinavistik 32), S. 112–132 (vgl. Sprenger [wie S. 80]); Theodore M. Andersson, Composition and Literary Culture in Þiðreks saga, in: Studien zum Altgermanischen. Festschrift für Heinrich Beck, hg. von Heiko Uecker, Berlin/New York 1994 (Ergänzungsbände zum Reallexikon der germanischen Altertumskunde 11), S. 1–23; Hermann Reichert, Þiðreks saga und oberdeutsche Heldensage, in: HLB, S. 236–265. – Zum Prolog: Michael Curschmann, The Prologue of Þiðreks saga, in: Scandinavian Studies 56 (1984), S. 140–151. – Zur Wahrheitsbeteuerung im Prolog: Klein, S. 145 f. – Zum Verhältnis zwischen ‚Thidrekssaga' und Dietrichepik: Friese; Waldemar Haupt, Zur niederdeutschen Dietrichsage, Berlin 1914 (Palaestra 129).

Dietrich-Überlieferung zwischen Mittelalter und Neuzeit
Heldenbücher und ‚Heldenbuch-Prosa'

Die Überlieferung der mittelhochdeutschen Dietrichepik – Handschriften und Drucke – reicht vom 13. bis tief ins 17. Jahrhundert hinein. Charakteristisch ist ein besonderer Überlieferungstypus, die sog. Heldenbücher: Sammelüberlieferungen mit ausschließlich oder überwiegend heldenepischem Inhalt, die aventiurehafte Dietrichepik und die zyklisch miteinander verknüpften Epen ‚Ortnit' und ‚Wolfdietrich' enthalten.

Die Fabel des ‚Ortnit', den man auf ca. 1230 datiert, ist zweiteilig. Im ersten Teil wird berichtet, wie König (Kaiser) Ortnit von Lamparten (das ist die Lombardei) in einer kriegerisch-blutigen Orientfahrt die Tochter des Heidenkönigs Machorel gegen dessen Willen zur Frau gewinnt. Der zweite Teil handelt von Machorels Rache: der Heidenkönig schickt dem verhaßten Schwiegersohn zwei Eier, aus denen Drachen schlüpfen, die das Land verwüsten; beim Versuch, sie unschädlich zu machen, wird Ortnit, der vor der Drachenhöhle eingeschlafen ist, von einem von ihnen verschlungen.

Der ‚Ortnit‘ ist offenbar als Vorgeschichte zum ‚Wolfdietrich‘ konzipiert worden. In der mutmaßlich ältesten von mehreren erhaltenen Versionen, dem vielleicht gleichzeitig mit dem ‚Ortnit‘ entstandenen ‚Wolfdietrich‘ A, stellt sich der Zusammenhang der Fabeln so dar: Wolfdietrich ist der jüngste Sohn des Königs Hugdietrich von Konstantinopel. In Abwesenheit des Vaters geboren, wird er von dessen ungetreuem Ratgeber Sabene als Teufelssproß verleumdet, aber von dem treuen Vasallen Berchtung, der ihn töten soll, gerettet. Wolfdietrich wird rehabilitiert und Berchtung zur Erziehung anvertraut. Nach dem Tod des Vaters vertreiben ihn seine Brüder aufgrund einer neuerlichen Verleumdung durch Sabene. Berchtung und dessen Söhne stehen ihm bei. Die Bedrängten verschanzen sich in Berchtungs Burg. Nach vierjähriger Belagerung macht sich Wolfdietrich auf, um Hilfe bei Ortnit zu holen, trifft aber erst nach dessen Tod in Lamparten ein, tötet die Drachen, heiratet Ortnits Witwe und kehrt als siegreicher Rächer nach Konstantinopel zurück. Die anderen Versionen (B, C, D) stimmen in der Kernfabel zu A, gehen aber in der Vorgeschichte der Vertreibung und in der Ausgestaltung der Lamparten-Fahrt andere Wege. Die umfangreichste, wohl erst im 14. Jahrhundert entstandene Version D, der sog. ‚Große Wolfdietrich‘, ist mit zehn Handschriften und sechs Drucken zugleich die am besten überlieferte: einer der großen literarischen Erfolge des Spätmittelalters. In dieser Version tritt die Kernfabel völlig zurück hinter einer bizarren Folge von Abenteuern im Stil des späten Artusromans und der aventiurehaften Dietrichepik.

Wolfdietrich und Dietrich von Bern haben vieles gemeinsam:

beide führen einen Löwen im Schild, kämpfen gegen Drachen, besitzen das Pferd Valke und das Schwert Rose; beiden wird eine illegitime (dämonische) Herkunft nachgesagt; beide werden auf Anstiften eines bösen Ratgebers von nahen Verwandten aus ihrem Reich vertrieben und gewinnen es zurück; beiden steht ihr alter Erzieher zur Seite; und in der oben erwähnten Hertnit-Erzählung der ‚Thidrekssaga', hinter der offensichtlich der ‚Ortnit' steht, ist Dietrich sogar in die Rolle Wolfdietrichs eingetreten. Diese Gemeinsamkeiten können die seit Wilhelm Grimm immer wieder einmal diskutierte Hypothese unterstützen, in der Wolfdietrichsage liege eine Dublette der Dietrichsage vor, auch Wolfdietrich sei auf Theoderich den Großen zurückzuführen. Die historischen und philologischen Gründe, die gegen diese Hypothese sprechen, sind jedoch erdrückend. Die Überlieferung von Wolfdietrich muß als eigenständige Sage gelten, deren Ursprünge nicht in der gotischen, sondern in der fränkischen Geschichte zu suchen sind. Die Gemeinsamkeiten sind zunächst Gemeinsamkeiten im Typus, die sich im Lauf der Überlieferung in wechselseitigem Austausch, begünstigt vielleicht durch die (teilweise) Identität der Namen, verstärkt haben mögen. Aus solcher Annäherung könnte auch zu erklären sein, daß Wolfdietrich verschiedentlich als Vorfahr Dietrichs erscheint (s. u. S. 44 f., 67 f.).

Literatur:
Wolfgang Dinkelacker, Ortnit, in: VL VII, Sp. 58–67; ders., Wolfdietrich, in: VL XI (im Druck). – Zur Kritik der Wolfdietrich-Theoderich-Hypothese: von See, S. 82f.

Das älteste bekannte Heldenbuch ist eine aufwendige rheinfränkische Handschrift aus der ersten Hälfte des 14. Jahrhunderts, von der Fragmente des ‚Eckenliedes', der ‚Virginal', des ‚Ortnit' und des ‚Wolfdietrich' erhalten sind (vgl. S. 110). Es ist anzunehmen, daß man das ganze 14. und 15. Jahrhundert hindurch Sammlungen dieser Art zusammengestellt hat, doch stammen die nächsten erhaltenen Exemplare erst aus dem letzten Drittel des 15. Jahrhunderts. Zu Ostern 1472 schloß – vielleicht in Nürnberg – ein gewisser Kaspar von der Rhön das (nach dem heutigen Aufbewahrungsort so genannte) Dresdner Heldenbuch ab; es enthält ‚Ortnit'/‚Wolfdietrich', ‚Eckenlied', ‚Rosengarten', ‚Sigenot', ‚Wunderer', ‚Laurin', ‚Virginal' und das ‚Jüngere Hildebrandslied', dazu – nachträglich in den Lagenverband eingefügt – die gattungsfremden Stücke ‚Meerwunder' und ‚Herzog Ernst' (vgl. S. 111). Sicher in Nürnberg entstand wenig später, um 1480/90, ein Heldenbuch mit ‚Virginal', der Erzählung vom Zwergenkönig ‚Antelan', ‚Ortnit'/ ‚Wolfdietrich', ‚Nibelungenlied' und der Erzählung vom Schwanritter ‚Lorengel'; der Codex – nach seinem Fundort, dem Wiener Piaristenkloster St. Joseph, auch Piaristenhandschrift genannt – gehörte einem gewissen Linhart Scheubel, der wohl auch der Auftraggeber war (vgl. S. 136 f.). Ebenfalls vom Ende des 15. Jahrhunderts stammt eine Familie von Straßburger Heldenbüchern: der erste Teil einer Handschrift, die der Goldschmied Diebolt von Hanowe vielleicht um 1480 schrieb, mit einer Vorrede in Prosa – der sog. ‚Heldenbuch-Prosa' (s. u.) –, ‚Ortnit'/‚Wolfdietrich', ‚Rosengarten', ‚Laurin', ‚Sigenot' (vgl. S. 127); eine weitere Handschrift von 1476 mit ‚Ortnit'/‚Wolfdietrich', ‚Rosengarten' und ‚Salman und Morolf' (ursprünglich vielleicht noch mit ‚Heldenbuch-Prosa' und ‚Laurin' – vgl. S. 171); schließlich ein mit hervorragenden Holzschnitten (Abb. 4) reich illustrierter Druck, der 1479 vermutlich in der Offizin von Johann Prüß dem Älteren hergestellt wurde, mit ‚Ortnit'/‚Wolfdietrich', ‚Rosengarten', ‚Laurin', ‚Heldenbuch-Prosa' (vgl. S. 148 f.). Der Titel stellt den Druck als *der helden büch/das man nennet den wolfdieterich* vor, der Titelholzschnitt zeigt entsprechend zwei Szenen aus dem ‚Wolfdietrich'. Daß die gesamte Sammlung nach dem ‚Wolfdietrich' benannt ist, könnte die zentrale Stellung dieses Textes im zyklischen System der in Frage stehenden Überlieferungen zum Ausdruck bringen: er stellt nicht nur die Fortsetzung des ‚Ortnit' dar, sondern auch die Vorgeschichte der Dietrichepen, insofern Wolfdietrich der Vorfahr Dietrichs und Berchtung der Vorfahr Hil-

debrands und seiner Sippe (der Wölfinge) ist. Dem Straßburger
Druck sind fünf weitere Druckausgaben gefolgt, die sich ziem-
lich gleichmäßig bis ans Ende des 16. Jahrhunderts ziehen:
Augsburg 1491, Hagenau 1509, Augsburg 1545, Frankfurt am
Main 1560 und 1590 (vgl. S. 149 ff.). In diesen Drucken hat der
Überlieferungstypus seine weiteste Verbreitung gefunden, und
über sie dürfte er auch zu seinem Namen gekommen sein, der
sich in der Forschung schon früh eingebürgert hat.

Ursprünglich war der seit dem späteren 15. Jahrhundert bezeugte Terminus nicht nur für Sammlungen von Heldendichtung verwendet worden, sondern generell für altüberlieferte
Werke, in denen es um die Bewährung adliger Helden in
Kampf und Abenteuer ging: für höfische Romane ebenso wie
für Heldenepen in unserem Verständnis. So weist z. B. ein Bü-
cherverzeichnis Kaiser Maximilians I. u. a. den ‚Parzival' Wolframs von Eschenbach als *helden buech* aus. Maximilian ließ
durch seinen Schreiber Hans Ried auch ein *Heldenpuch* schrei-
ben, das den für uns irreführenden Titel bis heute in der Forschung trägt: das – nach dem ehemaligen Aufbewahrungsort,
Schloß Ambras bei Innsbruck, so genannte – Ambraser Heldenbuch, eine prunkvolle Sammelhandschrift, die in den Jahren 1504 bis 1515 (oder 1516) entstand und erzählende und
lehrhafte Texte aller Gattungen aus dem 12. und 13. Jahrhundert enthält (darunter die Artusromane Hartmanns von Aue
und den ‚Titurel' Wolframs von Eschenbach). Es ist allerdings
möglich, daß zu den Quellen der Sammlung ein Heldenbuch
im terminologischen Sinn des Wortes gehörte, denn sie umfaßt
auch einen umfangreichen, in zusammenhängendem Block
geschriebenen heldenepischen Teil mit ‚Dietrichs Flucht' und
‚Rabenschlacht',‚Nibelungenlied'und‚Nibelungenklage',‚Kudrun' (einzige Überlieferung), ‚Biterolf und Dietleib' (einzige
Überlieferung), ‚Ortnit' und ‚Wolfdietrich'.

Literatur:
Allgemein: Joachim Heinzle, Heldenbücher, in: VL III, Sp. 947–956; Kornrumpf. – Zu den Heldenbuch-Drucken: Laurel Leichner, The Straßburger Hel-

denbuch. A commentary on the text and the woodcuts, Diss. University of
Kentucky 1987; HBFaks II. – Zum Heldenbuch-Begriff bei Maximilian: Müller, Gedechtnus (wie S. 32), S. 111 ff. – Zum Ambraser Heldenbuch: s. S. 59 f.

Zu den interessantesten Dokumenten aus der Spätzeit der heroischen Überlieferung in Deutschland gehört die erwähnte
‚Heldenbuch-Prosa'. Sie erscheint in der Handschrift des Diebolt von Hanowe und im Druck von 1590 als Vorrede, in den
ersten fünf Drucken als Schlußstück (in einigen Exemplaren
des Erstdrucks ist sie irrtümlich vorgebunden). Entsprechend
begegnen in der älteren Forschung nebeneinander die Bezeich-
nungen ‚Anhang' und ‚Vorrede zum Heldenbuch'. Einen Auszug bieten zwei weitere Drucke von Dietrichepik um 1555 und
1560/65 (s. S. 129 f., 150).
    Der kurze Text – im Erstdruck füllt er knapp 11 Seiten – bie-
tet nicht weniger als eine umfassende Darstellung des Helden-
zeitalters. Diese beginnt mit dem Auftreten des ersten Helden,
König Orendel von Trier, und schließt mit dem Abtreten des
letzten Helden, Dietrich von Bern. Die Existenz der Helden
wird in einer Art Herogonie begründet; ihr Untergang vollzieht
sich in einer gewaltigen Schlacht vor Bern. Was zwischen Herogonie und Heldendämmerung geschehen ist, wird teils in
Form von Namenkatalogen mit mehr oder weniger ausführli-
chen Hinweisen zur Geschichte des jeweiligen Namensträgers,
teils in Form längerer Erzählungen mitgeteilt. Strukturierend
und integrierend wirken Genealogie und Geographie: die viel-
fädigen Verwandtschaftsbeziehungen zwischen den Helden
und ihre Zuordnung zu drei Herkunfts- bzw. Wirkungsräu-
men, dem ripuarischen Rheinland um Köln und Aachen, dem
ungarischen Hunnenland und dem Burgundenreich um Worms.
    Zentral ist die Geschichte Dietrichs von Bern. Zieht man die
verstreuten und z. T. etwas wirren Angaben zusammen, ergibt
sich eine veritable Dietrich-Vita: Dietrich ist der Enkel Wolfdietrichs, der Sohn Dietmars. Als Dietmars Frau mit Dietrich
schwanger ist, träumt sie, ihr Mann liege bei ihr, findet aber
beim Erwachen einen ‚hohlen' Geist – den bösen Geist Mach-

met (das ist Mohammed!) – neben sich, der ihr weissagt, das Kind werde der stärkste Geist (!), der je geboren wurde, und Feuer werde aus seinem Mund schießen, wenn er zornig sei. Darauf baut der Teufel (jener Machmet?) in drei Nächten die mächtige Burg (Stadt) Bern. Dietrich hat drei Brüder: Ermenrich, Harlung und den jungen Dietrich. Ermenrich vergewaltigt die Frau seines Marschalls Sibeche, der sich mit treulosen Ratschlägen rächt. So rät er Ermenrich, seinen Neffen, den Söhnen Harlungs, das Land wegzunehmen, das ihnen ihr Vater hinterlassen hat. Ermenrich läßt sie henken. Ihr Erzieher und Vormund, der treue Eckhart von Breisach, benachrichtigt Dietrich, und die beiden überziehen Ermenrich mit Krieg. Dietrich kann Ermenrichs Sohn, Ermenrich acht von Dietrichs Männern gefangennehmen. Dietrich bietet an, die Gefangenen auszutauschen, doch Ermenrich lehnt ab: Dietrich solle mit seinem Sohn machen, was er wolle. Um seine Leute auszulösen, muß Dietrich dem Ermenrich sein Land überlassen. Zu Fuß zieht er mit den Seinen davon und gelangt nach Bechelaren zu Markgraf Rüdiger. Auf dessen Vermittlung gewährt ihm König Etzel Exil. Etzels Gemahlin Herche gibt ihm ihre Schwestertochter Herrat zur Frau. (Dietrich ist zu dem Zeitpunkt Witwer. In erster Ehe war er mit Hertlin, der Tochter eines Königs von Portugal verheiratet, die er aus der Hand Goldemars befreit hatte, von dem sie entführt worden war: vgl. S. 106.) Etzel stellt Dietrich ein großes Heer zur Verfügung, mit dessen Hilfe er sein Land zurückgewinnt. Einst hatte Dietrich im Rosengarten zu Worms Kriemhilds Gemahl Siegfried erschlagen. Um sich rächen zu können, wird Kriemhild nach Herches Tod die Gemahlin Etzels, lädt alle Helden der Welt zu einem Fest an dessen Hof ein und provoziert ein Gemetzel. Dietrich überwältigt zwei Brüder Kriemhilds und fesselt sie. Kriemhild schlägt ihnen die Köpfe ab und wird zur Strafe dafür von Dietrich in der Mitte durchgehauen. Später kommt es zu einem erneuten Kampf vor Bern, der das Ende der Heldenzeit herbeiführt (Text, leicht reguliert und mit Interpunktion versehen, nach dem Erstdruck, HBFaks I, Blatt 6ʳ):

Und da kam ye einer an den andern, biß das sie all erschlagen
wurden. Alle die helden, die in aller welt waren, wurdent da-
zuomal abgethan, außgenomen der Berner. Da kam ein cleiner
zwerg und sprach zuo im: ‚Berner, Berner, du solt mit mir gan.'
Da sprach der Berner: ‚Wa sol ich hin gan?' Da sprach der
czwerg: ‚Du solt mit mir gan. Dein reich ist nit me in diser
welt.' Also gieng der Berner hinweg, und weißt nieman, wa er
kumen ist; obe er noch in leben oder dot sey, weißt nieman
warlichen da von zuo reden.

Und da kämpften sie einzeln gegeneinander, bis sie alle erschlagen waren. Alle
Helden, die es auf der ganzen Welt gab, wurden damals umgebracht, nur der
Berner nicht. Da kam ein kleiner Zwerg und sagte zu ihm: ‚Berner, Berner, du
sollst mit mir gehen.' Da sagte der Berner: ‚Wohin soll ich gehen?' Da sagte der
Zwerg: ‚Du sollst mit mir gehen. Dein Reich ist nicht mehr in dieser Welt.' So
ging der Berner davon, und niemand weiß, wohin er gekommen ist; ob er noch
lebt oder tot ist, kann niemand mit Sicherheit sagen.

Der Text scheint auf den ersten Blick willkürlich mit der Überlieferung umzuspringen. Insbesondere die Art und Weise, wie
die Dietrich- und die Nibelungensage verbunden sind, wirkt
so, als hätte sie der Verfasser seiner Zyklus-Obsession zuliebe
ad hoc erfunden. Unverkennbar ist auch sein Bemühen, negative Züge des Dietrich-Bildes zu verschleiern. So steckt hinter
der seltsamen Geschichte vom Besuch des Geistes bei Dietrichs
schwangerer Mutter ohne Zweifel eine Überlieferung, in der
Dietrich als Teufelssproß galt. Und die Version von Dietrichs
Ende dient offenbar dazu, die Überlieferung von seiner Höllen-
fahrt ins Gegenteil zu verkehren: der Zwerg holt ihn mit einem
Christuswort ab (Joh. 18,36: ‚mein Reich ist nicht von dieser
Welt'), und die Entrückung bei lebendigem Leib gemahnt an
den biblischen Enoch, den Gott lebendig zu sich nahm, weil er
Gefallen an ihm hatte (Gen. 5,24 mit Hebr. 11,5). Zugleich ist
damit ein Bogen zurück zur Herogonie des Anfangs geschlagen, zur Erschaffung der Helden, die ebenfalls Gottes Werk
war: Gott schuf zuerst die Zwerge, die die Natur kultivieren

sollten; dann die Riesen, die die Zwerge vor wilden Tieren und Drachen schützen sollten, ihnen aber Gewalt antaten; schließlich die Helden, ein ‚mittleres' Geschlecht, das den Zwergen zu Hilfe kommen sollte. Inspiriert ist dieser Schöpfungsbericht, den noch Goethe in der ‚Neuen Melusine' (in ‚Wilhelm Meisters Wanderjahren') verarbeitet hat, wiederum von der Bibel (Gen. 6,4).

Man täte der Prosa aber unrecht, wenn man sie als Phantasiegespinst abtun und ihr jeden sagengeschichtlichen Wert absprechen wollte. Es ist schon früh bemerkt worden, daß die Darstellung des Burgundenuntergangs prägnante Züge aufweist, die sich noch in der ‚Thidrekssaga', aber nirgendwo sonst finden. Da es ausgeschlossen ist, daß der Verfasser der Prosa die Saga gekannt hat, muß hinter seinem Bericht dieselbe alte Überlieferung stehen, aus der die Saga schöpfte. Und da es keinerlei andere Bezeugungen gibt, darf man annehmen, daß er diese Überlieferung aus mündlicher Tradition kannte. Die ‚Heldenbuch-Prosa' ist damit ein wichtiges Zeugnis dafür, daß diese im späten Mittelalter noch lebendig war. Mindestens e i n Zug der Dietrich-Erzählung wird ebenfalls aus mündlicher Tradition stammen: Dietrichs erfolgreiche Rückkehr mit einem Hunnenheer. Daß der Zug sehr alt ist, beweisen das althochdeutsche ‚Hildebrandslied' und die ‚Quedlinburger Annalen' (s. S. 12 und 18 f.). Theoretisch kann ihn der Verfasser aus diesen oder einer von ihnen abgeleiteten Quelle übernommen haben. Doch spricht auch in diesem Fall alles für mündliche Übermittlung.

Es scheint, daß der Versuch des Prosaisten, der heroischen Überlieferung biblische Vorstellungen einzuformen, darauf abzielte, ihr die heilsgeschichtliche Dignität zu gewinnen, die ihr sonst abgeht und deren Fehlen sie gegenüber der gelehrten Historiographie unter Legitimationsdruck setzte: der alte Lügenvorwurf wird unentwegt erneuert, und gerade in der Spätzeit häufen sich die Stimmen vor allem Geistlicher, die die Beschäftigung mit der Materie für unnütz erklären. Bedeutsam ist in diesem Zusammenhang auch der literarische Habitus des Textes. Mit der Wahl der Prosaform meldet der Verfasser den Anspruch an, das Erzählte sei wahr. Und mit dem trockenen Berichtston – vor allem mit den genealogisch-geographischen Übersichten – schließt er sich an den Stil der zeitgenössischen Historiographie an. Bis ans Ende des 16. Jahrhunderts behauptet sich so in einem weit verbreiteten Text der uralte Anspruch der heroischen Überlieferung, Geschichtswissen zu übermitteln. Wichtig ist dabei, daß die Heroenzeit, von der da berichtet wird, verbindlich für die Gegenwart bleibt. Sie reicht faktisch in diese hinein: man nehme an, heißt es am Schluß, der treue Eckhart stehe noch heute vor dem Berg der Frau Venus und warne alle, die hinein wollten. Und in ihr ist der gegenwärtige Gesellschaftszustand begründet: von den Riesen (gemeint: Helden?), wird uns versichert, seien alle Herren und Adligen gekommen und nie sei ein Held ein Bauer gewesen.

Literatur:
Die Druckfassung der ‚Heldenbuch-Prosa‘ ist nach dem Erstdruck abgedruckt in HBK, S. 1 ff., und faksimiliert in HBFaks I, Blatt 1ʳ–6ʳ; die Handschriftenfassung ist abgedruckt in HBFaks II, S. 225 ff. – Analysen bei: Kurt Ruh, Verständnisperspektiven von Heldendichtung im Spätmittelalter und heute, in: DHT, S. 15–31 (17 ff.) (wieder in: K. R., Kleine Schriften, hg. von Volker Mertens, I, Berlin/New York 1984, S. 200–213); Hans Fromm, Riesen und Rekken, in: DVjs 60 (1986), S. 42–59 (wieder in: H. F., Arbeiten zur deutschen Literatur des Mittelalters, Tübingen 1989, S. 305–324); Klein, S. 144 f.; Leichner (wie S. 45 f.), S. 13 ff.; HBFaks II, S. 209 ff.; Haustein, S. 1 ff.; Walter Kofler, Die Ideologie des Totschlagens. Nibelungen-Rezension [!] in der Heldenbuchprosa, in: Jahrbuch der Oswald von Wolkenstein Gesellschaft 9 (1996/97), S. 441–469. – Zur Kritik der Geistlichkeit an der heroischen Überlieferung: John L. Flood, Theologi et Gigantes, in: MLR 62 (1967), S. 654–660. – Zur Auffassung von heroischer Überlieferung als Geschichtswissen im Spätmittelalter und in der frühen Neuzeit: Jan-Dirk Müller, Wandel von Geschichtserfahrung in spätmittelalterlicher Heldenepik, in: GDLM, S. 72–87.

Dietrich-Balladen in Deutschland und in Skandinavien

Das althochdeutsche ,Hildebrandslied' belegt für das frühe Mittelalter die Gattung des Heldenliedes. Es ist anzunehmen, daß es in Deutschland auch in den folgenden Jahrhunderten heroische Überlieferung in Liedform gegeben hat. Texte tauchen allerdings erst am Ende des Mittelalters wieder auf, zwei Stücke wiederum aus der Dietrichsage: ein jüngeres Lied von Hildebrands Kampf gegen seinen Sohn und ein Lied von Ermenrichs Tod.

Die beiden Texte haben mit dem Typus des alten Heldenlieds nichts mehr zu tun. Sie ordnen sich der spätmittelalterlichen Gattung der (mißverständlich so genannten) ,Volksballade' zu: einem gesamteuropäisch bezeugten Typus von Erzählliedern, in denen von bewegenden Ereignissen aller Art gesungen wird, meist in komprimierter, oft dramatisch zugespitzter Form bei starker Formelhaftigkeit der Sprache. Besonders reich ist die Überlieferung in den skandinavischen Ländern. Es kann nicht überraschen, daß auch dort Stücke aus der Dietrichsage begegnen.

Literatur:
Erich Seemann, Die europäische Volksballade, in: Handbuch des Volksliedes, I/1, hg. von Rolf Wilhelm Brednich/Lutz Röhrich/Wolfgang Suppan, München 1973, S. 37–56; Hellmut Rosenfeld, Heldenballade, ibid., S. 57–87; Ernst Erich Metzner, Die mittelalterliche Volksballade im germanischen Raum unter besonderer Berücksichtigung des skandinavischen Nordens, in: Europäisches Spätmittelalter, hg. von Willi Erzgräber, Wiesbaden 1978 (Neues Handbuch der Literaturwissenschaft 8), S. 331–354 (das dort S. 335 ff. als Zeugnis der Dietrichsage in Anspruch genommene sog. ,Tanzlied von Kölbigk' aus dem 11. Jahrhundert ist nicht einschlägig: vgl. Fidel Rädle, Das Tanzlied von Kölbigk und die Legende vom Kölbigker Tanz, in: VL IX, Sp. 616–620 [619]).

Die Überlieferung des ,Jüngeren Hildebrandsliedes' beginnt mit vier Handschriften des 15./16. Jahrhunderts. Der älteste Textzeuge ist ein Fragment von 1459, der erste vollständige das Dresdner Heldenbuch von 1472 (s. S. 111). Vom frühen

16. bis in die Mitte des 18. (!) Jahrhunderts zieht sich dann eine
reiche Drucküberlieferung, nicht nur in deutscher (und jü-
disch-deutscher), sondern auch in niederländischer und däni-
scher Sprache. Schließlich haben Brentano und Arnim das Lied
in ihre Sammlung ‚Des Knaben Wunderhorn‘ aufgenommen,
und von da aus fand es den Weg in die Volkslied- und Balla-
den-Anthologien des 19. und 20. Jahrhunderts.

Der Text bietet eine versöhnliche Variante des Vater-Sohn-
Kampfes: Hildebrand, der seine Gemahlin Ute zweiunddreißig
(Variante: dreißig) Jahre nicht gesehen hat, reitet allein nach
Bern, trifft auf seinen Sohn, der hier Alebrant heißt, überwältigt ihn im Kampf, gibt sich dem Besiegten zu erkennen und
zieht mit ihm nach Hause zu Frau Ute. Der Ereignisrahmen der
Fluchtsage ist völlig ausgeblendet. Dietrich kommt nur einmal
am Rande zu Wort: er ermahnt Hildebrand beim Aufbruch,
seinem Sohn nichts anzutun.

Das Lied dürfte zumindest in der vorliegenden Form erst im
15. Jahrhundert entstanden sein. Daß der Kampf versöhnlich
endet, hat der Verfasser allerdings nicht erfunden. In der ‚Thidrekssaga‘, wo die Begegnung in den Bericht von Dietrichs
Rückkehr nach Bern eingebaut ist, verhält es sich ebenso. Gemeinsam haben das ‚Jüngere Hildebrandslied‘ und die ‚Thidrekssaga‘ auch den Namen Alebrant (Alibrand) für den Sohn
und eine prägnante Formulierung. In der ‚Thidrekssaga‘ attak-
kiert der Sohn den Vater mit einem heimtückischen Schwert-
hieb und bekommt zu hören: ‚Diesen Schlag wird dich dein
Weib gelehrt haben, nicht dein Vater‘ (ThSE, S. 429 = ThSB II,
S. 350: *þetta slagh mun þier kient hafa þin kona enn æigi þinn
fader*). Im ‚Jüngeren Hildebrandslied‘ handelt es sich anscheinend nicht um einen heimtückischen, sondern um einen gewaltigen Schlag, den Hildebrand (um ihn höhnisch herabzuset-
zen?) mit diesen Worten kommentiert: *den straich hat dich
gelert ein wip* (Meier [s. u.] W 10,4). Solche festen Wendungen
finden sich in der heroischen Überlieferung immer wieder. Sie
bezeugen, daß nicht nur Erzählstoffe, sondern auch sprachliche Einheiten z. T. über Jahrhunderte mündlich tradiert wor-

den sind. Im vorliegenden Fall bedeutet das, daß auch noch das ,Jüngere Hildebrandslied', so sehr es ein Produkt des späten Mittelalters sein mag, in der Textgestaltung an alter Sagentradition partizipiert. Im übrigen macht der Vergleich mit der ,Thidrekssaga' deutlich, daß sein Verfasser weniger an der heroischen Überlieferung interessiert war als am Stimmungspotential der Situation: am Gemüthaften, Sentimentalen, auch Burlesken in der Konfrontation des alten Haudegen mit dem jungen Heißsporn. Das sind gattungstypische Züge der ,Volksballade'.

Literatur:
Maßgeblich ist die Ausgabe von John Meier, Deutsche Volkslieder. Balladen 1, Berlin/Leipzig 1935 (Deutsche Volkslieder mit ihren Melodien I/1), S. 1–21. – Zum Forschungsstand s. Michael Curschmann, Jüngeres Hildebrandslied, in: VL IV, Sp. 918–922. Die jüngste Untersuchung stammt von Albrecht Classen: The Jüngeres Hildebrandslied in Its Early Modern Printed Versions: A Contribution to Fifteenth- and Sixteenth-Century Reception History, in: Journal of English and Germanic Philology 95 (1996), S. 359–381.

Das Lied von Ermenrichs Tod ist in einer niederdeutschen Flugschrift von ca. 1535/45 (A) unter dem Titel ,Van Dirick van dem Berne' (,Von Dietrich von Bern') und in einem ebenfalls niederdeutschen Liederbuchdruck von ca. 1590/1600 (B) überliefert. Es ist möglich, daß die Flugschrift von Johann Balhorn d. Ä., das Liederbuch von Johann Balhorn d. J. in Lübeck gedruckt wurde. Die Flugschrift enthält noch das Landsknechtlied ,Van Juncker Baltzer', das die Taten eines Landsknechthaufens bei einer Heerfahrt besingt, die der dänische König Christian II. in den Jahren 1531/32 vom niederländischen Exil aus zur Rückgewinnung seiner Herrschaft unternahm.

Der überlieferte Text ist stark verderbt, stellenweise kaum verständlich. Dietrich will den in *Franckriken* herrschenden König *van Armentriken*, der ihn und seine Leute mit dem Galgen bedroht, aus seinem Land vertreiben. Als Helfer wird ihm der riesenhafte König *Blôdelinck* empfohlen, der Sohn einer

Witwe aus *Franckriken*, der erst zwölf Jahre alt ist. Mit elf Begleitern zieht er am bereitstehenden Galgen vorbei *to dem Freysack*, wo der König residiert. Die als Tänzer verkleideten Berner werden vorgelassen und fragen den König, was sie ihm zuleide getan hätten. Als er überrascht schweigt, schlägt ihm Dietrich den Kopf ab. Die Berner töten alle Insassen der Burg außer dem treuen Torwächter *Reinholt van Meilan*. Dietrich beklagt den Verlust *Blôdelincks*, der aber wohlbehalten in einem Kellerloch wieder auftaucht.

Es handelt sich offensichtlich um ein Konglomerat von Reminiszenzen aus der Dietrich- und der Ermenrichsage, die weitgehend verdunkelt sind. Hinter dem König *van Armentriken* steht gewiß der König Ermenrich (Mißverständnis des Personennamens als Ländername). Mit *Franckriken* scheint das ‚Reich der Franken‘ gemeint zu sein. Eine mögliche Erklärung liefert eine Notiz in der Sprichwortsammlung des Johannes Agricola von 1523, derzufolge die Franken unter Ermenrich (*Ermentfrid*) sich der Lombardei bemächtigten und von dort aus die Harlungen töteten (Erinnerung an die Eroberung des Langobardenreichs durch Karl den Großen?). *Freisack* geht wahrscheinlich auf Breisach zurück, die Heimat Eckharts, des Vormunds der Harlungen (Verwechslung des Sitzes der Opfer mit dem des Mörders). Die Tötung Ermenrichs erinnert an die Swanhildsage, in der die Brüder Hamdir und Sörli den König in seiner Burg überfallen und verstümmeln. In der Svanhildsage spielt auch der Galgen, mit dem Ermenrich in den verschiedenen Überlieferungen operiert (er ist gewissermaßen sein Attribut als Verwandtenfeind), eine eindrückliche Rolle: wie die Berner im Lied von Ermenrichs Tod ziehen im ‚Hamdirlied‘ (den ‚Hamðismál‘) der ‚Edda‘ die Brüder auf dem Weg zu Ermenrich (Jörmunrek) an einem Galgen vorbei, den der König hatte errichten lassen (hier für den eigenen Sohn). Die Bedrohung Dietrichs erinnert an die Fluchtsage. Die Erzählung könnte als Variante von Dietrichs Rückkehr gemeint sein (daß der Zug von Bern ausgeht, das in Dietrichs Gewalt ist, spricht nicht dagegen: auch in ‚Dietrichs Flucht‘, in der ‚Rabenschlacht‘ und in der ,Thidrekssaga' gelangt Dietrich zuerst nach Bern, bevor er sich gegen den Usurpator wendet). Interessant ist eine Variante von B in V. 1,2: statt ,den (Ermenrich) will der Berner vertreiben' (*den wil de Berner vordriuen*) wie in A heißt es da: ,der wollte den Berner vertreiben' (*de wolde den Berner vordriuen*). Damit kann eine Variante von Dietrichs Vertreibung angezeigt sein, in der es beim Versuch blieb; es kann sich aber auch um einen Rückblick aus der Perspektive der Heimkehr handeln: ,der hatte einst den Berner vertreiben wollen' – was ihm ja nirgendwo in der Fluchtsage endgültig geglückt ist. Der Auftritt Dietrichs mit elf Gesellen schließlich stammt aus dem Überlieferungskomplex der Reihenkämpfe, der vor allem den Gedichten vom Rosengarten zugrundeliegt (s. S. 181 ff.).

Die Forschung hat viel Mühe darauf verwandt, die Genese des Liedes zu erhellen: Quellen, Einflußwege und Vorstufen zu ermitteln und zu rekonstruieren. Alle diese Versuche sind gescheitert. Es kann noch nicht einmal als sicher gelten, daß es überhaupt Vorstufen im Sinne individueller Lieder gegeben hat, aus denen sich der vorliegende Text entwickelte. Wichtiger ist die Frage nach dessen Funktion. Wenn man davon ausgehen kann, daß das zeitgenössische Publikum den Sagenzusammenhang von Dietrichs Flucht assoziierte, läßt sich das Lied als Seitenstück zum Lied vom Junker Baltzer verstehen: die Rückkehr des rechtmäßigen Herrschers Dietrich in sein angestammtes Reich als (möglicherweise legitimierendes) Vorbild für den Dänenkönig, das seine Überzeugungskraft aus der historischen Verbindlichkeit der heroischen Überlieferung bezog. Doch mag das Lied auch als bloßes Episoden-Lied, als eine der vielen Dietrich-Aventiuren, rezipiert worden sein. Einer solchen Rezeption konnte der Text insofern entgegenkommen, als die Struktur der Handlung dem typischen Herausforderungsschema der aventiurehaften Dietrichepik entspricht (s. S. 108).

Literatur:
Der Text ist vorbildlich erschlossen durch Hilkert Weddige, Koninc Ermenrîkes Dôt. Die niederdeutsche Flugschrift ,Van Dirick van dem Berne' und ,Van

Juncker Baltzer'. Überlieferung, Kommentar, Interpretation, Tübingen 1995 (Hermaea N.F. 76) (mit Abdruck, Übersetzung und Faksimile). Ergänzend: Claudia Händl, Kôninc Ermenrîkes Dôt nella tradizione eroica germanica, in: ANNALI (Sez. Germanica), Nuova serie IV, Napoli 1994/1-2, S. 97–124.

In den Umkreis der Dietrichsage gehört auch eine Reihe von dänischen Balladen, die im wesentlichen aus der ‚Thidrekssaga' zu schöpfen scheinen. Im Blick auf die mittelhochdeutsche Dietrichepik von besonderem Interesse sind die textgeschichtlich zusammenhängenden Stücke DgF Nr. 7: ‚Kong Diderik og hans Kæmper' (‚König Dietrich und seine Kämpfer') und DgF Nr. 8: ‚Kong Diderik i Birtingsland' (‚König Dietrich in Birtingsland'). Seit dem 16. Jahrhundert in zahlreichen Fassungen (auch in schwedischen und färöischen) überliefert, verarbeiten sie den Bericht der ‚Thidrekssaga' über Thidreks Zug nach Bertangenland, der mit dem ‚Rosengarten' zusammenhängen dürfte (s. S. 181 ff.). Man hat angenommen, daß in DgF Nr. 7 neben der ‚Thidrekssaga' auch eine Fassung des ‚Rosengarten' benutzt wurde, doch sind die Indizien zu schwach, um beweiskräftig zu sein. Auffällig sind Motiv-Übereinstimmungen mit dem Lied von Ermenrichs Tod. Sie verweisen darauf, daß der nordniederdeutsche Raum (Lübeck, Holstein) und Dänemark im späten Mittelalter politisch und wirtschaftlich eng verbunden waren und bei durchlässiger Sprachgrenze einen gemeinsamen Kulturraum bildeten, in dem Texte zirkulierten und Motivaustausch in jeder Richtung leicht möglich war. So wurden in Lübeck auch dänische Bücher gedruckt, darunter 1599 die dänische Bearbeitung des ‚Laurin', die ihrerseits zur Grundlage einer färöischen ‚Laurin'-Ballade geworden sein könnte.

Literatur:
Zu den dänischen Balladen: Lotte Silcher, Die dänischen Balladen aus dem Kreis der Dietrichsage, Diss. Tübingen 1929; Otto Holzapfel, Die dänischen Nibelungenballaden. Texte und Kommentare, Göppingen 1974 (GAG 122) (mit Textauszügen [dänisch-deutsch], Kommentaren und bibliographischen

Hinweisen zu DgF Nr. 7, 8, 9 [‚Kong Diderik og Løven'], 16 [‚Greve Genselin'], 17 [‚Kong Diderik og Holger Danske']). Um einen ersten Eindruck von den Texten zu gewinnen, kann man noch immer die alte Übersetzung von Wilhelm Grimm benutzen: Altdänische Heldenlieder, Balladen und Märchen, Heidelberg 1811. Für wissenschaftliche Zwecke ist das Arnim und Brentano gewidmete Werk, eine Frucht der Skandinavien-Begeisterung der Romantik, nicht brauchbar (vgl. Ina-Maria Greverus, Wege zu Wilhelm Grimms ‚Altdänischen Heldenliedern', in: Hessische Blätter für Volkskunde 54 [1963] = Brüder Grimm Gedenken 1963, Marburg 1963, S. 469–488; Haustein, S. 219 ff.). Die maßgeblichen Ausgaben zu den Komplexen DgF Nr. 7 und 8 sind DE S. 33, Anm. 42, zusammengestellt. – Zu den Motiv-Übereinstimmungen mit ‚Ermenrichs Tod': Weddige (wie oben), S. 122 ff. – Zum dänischen ‚Laurin' und zur färöischen ‚Laurin'-Ballade s. S. 155 f.

Historische Dietrichepik

Das konstitutive Geschehen der historischen Dietrichepik: die Fluchtsage, wird im Doppelepos von ‚Dietrichs Flucht‘ und ‚Rabenschlacht‘ (‚Ravenna-Schlacht‘) entfaltet (‚Dietrichs Flucht‘ wird auch ‚Buch von Bern‘ genannt: so bezeichnet der Verfasser selbst sein Werk [V. 10103 und 10129], und in der Handschrift W trägt es entsprechend den Titel: *Dietreiches pûch von pern* [DHB II, S. 92, Apparat]). Um ein Doppelepos handelt es sich insofern, als die beiden Werke zyklisch verknüpft und regelmäßig zusammen überliefert sind. Das Epos von ‚Alpharts Tod‘ behandelt ein Ereignis aus der Anfangsphase der Auseinandersetzung zwischen Dietrich und Ermenrich, ist aber handlungsmäßig nicht mit ‚Dietrichs Flucht‘ koordiniert. Die nur fragmentarisch erhaltene Dichtung von ‚Dietrich und Wenezlan‘ ist über die Exil-Situation an die historische Dietrichepik angebunden und wird deshalb im Zusammenhang mit dieser behandelt: eine Verlegenheitslösung, denn der Text weist auch – worauf bereits hingewiesen wurde (S. 32 f.) – Momente der aventiurehaften Texte auf und steht so zwischen den Gruppen.

‚Dietrichs Flucht‘ und ‚Rabenschlacht‘
Überlieferung

‚Dietrichs Flucht‘ und ‚Rabenschlacht‘ sind gemeinsam in vier Handschriften vom späten 13. bis zum Beginn des 16. Jahrhunderts überliefert. Dazu kommt je ein Fragment mit Text aus ‚Dietrichs Flucht‘ und der ‚Rabenschlacht‘ aus dem 14. Jahrhundert. Es ist zu vermuten, daß die Handschriften, aus

denen die Fragmente stammen, auch den jeweils anderen Text
enthielten.

Vollständige Handschriften:

R (Riedegger Handschrift – so genannt nach dem früheren
Aufbewahrungsort, Schloß Riedegg ob der Enns): Staatsbibl.
Berlin, Ms. germ. 2° 1062 – Pergament, Ende 13. Jahrhun-
dert, aus Niederösterreich – Sammelhandschrift mit Epik
(Hartmann von Aue: ‚Iwein', Stricker: ‚Der Pfaffe Amis',
‚Dietrichs Flucht' und ‚Rabenschlacht') und Lyrik (Neid-
hart) – vgl. Becker, S. 57 ff.; Karin Schneider, Gotische Schrif-
ten in deutscher Sprache. I. Vom späten 12. Jahrhundert bis
um 1300, Textband, Wiesbaden 1987, S. 226 f.; Franz-Josef
Holznagel, Wege in die Schriftlichkeit, Tübingen/Basel 1995
(Bibliotheca Germanica 32), S. 285 ff.;

W (Windhagensche/Windhager Handschrift – so genannt nach
den früheren Besitzern, den österreichischen Grafen von
Windhag): Österreichische Nationalbibl. Wien, Cod. 2779 –
Pergament, 1. Viertel 14. Jahrhundert, aus Niederösterreich
(Wien?) · – Sammlung erzählender Texte, u. a. ‚Kaiserchro-
nik', Hartmann von Aue: ‚Iwein', ‚Ortnit', am Schluß: ‚Diet-
richs Flucht' und ‚Rabenschlacht', Heinrich von dem Türlin:
‚Die Krone' – vgl. Becker, S. 61 ff.;

P: Universitätsbibl. Heidelberg, Cpg 314 – Papier, 1443/47,
aus Augsburg – bunte Sammlung insbesondere kleinerer
Reimpaargedichte (darunter Boners ‚Edelstein'), dazu ‚Dietrichs Flucht' und ‚Rabenschlacht' – vgl. Ulrike Bodemann/
Gerd Dicke, Grundzüge einer Überlieferungs- und Textgeschichte von Boners Edelstein, in: Deutsche Handschriften
1100–1400, Tübingen 1988, S. 424–468 (431);

A – Ambraser Heldenbuch (s. S. 45): Österreichische Nationalbibl. Wien, Cod. Series Nova 2663 – Pergament, 1504/1515
(1516?), aus Tirol – Faksimile mit Kommentar von Franz
Unterkircher: Ambraser Heldenbuch. Vollständige Faksimi-
le-Ausgabe [...], Graz 1973 (Codices selecti 43) – vgl. Bek-

ker, S. 52 f., 153 ff.; Johannes Janota, Ambraser Heldenbuch, in: VL I, Sp. 323–327.

Fragmente:

K: Universitätsbibl. Innsbruck, B III – Fragment einer Pergamenthandschrift mit Text aus ‚Dietrichs Flucht‘, Anfang 14.
Jahrhundert, bairisch-österreichisch (Südtirol?) – Abdruck
durch Emil von Ottenthal, Ein Fragment aus Dietrichs
Flucht, in: ZfdA 23 (1879), S. 336–344 – vgl. Christa Bertelsmeier-Kierst, Tiroler Findlinge, in: ZfdA 123 (1994),
S. 334–340 (338 ff.);

S: Universitätsbibl. Graz, Ms. 1969 – Fragment einer Pergamenthandschrift mit Text aus der ‚Rabenschlacht‘, Mitte 14.
Jahrhundert, bairisch-österreichisch – Abdruck durch Konrad Zwierzina, Seckauer Bruchstücke der Rabenschlacht,
in: Beitr. 50 (1927), S. 1–16 – vgl. Anton Kern, Die Handschriften der Universitätsbibliothek Graz, II, Wien 1956,
S. 404.

Ausgaben:
Die beiden Epen müssen in der sehr schlechten Ausgabe von Ernst Martin in
DHB II gelesen werden. Zur Kontrolle bzw. Ergänzung von Martins Ausgabe
eignen sich bedingt die älteren Ausgaben von der Hagens in HBHP II (‚Diet-
richs Flucht‘ und ‚Rabenschlacht‘ im wesentlichen nach Handschrift P, deren
Text bei Martin weitgehend unter den Tisch gefallen ist – vgl. Haustein,
S. 52 f.) und HBH I (‚Rabenschlacht‘ im wesentlichen nach Handschrift W –
vgl. Haustein, S. 63).

Eine Analyse der Überlieferung, die heutigen Ansprüchen ge-
nügte, fehlt. Schon früh hat man bemerkt, daß RW auf der einen, PA auf der anderen Seite näher zusammenstehen, ohne
doch genau zu untersuchen, inwieweit Fassungen mit je indi-
viduellem Aussageprofil vorliegen. Der auffälligste Unterschied besteht darin, daß in RW die genealogische Einleitung

von ‚Dietrichs Flucht‘ (s. u.) gekürzt ist: sie setzt erst mit Wolfdietrichs Tod ein. Die nächstliegende Erklärung ist, daß in einer Vorstufe *RW dieser Teil durch die Einfügung des ‚Ortnit‘/
‚Wolfdietrich‘-Epos ersetzt wurde, so daß sich ein großer, genealogisch konzipierter Zyklus ergab. Man hat erwogen, ob in
W selbst ein solcher Zyklus geplant war, und zwar für die elf
Seiten, die zwischen dem ‚Ortnit‘ und ‚Dietrichs Flucht‘ liegen:
sie waren zunächst frei geblieben und sind erst nachträglich
mit einer Folge kleinerer Texte beschrieben worden. Gegen diese Vermutung spricht, daß elf Seiten für den ‚Wolfdietrich‘-
Text bei weitem nicht ausgereicht hätten. Das Fragment K
stimmt zu A: hier zeichnet sich möglicherweise ein Tiroler
Überlieferungsstrang ab. Das Fragment S stellt sich zu R.

Literatur:
Ernst Martin, in: DHB II, S. XXXVff. – Zur Kürzung des Eingangs in RW:
Becker, S. 62; Volker Schupp, Heldenepik als Problem der Literaturgeschichts-
schreibung. Überlegungen am Beispiel des Buches von Bern, in: DHT, S. 68–96
(86 f.); Kornrumpf, S. 335 f. (Anm. 15).

‚Dietrichs Flucht‘ ist nicht nur in den genannten Handschriften
überliefert. Auszüge finden sich auch in der Überlieferung der
gereimten ‚Weltchronik‘ des Heinrich von München aus dem
14. Jahrhundert, einer Kompilation verschiedenster Texte, die
– ein Musterbeispiel offener Überlieferung – von Handschrift
zu Handschrift ganz unterschiedlich ausgeformt ist. Kompiliert
wurden im engeren Sinne chronistische und legendarische Werke wie die mittelhochdeutsche ‚Kaiserchronik‘ oder Bruder
Philipps ‚Marienleben‘, aber auch Dichtungen wie Wolframs
von Eschenbach ‚Willehalm‘, Ulrichs von Etzenbach ‚Alexander‘ oder Konrads von Würzburg ‚Trojanerkrieg‘. Für die Ereignisse, die Etzel und Dietrich betreffen, stützt sich die Chronik hauptsächlich auf die ‚Sächsische Weltchronik‘ des 13.
Jahrhunderts, deren Prosa-Darstellung versifiziert wurde, und
auf die ‚Kaiserchronik‘. Eingefügt sind Nachrichten über Dietrich als Mitstreiter der Hunnen und – offensichtlich mit Bezug

aufs ‚Nibelungenlied' – über Siegfrieds Tod und den Burgundenuntergang. Durch gezielte Auslassung und geschickte Kombination ist es dem Chronisten gelungen, die Traditionen von
Heldensage und gelehrter Historiographie miteinander zu vereinbaren und damit eine neue Lösung des alten Frutolf-Pro-
blems zu finden: der fragwürdigen Gleichzeitigkeit von Atti-
la/Etzel und Theoderich/Dietrich (s. S. 21). Dem Bericht von
Dietrichs Vertreibung durch Ermenrich geht die Geschichte
von Dietrichs Ahnen voraus. Sie wird nach der genealogischen
Einleitung von ‚Dietrichs Flucht' mit wörtlicher Übernahme
von Versen und Versfolgen raffend – unter Konzentration auf
Namen und Fakten – erzählt (das Exzerpt ist in zwei Handschriften des 14. Jahrhunderts erhalten, die somit die frühesten
Textzeugen überhaupt für diese Passagen sind: Staatsbibl.
München, Cgm 7377, und Forschungsbibl. Gotha, Cod.
Chart. A 3). Das Epos von ‚Dietrichs Flucht' wird als seriöse
historische Quelle in Anspruch genommen und unter Betonung
der Wahrheit des Mitgeteilten als ‚Chronik' bezeichnet (Text
nach Grimm [s. u.], S. 129, V. 338 ff.):

> *nu han ich ew gesait gar*
> *von dem geslåcht der Amelungen,*
> *wir jr stam ist ensprungen,*
> *alz ir choranik sait*
> *vns für die gantzen warhait,*
> *vnd alz ich ez gelesen han.*

Jetzt habe ich euch vollständig erzählt vom Geschlecht der Amelungen, welchen Ursprung ihr Stamm hat, wie es uns ihre Chronik völlig wahrheitsgemäß
berichtet und wie ich es gelesen habe.

Hier ist Heldendichtung Historiographie auch im Sinne der gelehrten Tradition geworden: Dietrich – der Dietrich der Sage! –
steht gleichberechtigt neben welthistorischen Figuren wie den
Akteuren des Trojanischen Kriegs oder Alexander dem Großen. Freilich werden auch die Grenzen der Assimilation der

beiden Traditionen sichtbar. Nicht nur die Drachen- und Rie-
senkämpfe der aventiurehaften, auch die bewegenden Ereignisse der historischen Dietrichepik – die Gefangennahme der
Mannen, der Tod der Etzelsöhne – sind nicht übernommen
worden. Doch könnte die ,Weltchronik' auf die aventiurehafte
Dietrichepik zurückgewirkt haben: der historische Ausblick
am Ende der ,Eckenlied'-Drucke (s. S. 34) ist vielleicht von ihr
inspiriert. Entscheidend bleibt, daß die Fluchtsage, wie die historische Dietrichepik sie bietet, als Geschichtsüberlieferung
ernstgenommen wurde. Das muß jede Interpretation des
Werks berücksichtigen.

Literatur:
Allgemein zu Heinrich von München: Norbert H. Ott, Heinrich von Mün-
chen, in: VL III, Sp. 827–837; ergänzend: Gisela Kornrumpf, Die Weltchronik
Heinrichs von München. Zu Überlieferung und Wirkung, in: Festschrift für
Ingo Reiffenstein zum 60. Geburtstag, hg. von Peter K. Stein/Andreas Weiss/
Gerold Hayer, Göppingen 1988 (GAG 478), S. 493–509; künftig grundlegend:
Studien zur Weltchronik Heinrichs von München, Bde. I (hg. von Horst Brun-
ner), II/1,2 (von Johannes Rettelbach), III/1,2 (von Dorothea Klein) (im Druck).
Eine Edition (von Kurt Gärtner, Frank Shaw u. a.) für die Deutschen Texte des
Mittelalters ist in Vorbereitung. – Zu den Heldenepik-Passagen: Abdruck
durch Jakob und Wilhelm Grimm: Die deutsche Heldensage aus der Weltchronik, in: Altdeutsche Wälder, hg. durch die Brüder Grimm, II, Frankfurt a. M.
1815, Neudruck Darmstadt 1966, S. 115–134; vgl. dazu GHS, S. 224 ff. (Nr.
84), und Ernst Martin, in: DHB II, S. XLVIff. Eine genaue Analyse hat Gisela
Kornrumpf vorgelegt: Heldenepik und Historie im 14. Jahrhundert. Dietrich
und Etzel in der Weltchronik Heinrichs von München, in: GDLM, S. 88–109.

Die metrische Form

,Dietrichs Flucht' ist in Reimpaaren, die ,Rabenschlacht' in
Strophen verfaßt. Mit der Reimpaar-Form setzt sich ,Dietrichs
Flucht' von der Tradition der mittelhochdeutschen Heldenepik
ab, die das ,Nibelungenlied' begründet und geprägt hatte. Die
große Mehrzahl der mittelhochdeutschen Heldenepen bedient

sich der Strophen-Form. Reimpaare verwenden außer ‚Dietrichs Flucht‘ noch die ‚Nibelungenklage‘, ‚Dietrich und Wenezlan‘, der ‚Laurin‘ (außer der Fassung des Dresdner Heldenbuchs), zwei Fassungen des ‚Wunderer‘ und ‚Biterolf und Dietleib‘. Der Unterschied zwischen Reimpaar- und Strophen-Form betrifft nicht nur die Organisation des Sprachmaterials (und damit den Stil), sondern vor allem auch die Art des Vortrags: Texte in Reimpaaren sind, soweit wir sehen, grundsätzlich für den Vortrag mit Sprechstimme, Texte in Strophen hingegen für Gesangsvortrag (mit Instrumentbegleitung) bestimmt. So ist es eine sehr deutliche Formgeste, wenn sich der Verfasser einer Heldendichtung gegen den Hauptstrom der Tradition für die Reimpaar-Form entscheidet. Was die Geste bedeutet, ist allerdings nicht leicht zu sagen. Generell wird man annehmen dürfen, daß sie eine Distanzierung von dieser Tradition zum Ausdruck bringt und zugleich auf eine Eingemeindung der heroischen Überlieferung in die von der Reimpaar-Form beherrschten Gattungen der volkssprachigen Literatur hinwirkt: das sind vor allem der höfische Roman und die Reimchronik, die in der zweiten Hälfte des 13. Jahrhunderts eine blühende Gattung war.

Die ‚Rabenschlacht‘ schließt sich dagegen an die nibelungische Tradition an. Schon der Eingang des Werks gibt das programmatisch zu verstehen, indem in den Strophen 1, 4 und 5 das ‚Nibelungenlied‘ zitiert wird:

Welt ir in alten maeren   wunder hoeren sagen,
von recken lobebaeren   [...]

Wollt ihr in alten Erzählungen Staunenswertes sagen hören von ruhmwürdigen Helden [...]

Nû sult ir hoeren gerne   von grôzer arebeit,
[...]

Jetzt sollt ihr bereitwillig von großer Mühsal im Kampf hören [...]

> *Nû hoeret michel wunder   hie singen unde sagen,*
> *sich hebet an besunder   beidiu weinen unde clagen*
> *[...]*

Jetzt hört hier sehr Staunenswertes singen und sagen, Weinen und Klagen hebt sich an [...]

Das ist ein Paraphrasen-Mosaik aus der ersten Strophe des ,Nibelungenliedes' (Text nach Bartsch/de Boor [wie S. 25]):

> *Uns ist in alten maeren   wunders vil geseit*
> *von helden lobebaeren,   von grôzer arebeit,*
> *von fröuden, hôchgezîten,   von weinen und von*
> *   [klagen,*
> *von küener recken strîten   muget ir nu wunder*
> *   [hoeren sagen.*

Uns ist in alten Erzählungen viel Staunenswertes gesagt von ruhmwürdigen Helden, von großer Mühsal im Kampf, von Freude und Festen, von Weinen und Klagen, vom Kämpfen kühner Helden könnt ihr jetzt Staunenswertes sagen hören.

Die Anlehnung ans ,Nibelungenlied' ist umso deutlicher, als in ,Dietrichs Flucht' ebenfalls im ersten Vers diese Strophe zitiert wird: *Welt ir nû hoeren wunder*, dann aber gerade nicht von *alten maeren* die Rede ist, sondern *niuwe* ,neue' angekündigt werden: *sô künde ich iu besunder diu starken niuwen maere* (V. 1ff.: ,Wollt ihr jetzt Staunenswertes hören, dann erzähle ich euch gewaltige Neuigkeiten ... '). Auch mit der Konstruktion seiner Strophe knüpft der Verfasser der ,Rabenschlacht' massiv an das ,Nibelungenlied' an. Als Normaltyp gilt (Str. 1):

> *Welt ir in alten maeren   wunder hoeren sagen,*
> *von recken lobebaeren,   sô sult ir gerne dar zuo dagen.*
> *von grôzer herverte,   wie der von Bern sît sîniu*
> *   [lant erwerte*

3 w (4 kl) a :   3 m b
3 w (4 kl) a :   4 m b
3 w (4 kl) c : 5 w (6 kl) c

Wollt ihr in alten Erzählungen Staunenswertes sagen hören von ruhmwürdigen
Helden, dann schweigt bereitwillig. Von großer Heerfahrt, wie der von Bern
später seine Länder verteidigte [...]

Die ersten beiden Langverse sind identisch mit der zweiten
Hälfte der Nibelungenstrophe, die folgende Langzeile entspricht – mit Ausnahme des Binnenreims – der Schlußzeile der
Strophe des ‚Kudrun‘-Epos (in der Ausgabe sind die hier als
An- und Abverse von Langzeilen aufgefaßten Verse als selbständige Zeilen abgesetzt, so daß sich ein sechszeiliges Gebilde
ergibt). Die Realisierung der Strophenform wird im einzelnen
flexibel gehandhabt, und es gibt auch Divergenzen zwischen
den Textzeugen. So haben die ersten beiden Anverse öfter
männliche Kadenz bei vier Hebungen (Str. 606):

Von ir slege waete ein schal,   *dâ maht gein crefte*
                                                [ranc,
        daz beide berge unde tal   *von ir starcen slegen*
                                                [clanc.

4 m a : 3 m b
4 m a : 4 m b

Von ihren Schlägen ging ein Lärm aus, wo Kraft gegen Stärke kämpfte, daß
Berg und Tal vom Schall ihrer starken Schläge ertönten.

Auch andere Abweichungen vom Normaltyp kommen vor: so
kann der Zäsurreim in den ersten beiden Anversen fehlen oder
der letzte Anvers eine Hebung mehr aufweisen. Anders als bei
den anderen Strophenformen der Dietrichepik – dem Hildebrandston (s. S. 84 ff.), der Heunenweise (s. S. 153 f.) und dem
Bernerton (s. S. 100 ff.) – gibt es zur Rabenschlachtstrophe kei-

ne Melodie-Überlieferung, so daß wir über die musikalische
Seite nichts sagen können.

Inhalt

,Dietrichs Flucht' (10 152 Verse): I. Die Geschichte von Dietrichs Ahnen: Einst herrschte Dietwart in fürstlichem Glanz wie
nur je der König Artus über das Römische Reich. Er übertraf
alle an Tugend. Auf den Rat seiner Getreuen erwarb er Minne,
die Tochter König Ladiners, zur Frau. Auf der Werbungsfahrt
zu ihr tötete er einen Drachen. Dietwart wurde 400 Jahre alt.
Er hatte mit seiner Frau 44 Kinder, die alle starben bis auf den
Sohn Sigeher. Der wurde Dietwarts Nachfolger und übertraf
seinen Vater noch an Vorbildlichkeit. Er erwarb Amelgart, die
Tochter des Königs der Normandie, zur Frau. Auch er wurde
400 Jahre alt und hatte mit seiner Frau 31 Kinder, von denen
ein Sohn und eine Tochter am Leben blieben. Der Sohn war der
berühmte Ortnit, die Tochter Sigelind, die König Sigmund von
Niederland heiratete (deren Sohn war der starke Siegfried, den
später Hagen erschlug). Nach Sigehers Tod kam das Reich an
Ortnit. Er warb um Liebgart, die Tochter des Königs Godian,
der jeden Werber zu töten pflegte. Ortnit verwüstete mit seinem
Heer Godians Land und zwang diesen so, die Tochter heraus-
zugeben. Sie wurde Ortnits Frau. Doch Godian rächte sich. Er
ließ heimlich vier Drachen in Ortnits Land bringen, die großes
Unheil anrichteten. Ortnit wollte sie töten, fiel aber auf dem
Weg zur Drachenhöhle vor einer Felswand in Schlaf und wurde
von den Drachen gefressen. In dieser Zeit war Wolfdietrich ins
Land gekommen (vgl. S. 41 f). Er erschlug die Drachen und heiratete Ortnits Witwe. Wolfdietrich wurde 503 Jahre alt und
hatte mit seiner Frau 56 Kinder, die alle starben bis auf den
Sohn Hugdietrich, der sein Nachfolger wurde. Hugdietrich er-
kämpfte sich die Königstochter Sigeminne von Frankreich. Er
wurde 450 Jahre alt. Nur einen Sohn hatte er: Amelung, der
sein Nachfolger wurde. Auch dieser heiratete eine Frau aus

Frankreich, mit der er drei Söhne hatte: Diether, Ermrich und
Dietmar. Bei seinem Tod teilte er das Land unter die Söhne auf.
Dietmar, der die Lombardei, das römische Reich, Istrien, Friaul
und das Inntal geerbt hatte und in Verona/Bern residierte, wurde 340 Jahre alt. Er hinterließ zwei Söhne: Diether und Dietrich. – II. Dietmar hatte im Sterben seine Kinder dem Ermrich
anbefohlen. Der aber verwüstet das römische Reich, tötet die
hinterbliebenen Söhne des älteren Diether (die Harlungen) und
bemächtigt sich ihres Erbes. Sein Ratgeber Sibeche rät ihm,
auch Dietrich zu beseitigen. Er schickt den Grafen Randolt von
Ancona zu Dietrich, um ihn unter einem Vorwand zu sich zu
locken. Aber Randolt warnt Dietrich. Da stellt Ermrich ein großes Heer auf und verwüstet Dietrichs Land. Doch dieser kann
ebenfalls ein Heer sammeln, das dem Heer Ermrichs, das vor
Mailand liegt, in einem nächtlichen Überfall eine vernichtende
Niederlage beibringt. Ermrich kann fliehen. Dietrich hat nicht
genügend Mittel, um seine Leute angemessen zu belohnen. Hildebrand – sein Erzieher – und Berchtram von Pola sind bereit,
ihm ihre Schätze zur Verfügung zu stellen. Dietrich schickt einen Trupp seiner Leute aus, die die Schätze nach Bern holen
sollen. Ermrich erfährt davon, sendet 500 Mann aus, die Dietrichs Leute – darunter Hildebrand und Wolfhart – überfallen
und gefangennehmen. Nur Dietleib von Steier entkommt. Ermrich lehnt einen Austausch der Gefangenen ab (das Schicksal
seines eigenen Sohnes Friderich, der sich in Dietrichs Gewalt
befindet, ist ihm gleichgültig). Nur gegen Herausgabe von Dietrichs gesamtem Besitz ist er bereit, die Dietrichmannen freizu-
lassen. Dietrich geht darauf ein, bittet Ermrich auf Knien vergeblich, ihm wenigstens Bern zu lassen, und räumt mit den
Bernern – Männern und Frauen – zu Fuß die Stadt. Unterwegs
begegnen ihnen Eckewart und Amelolt von Garda, die Ermrich
soeben 80 Mann erschlagen haben. Amelolt bringt die Frauen
in Garda in Sicherheit. – III. Mit 50 seiner Mannen zieht Dietrich ins Hunnenland. Nach 52 Tagen erreichen sie Gran. Sie
verbringen die Nacht im Haus eines Kaufmanns. Am nächsten
Tag kommt die Hunnenkönigin Helche in Begleitung Rüdigers,

Dietleibs von Steier und Eckeharts (des Erziehers der Harlungen, der auch zu den Hunnen geflohen war) nach Gran. Aus
Scham will sich Dietrich verbergen, wird aber von Eckehart erkannt. Er erzählt die Geschichte seiner Vertreibung. Rüdiger
versorgt die Flüchtlinge großzügig mit Pferden und Kleidern
und benachrichtigt die Königin. Diese empfängt Dietrich huld-
voll. Dietrich bittet um Exil. Helche verspricht, sich bei ihrem
Gemahl Etzel für ihn einzusetzen. Dieser trifft auch in Gran ein,
empfängt Dietrich ebenfalls und nimmt ihn in Gnade auf. Er
und seine Getreuen sind bereit, Dietrich ein Heer gegen Ermrich zur Verfügung zu stellen. Da trifft Amelolt ein und berichtet, daß er Bern zurückerobern konnte. Mit seinen Leuten und
einer hunnischen Truppe zieht Dietrich nach Bern. Ein großes
Heer unter Führung Rüdigers kommt nach. Die Schlacht findet
wiederum vor Mailand statt, das von Ermrich abgefallen war
und von ihm belagert wird. Er erleidet neuerdings eine vernichtende Niederlage – 56 000 seiner Männer fallen – und flieht
nach Ravenna (Raben). Dietrich belagert die Stadt, doch Ermrich kann heimlich nach Bologna entkommen. Dietrich verteilt
die Gefangenen unter seine Leute, die von Ermrich Lösegeld erhalten. Nur e i n e n Gefangenen will Dietrich nicht freigeben:
Witege, der ihm einst treu gedient hatte, dann aber zu Ermrich
übergegangen war. Rüdiger und andere raten Dietrich, ihn wieder in Gnaden aufzunehmen. Dietrich tut das, vertraut ihm Ravenna an und schenkt ihm das Pferd Schemming. Dann führt er
das Hunnenheer in die hunnische Residenz Etzelburg zurück
und dankt Etzel und Helche für die gewährte Hilfe. Etzel und
Helche tragen Dietrich Helches Schwestertochter Herrat als
Gemahlin an. Auf den Rat Rüdigers und Hildebrands geht
Dietrich widerstrebend darauf ein. – IV. Eckewart trifft am Etzelhof ein und berichtet, daß Witege neuerdings abtrünnig geworden ist und Ravenna an Ermrich ausgeliefert hat, der alle
Einwohner töten ließ. Dietrich ist außer sich vor Verzweiflung:
wie sol ich nû gebâren! owê ich armer Dietrîch! (V. 7750f.:
,Was soll ich jetzt tun! Ach, ich armer Dietrich!'). Zornig bietet
Etzel ein riesiges Heer auf, das unter Dietrichs Führung Erm-

rich vor Bologna besiegt. Ermrich kann sich in die Stadt retten. Der Sieg ist mit dem Verlust vieler Dietrichmannen teuer erkauft. Besonders beklagt Dietrich den Tod Alpharts. Weinend verläßt er das Schlachtfeld und zieht zurück zu Etzel.

‚Rabenschlacht‘ (1140 Strophen): I. Noch nach Jahresfrist beklagt Dietrich den Verlust seiner Helden, insbesondere den Tod Alpharts. Etzel und seine Getreuen stellen ihm ein neues Heer in Aussicht. In einem großen Fest wird Dietrichs Heirat mit Herrat gefeiert. Helche träumt, ein wilder Drache entführe ihre beiden Söhne und zerreiße sie. Das Hochzeitsfest dauert sechs Wochen. – II. Das Invasionsheer versammelt sich in Etzelburg. Etzels und Helches junge Söhne Orte und Scharpfe bitten ihre Mutter, sie mitziehen zu lassen. Etzel und Dietrich kommen dazu. Etzel schlägt den Söhnen die Bitte ab, aber Dietrich tritt für sie ein und verspricht, gut auf sie aufzupassen. Da gibt Helche nach und befürwortet bei Etzel den Wunsch der Söhne. Sie dürfen mitziehen. Das Heer bricht auf. In seinem Reich wird Dietrich von seinen Getreuen freudig empfangen und erfährt, daß Ermrich mit großer Streitmacht bei Ravenna liegt. Das Heer schlägt sich nach Bern durch. Dietrich beschließt, die Etzelsöhne in Bern zurückzulassen und sie und seinen eigenen noch unerwachsenen Bruder Diether dem alten Elsan anzuvertrauen. Das Heer zieht nach Ravenna weiter. – III. Unterdessen bitten die drei Jungen Elsan, sie vor die Stadt zu lassen, damit sie diese besichtigen könnten. Widerstrebend gibt Elsan die Erlaubnis. Sie verirren sich und geraten auf die Straße, die sie nach Ravenna führt. Elsan sucht sie verzweifelt. Nachdem sie eine Nacht im Freien zugebracht haben, irren die drei in der Nähe des Meeres im Nebel umher. Als der sich lichtet, stoßen sie auf Witege. Diether sagt den Etzelsöhnen, wen sie vor sich haben. Tollkühn greifen sie ihn an. In hartem Kampf werden sie nacheinander von Witege getötet. Witege ist selbst bestürzt und beklagt Diethers Tod. Von dem Kampf zu sehr geschwächt, um davonreiten zu können, legt er sich auf der Erde nieder. – IV. In einer gewaltigen zwölftägigen Schlacht, in der Dietrich an den auf Ermrichs Seite kämpfen-

den Siegfried gerät und ihn überwindet, wird Ermrich vernichtend geschlagen. Ermrich kann entkommen, doch fällt Sibeche
Eckehart in die Hände, wird nackt aufs Pferd gebunden und
durchs Heer geführt. Als man die Toten auf dem Schlachtfeld
einsammelt, kommt Elsan herangeritten und berichtet, daß er
die Jungen vermißt. Helpfrich bringt die Nachricht von ihrem
Tod. Dietrich findet sie am Strand und bricht in eine maßlose
Klage aus: *Owê mir, armer Dietrîch, wê und immer wê!* (Str.
892,1f.: ‚Weh mir, ich armer Dietrich, weh und immer weh!').
Er erkennt, daß die fürchterlichen Wunden nur von Witeges
Schwert Mimmung herrühren können. Da sieht man Witege
reiten. Rüdiger alarmiert Dietrich. Der springt auf sein Pferd
Valke, verfolgt Witege, der auf Schemming davonjagt, und for-
dert ihn vergeblich auf, sich zu stellen. Mit Witege reitet sein
Onkel Rienolt, der dem Kampf nicht ausweichen will. Er greift
Dietrich an, der ihn tötet. Ganz nah am Saum des Meers hat
Dietrich den Witege fast eingeholt, da taucht das Meerweib
Wachilt (mhd. *wâc-hilt* ‚Woghilde' – Witeges Urgroßmutter?)
auf und zieht den Flüchtenden mitsamt seinem Pferd in die
Flut. Sie bringt ihn auf dem Meeresgrund in Sicherheit und erklärt ihm, daß er Dietrich hätte besiegen können, weil dessen
Rüstung glühend und also weich gewesen sei: nun sei sie wie-
der hart, und nicht dreißig Helden vom Schlage Witeges könnten dem Wütenden widerstehen. – V. Ermrich hat sich in Ravenna verschanzt. Dietrich und seine Leute dringen in die Stadt
ein, doch Ermrich kann wieder entfliehen. Dietrich läßt Feuer
an die Stadt legen. Die Bewohner ergeben sich. Rüdiger reitet
ins Hunnenland, um die Unglücksbotschaft zu überbringen.
Ortes und Scharpfes Pferde laufen mit blutigen Sätteln in den
Hof von Etzels Residenz. Helche ist außer sich. Rüdiger nimmt
Dietrich gegen ihre Anklagen in Schutz. Sie läßt sich besänftigen. Auch Etzel sieht ein, daß Dietrich keine Schuld an dem
Unglück trägt. Rüdiger bringt Dietrich an den Etzelhof. Das
Herrscherpaar nimmt ihn in Gnaden auf.

Textgeschichte

Sprachliche Indizien und die frühe Überlieferung im Riedegger und im Windhager Codex weisen mit einiger Bestimmtheit darauf hin, daß die beiden Texte in Österreich entstanden sind. Man hat sie früher als Werke ein und desselben Autors betrachtet, doch sprechen erhebliche Unterschiede im Inhalt, im Sprachgebrauch und in der literarischen Technik gegen diese Annahme. In ‚Dietrichs Flucht' wird mitgeteilt, eine in die Erzählung eingeschobene Klage über Fürstenwillkür habe *Heinrîch der Vogelaere gesprochen und getihtet* (V. 8000 f.). Man hat diesen ‚Heinrich den Vogler (Vogelsteller)' früher für den Dichter von ‚Dietrichs Flucht' gehalten. Das ist nicht ausgeschlossen, doch bezieht sich die Autornennung ausdrücklich nur auf den Exkurs. So wird er eher ein Bearbeiter des Textes gewesen sein, der diesen Exkurs einfügte. Wer er war, ist unbekannt. Der Name könnte auf einen wandernden Berufsliteraten deuten. Unwahrscheinlich ist die These Otto Höflers, hier sei die Verfasserschaft König Heinrichs I. (919–936) fingiert, der den Beinamen *vogelaere* (*auceps*) trug und als vorbildlicher Herrscher verehrt wurde.

Die Eckdaten für die Datierung ergeben sich aus der ältesten Überlieferung im Riedegger Codex, der Ende des 13. Jahrhunderts geschrieben wurde, und aus der Benutzung von Texten des frühen 13. Jahrhunderts, insbesondere des ‚Nibelungenliedes' und der Romane Wolframs von Eschenbach, von denen der ‚Willehalm', der etwa um 1220 vorlag, in der ‚Rabenschlacht' bis zum wörtlichen Zitat ausgeschrieben ist. Die ‚Rabenschlacht' gilt als das ältere Werk: sie soll das Modell für die dritte Schlacht und den Schluß von ‚Dietrichs Flucht' geliefert haben.

Literatur:

Daß die beiden Epen von verschiedenen Verfassern stammen, gilt seit den Untersuchungen von Leitzmann zu Sprache und Stil und von Steche zum Inhalt als sicher: Albert Leitzmann, Dietrichs Flucht und Rabenschlacht, in: ZfdPh 51 (1926), S. 46–91 (77 ff. zum Einfluß Wolframs – von Leitzmann wohl zu unrecht auf die ‚Rabenschlacht' beschränkt); Steche, S. 113 ff. Es wurde bestätigt

durch eine Analyse der Dialogtechnik: Dietlind Bindheim, Die Dialogtechnik
in Dietrichs Flucht und der Rabenschlacht, Diss. München 1965. – Die These,
der Exkurs sei König Heinrich I. in den Mund gelegt, hat Otto Höfler in einem
bedeutenden Aufsatz entwickelt, der das Problem der gattungstypischen Anonymität der Heldendichtung entscheidend geklärt hat: Die Anonymität des
Nibelungenliedes, in: DVjs 29 (1955), S. 167–213 (192 ff.), ergänzte Fassung
in: GDH, S. 330–392 (364 ff.).

Versuche, mit Hilfe zeithistorischer Anspielungen zu einer prä-
ziseren Datierung zu kommen, sind gescheitert. Beachtung verdient allerdings der bereits erwähnte Exkurs Heinrichs des
Voglers (V. 7949–8018). Er knüpft an eine Äußerung Helches
an, die Dietrich mit Gold versorgt, damit er seine Leute entloh-
nen kann, denn (V. 7945 ff.):

> dû weist wol, hôhes küneges kint,
> swie holt dir die liute sint,
> si gewinnent undiensthaften muot,
> swenn dû in niht hâst ze geben guot.

Du weißt genau, Sproß eines hohen Königs, wie gewogen dir die Leute auch
sind, sie werden dienstunwillig, wenn du ihnen nichts zu geben hast.

Der Erzähler bekräftigt, es sei im wohlverstandenen Interesse
der hôhen vürsten, ihre Leute gut zu behandeln und zu versor-
gen. Erzwungener Dienst sei nicht gut (V. 7958 ff.):

> swer dienst betwungenlîchen tuot,
> dâ mac wol schade von ûf gestân.
> wil er einen iegelîchen man
> in sînen dienst betwingen,
> im mac dran misselingen.

Wenn einer gezwungen Dienst tut, dann kann daraus leicht Schaden erwach-
sen. Wenn er (der Fürst) jeden Mann in seinen Dienst zwingen will, dann kann
das für ihn schlecht ausgehen.

Genau das geschehe aber heutzutage, und dafür sollen die Fürsten verflucht sein (V. 7966 ff.):

ez ist nû meist der werlde clage,
daz si sô vil dienet âne ir danc
und daz diu helfe ist sô cranc,
die man in dar umbe tuot.
des swende got der vürsten guot
und sî ir sêle und ir leben
dem übeln tievel ergeben!

Alle Leute klagen heute nur darüber, daß sie gegen ihren Willen so viel dienen und daß die Unterstützung so gering ist, die man ihnen dafür gibt. Deshalb ruiniere Gott den Besitz der Fürsten und seien ihre Seele und ihr Leben dem üblen Teufel gegeben!

Heute oder morgen komme ein Bote des Fürsten geritten und überbringe den Befehl, zum Hof zu reisen. Dafür stürze man sich in Unkosten. Und schon komme ein anderer Bote gerannt, der befehle, die Reise zum Hof bleiben zu lassen und statt dessen mit einem großen Aufgebot Heeresfolge zu leisten. Den *grâven vrîen dienestman* (V. 8003: ‚Grafen, Freien, Ministerialen‘) werde täglich ihr Recht abgeschnitten (V. 8009 ff.):

man setzet die geste
ûf iuwer erbeveste
und müezet ir dar zuo sehen.
swaz iu des immer mac geschehen,
dar umb türret ir niht sprechen wort
od ir sît alle mort.

Man setzt die Fremden auf eure ererbten Burgen und ihr könnt zusehen. Was immer euch geschieht, ihr wagt nicht, etwas dazu zu sagen, oder ihr bezahlt alle mit dem Leben.

Da der Verfasser den *grâven vrîen dienestman* (V. 8015) mit der bloßen Bekanntmachung des Unrechts nicht helfen kann, wünscht er ihnen den Segen Gottes.

Der Exkurs, dem ein gleichgerichteter zu Beginn des Werks vorausgeht (V. 187–246), bezieht sich mit an Sicherheit grenzender Wahrscheinlichkeit auf die politischen Verhältnisse in Österreich. Die *grâven vrîen dienestman*, deren Interessen er artikuliert, sind die maßgeblichen Adligen des Landes, die Landherren, die darauf bedacht waren, ihre Rechte gegenüber dem *vürsten*, dem Herzog, zu wahren. Es ist wahrscheinlich, daß der Exkurs die Entwicklung in den Anfängen der habsburgischen Herrschaft in Österreich seit 1282 im Blick hat. Er wäre dann nicht lange vor der Abschrift im Riedegger Codex entstanden. Für diesen Ansatz spricht vor allem die Klage über die fremden Herren: daß sich die Habsburger zur Sicherung ihrer Herrschaft auf Landesfremde stützten, ist von den eingesessenen Herren heftig beklagt worden. Sicherheit ist hier allerdings nicht zu gewinnen. Der Exkurs kann auch aus der Zeit der Herrschaft des Böhmenkönigs Ottokar (bis 1278) stammen, und selbst die Zeit des letzten Babenbergers, Herzog Friedrichs II. (1230–1246), ist nicht auszuschließen.

Literatur:
Schupp (wie S. 61), S. 85 ff.; Jan-Dirk Müller, Heroische Vorwelt, feudaladeliges Krisenbewußtsein und das Ende der Heldenepik. Zur Funktion des Buchs von Bern, in: Adelsherrschaft und Literatur, hg. von Horst Wenzel, Bern/Frankfurt a. M./Las Vegas 1980 (Beiträge zur Älteren Deutschen Literaturgeschichte 6), S. 209–257; Fritz Peter Knapp, Herrschaftsideale beim Stricker, bei Bruder Wernher und im Buch von Bern, in: Uf der mâze pfat (wie S. 32), S. 277–289 (285 ff.); ders., Literarische Interessenbildung im Kreise österreichischer und steirischer Landherrn zur Zeit des Interregnums, in: Literarische Interessenbildung im Mittelalter, hg. von Joachim Heinzle, Stuttgart/Weimar 1993 (Germanistische Symposien. Berichtsbände 14), S. 106–119 (114 f.); Sebastian Coxon, Zur Form und Funktion einiger Modelle der Autorendarstellung in der mittelhochdeutschen Heldenepik: Wolfdietrich und Dietrichs Flucht, in: Autor und Autorschaft im Mittelalter, hg. von Elizabeth Andersen/Jens Haustein/Anne Simon/Peter Strohschneider, Tübingen 1988, S. 148–162 (156 ff.).

Entscheidend bleibt, daß die Werke aus der Sicht der Landherren geschrieben sind. Deren anhaltendes Interesse an ihnen dokumentiert sehr schön der Riedegger Codex. Auf dessen Nach-
satzblatt hat eine Hand des frühen 14. Jahrhunderts den Anfang eines Briefes abgeschrieben, den der niederösterreichische
Ministeriale Otto von Hakenberg (urkundlich 1276–1295) an
seinen Standesgenossen Albero von Kuenring gerichtet hat. Es
darf als sicher gelten, daß sich der Codex wo nicht von vornherein, so doch zur Zeit des Eintrags im Besitz eines der beiden
Geschlechter befand. Dies ist im Hinblick auf den Landherren-
Exkurs von besonderer Brisanz, insofern Hakenberger und
Kuenringer an Erhebungen des österreichischen Adels gegen
den Landesherrn beteiligt waren. Den Zusammenhang macht
eine Markierung im Codex sinnfällig: neben der Polemik gegen
erzwungenen Dienst (V. 7955 ff.) hat ein Leser – vielleicht ein
Hakenberger oder ein Kuenringer – einen großen Stern ange-
bracht (Abb. 5).

Literatur:
Becker, S. 57 ff. – Weitergehende Überlegungen zum Publikum hat Norbert
Voorwinden angestellt: Das intendierte Publikum von Dietrichs Flucht und
Rabenschlacht, in: PHG, S. 79–102.

Stoffliche Grundlagen

Hinter den beiden Epen steht die uralte Fluchtsage. In welchen
Varianten und in welcher Form (mündlich und/oder schriftlich) sie den Texten zugrundeliegt, ist unklar. Die ältere Forschung hat sich bemüht, eine genaue Abfolge von Vorgänger-
Dichtungen zu ermitteln. Dabei kam es zu wahren Exzessen
einer zügellosen Rekonstruktionsphilologie, die sich sogar zu-
traute, ein Lied vom Tod des Attila-Sohnes Ellac in der Schlacht
am Nedao (454) als fernste Grundlage der Überlieferung vom
Tod der Etzelsöhne wiederzugewinnen. Es lohnt nicht, auf der-
lei Verstiegenheiten einzugehen. Wir begnügen uns mit der

Feststellung, daß es schon vor den beiden Epen eine breit elabo-
rierte Erzähltradition von Dietrichs Flucht und vom Tod der
Etzelsöhne im Zuge einer Rückeroberungsschlacht gegeben haben muß.

Einen Eindruck von dieser Tradition vermittelt die ‚Thid-
rekssaga'. In ihr geht der Geschichte von Thidreks Flucht die
Geschichte von Sifkas (Sibeches) Rache voraus (ThSB II,
S. 158 ff. = ThSE, S. 312 ff.): Ermanrik sendet seinen Ratgeber
Sifka zur Erledigung von Regierungsgeschäften aus und nutzt
die Gelegenheit, Sifkas schöne Gemahlin Odilia zu vergewalti-
gen. Sie erzählt es Sifka, und der beschließt, sich mit verderbli-
chen Ratschlägen an Ermanrik zu rächen. So veranlaßt er die
Tötung der Söhne Ermanriks und seiner Neffen, der Örlunge
(Harlungen). – Die Kette der bösen Ratschläge setzt Sifka mit
der Verleumdung Thidreks fort, die zu dessen Flucht führt
(ThSB II, S. 169 ff. = ThSE, S. 319 ff.): Sifka warnt Ermanrik
vor angeblichen Anschlägen Thidreks und rät ihm, Tribut im
Ömlungenland (Amelungenland) einzufordern. Als Thidrek
sich widersetzt, beschließt Ermanrik, ihn zu hängen. Widga
(Witege) reitet zu Thidrek und warnt ihn. Die zahlenmäßige
Überlegenheit von Ermanriks Truppen veranlaßt Thidrek, Bern
kampflos zu räumen und mit seinen Getreuen ins Hunnenland
zu fliehen. In Bakalar (Bechelaren) werden sie vom Markgra-
fen Rodingeir (Rüdiger) freundlich aufgenommen. Rodingeir
begleitet Thidrek nach Susat (Soest) zu König Attila. Der König und seine Gemahlin Erka (Helche) empfangen ihn mit allen
Ehren. Attila lädt ihn ein, so lange bei ihm zu bleiben, wie er
wolle. – Es folgt die Erzählung von Attilas Kämpfen gegen den
Wilzenkönig Osantrix und dessen Bruder Waldimar von
Holmgard, in denen ihn Thidrek tatkräftig unterstützt. – Dann
lenkt die Geschichte wieder in die Fluchtsage ein (ThSB II,
S. 218 ff. = ThSE, S. 348 ff.): Thidrek hatte bei seiner Flucht
vor nunmehr zwanzig Jahren seinen damals einjährigen Bruder
Thether (Diether) mitgebracht. Der war mit den gleichaltrigen
Söhnen Attilas und Erkas, Erp und Ortwin, aufgewachsen.
Thidrek klagt bei Erka über den Verlust seines Landes. Für die

treuen Dienste, die er ihr und Attila geleistet hat, ist sie bereit, ihm ein Heer von tausend Rittern mit Erp und Ortwin zur Verfügung zu stellen. Attila selbst gibt ein Heer von zweitausend Rittern unter der Führung Rodingeirs. Die Truppen rüsten sich den ganzen Winter über und sammeln sich zu Frühlingsbeginn in Susat. Erka stattet ihre Söhne und Thether mit prächtigen Rüstungen aus. In drei Abteilungen – eine unter Thidrek, eine unter Rodingeir und eine unter den Attila-Söhnen – ziehen die Truppen los. Thidrek läßt Ermanrik die Kriegserklärung überbringen. Ermanrik stellt ein gewaltiges Heer auf. Bei Gronsport an der Mosel treffen sich die Heere und liegen einander auf den beiden Ufern gegenüber. Auf einem nächtlichen Erkundungsritt begegnen sich Hildibrand und Reinald und erklären sich gegenseitig die Aufstellung der Zelte in den beiden Feldlagern. Bei seiner Rückkehr gerät Reinald in Streit mit Sifka, der Hildibrand verfolgen und töten will. Am nächsten Tag kommt es zur großen Schlacht. Sifka flieht mit seinen Leuten. Widga tötet die Etzelsöhne und Thether. Das Heer Ermanriks wird vollends in die Flucht geschlagen. Thidrek erfährt vom Tod der drei jungen Männer. Voll Zorn, Feuer speiend, macht er sich in rasendem Ritt auf die Suche nach Widga. Er sieht ihn und verfolgt ihn stromabwärts die Mosel entlang. Widga rettet sich, indem er an der Mündung des Flusses ins Meer (!) hinein reitet. Thidrek wirft ihm seinen Speer nach, der in den Boden fährt und stehen bleibt: noch heute kann ihn jeder sehen. Thidrek kehrt zurück ins Hunnenland. Rodingeir überbringt Erka und Attila die Unglücksbotschaft. Sie nehmen sie gefaßt auf und senden nach Thidrek. Der hat nicht den Mut, unter ihre Augen zu treten. Erka geht zu ihm und versichert ihn ihrer und Attilas Huld. Thidrek begibt sich mit ihr zu Attila, der ihn freundschaftlich empfängt. Zwei Jahre später stirbt Erka.

Inwieweit die Abweichungen der ‚Thidrekssaga‘ von den beiden mittelhochdeutschen Epen auf andere Sagenversionen zurückgehen oder auf eigenmächtiger Änderung des Sagaverfassers beruhen, ist nicht restlos aufzuklären. Daß der Verfasser auf deutsche Erzähltraditionen zurückgegriffen hat, die in den Epen nicht berücksichtigt wurden, ist allerdings sicher. Den Beweis liefert die Geschichte von der Entehrung der Gemahlin Sifkas/Sibeches. Sie findet sich auch in der ‚Heldenbuch-Prosa' (Text, reguliert und mit Interpunktion versehen, nach dem Erstdruck, HBFaks I, Blatt 4ᵛ):

Zuo wissen, das keiser Ementrich ein marschalk het, der hieß der getrüw Sibiche. Der het gar ein schöne frume frawen. Die het der keiser gern beschlafen. Das wolt sie im nit ferhengen. Da gedachte er, den marschalk hinweg zuo schicken. Da muost er zwölfe wochen auß sein. [...] Dar ward eyn fund erdacht mit bösen weiben, das sie muoste seinen willen thuon über ires herczen willen und mit grossem leid. Also ward sie gar sere betriebet bis ann ir ende. Da nu Sibich, ir man, her heim kam, da seit im die fraw, wie die sach ergangen was. Da sprach Sibich: ‚Nu bin ich allewegen ein getrüwer, frumer man gewesen unnd ward mir der nam geben der getrüw Sibich. Nu wil ich werden der ungetrüw Sibich.' Und darnach sprach er zuo seinem herren, keiser Emetreich, er solte seins bruoder kinden ir land und eyn schloß nach dem andern abgewinnen [...]

Es ist zu wissen, daß Kaiser Ermenrich einen Marschall hatte, der hieß der treue Sibich. Der hatte eine sehr schöne, rechtschaffene Frau. Der Kaiser war begierig, mit ihr zu schlafen. Das wollte sie ihm nicht gestatten. Da kam er auf den Gedanken, den Marschall fortzuschicken. Da mußte dieser zwölf Wochen auswärts sein. [...] Da wurde ein Plan ausgeheckt mit schlechten Frauen, daß sie ihm zu Willen sein mußte gegen den Willen ihres Herzens und mit großem Leid. So wurde sie sehr betrübt bis an ihr Lebensende. Als nun Sibich, ihr Mann, nach Hause kam, da sagte ihm die Frau, was geschehen war. Da sagte Sibich: ‚Nun bin ich immer ein treuer, rechtschaffener Mann gewesen und man nannte mich den treuen Sibich. Jetzt will ich der treulose Sibich werden.' Darauf sagte er zu seinem Herrn, Kaiser Ermenrich, er solle den Kindern seines Bruders ihr Land und ein Schloß nach dem anderen abnehmen [...]

Es ist ausgeschlossen, daß der Verfasser der ‚Heldenbuch-Prosa' Zugang zur ‚Thidrekssaga' hatte: Saga und Prosa müssen unabhängig voneinander aus der gleichen, alten Erzähltradition geschöpft haben. Die Pointe des Prosa-Berichts, die Rede vom ‚treuen/treulosen Sibich‘, wirkt wie der Formulierungskern einer poetischen Gestaltung, die vielleicht über lange Zeit mündlich tradiert wurde.

Literatur:
Von den vergeblichen Versuchen, die Vorgeschichte der beiden Epen zu rekonstruieren, seien nur exemplarisch genannt: Friese, S. 107 ff.; Waldemar Haupt (wie S. 41), S. 212 ff.; Schneider, S. 214 ff.; Steche; Mohr (wie S. 7); Georges Zink, Les légendes héroïques de Dietrich et d'Ermrich dans les littératures germaniques, Lyon/Paris 1950 (Bibliothèque de la Société des Études Germaniques 3); Hellmut Rosenfeld, Wielandlied, Lied von Frau Helchen Söhnen und Hunnenschlachtlied. Historische Wirklichkeit und Heldenlied, in: Beitr. 77 (Tübingen 1955), S. 204–248 (wieder in: H. R., Ausgewählte Aufsätz […], hg. von Hans-Adolf Klein, Göppingen 1987 [GAG 473], S. 22–66); Richard von Premerstein, Dietrichs Flucht und die Rabenschlacht, Gießen 1957 (Beiträge zur deutschen Philologie N. F. 5). – Einen interessanten Versuch, über die Heldenkataloge in den beiden Epen zur vorgängigen mündlichen Tradition vorzustoßen, hat Holger Homann unternommen: Die Heldenkataloge in der historischen Dietrichsepik und die Theorie der mündlichen Dichtung, in: Modern Language Notes 92 (1977), S. 415–435. – Vgl. zuletzt Ulrike Sprenger: Zum Superbiaproblem in der þidreks saga: HLB, S. 131–149 (vergleichende Analyse des Dietrichbildes in den beiden Epen und den entsprechenden Teilen der ‚Thidrekssaga‘).

Erzählweise und Erzählintention

Die ältere Forschung fühlte sich abgestoßen von der vermeintlich stümperhaften Machart der beiden Epen. Man sah in ihnen trostlose Produkte dichterischer Unfähigkeit und rettete sich gewissermaßen fluchtartig in die Rekonstruktion überzeugenderer Vorstufen. Inzwischen hat man gelernt, Erzählweise und Erzählintention der Autoren besser zu verstehen.

Erkennbar ist zunächst das Bemühen, die Dietrichsage zyklisch in die heroische Welt einzugliedern. So bindet die Ge-

schichte von Dietrichs Ahnen den Ortnit-/Wolfdietrich-Kom-
plex, aber auch die Nibelungensage genealogisch an die Dietrichsage an. Beide Epen synchronisieren die Dietrichsage explizit mit dem burgundischen Erzählkreis, indem sie Gestalten
wie Gunther, Gernot und Siegfried in den Kämpfen auftreten
lassen. Umso auffälliger ist, daß die aventiurehafte Dietrich-
Überlieferung völlig ausgeblendet bleibt. Möglicherweise war
den Autoren diese Materie als unhistorisch suspekt. Die auf
Integration der heroischen Welt gerichtete genealogische Konstruktion, die sich mit den Brautwerbungsgeschichten einer
traditionellen Erzählschematik bedient, nimmt erstaunlicher-
weise in Kauf, daß die Katastrophe Ortnits zu einem völligen
Bruch in der Geschlechterfolge führt.

Die grundlegende Erzählfigur ist die der steigernden Wieder-
holung. Das Thema vom ‚armen Dietrich' wird gewissermaßen
seriell durchgespielt und dadurch eindringlich vergegenwärtigt.
Die Episierung vollzieht sich als repetitive Amplifizierung, wobei Dietrich von Mal zu Mal tiefer ins Unglück gerät. Sinnfällig wird das Unglück in einer ungeheuerlichen Hyperbolik der
Kampfschilderungen: die Kämpfer dampfen vor Wut und An-
strengung, so daß sie einander nicht mehr sehen können; ihre
Rüstungen werden von der Hitze des Gefechts weich; sie waten
im Blut, das in Sturzbächen über das Feld schießt und die Toten
bedeckt, daß man sie nicht mehr sieht etc. Dem entsprechen die
Exaltationen, mit denen die Gefallenen beklagt werden. Die
Forschung hat den Fehler begangen, diese Schilderungen mit
dem Maßstab einer klassizistischen Ästhetik zu messen, und
mußte daher notwendig zu einem negativen Urteil kommen.
Um sie historisch adäquat zu verstehen, muß man sie in Traditionen des pathetisch-hyperbolischen Stils einordnen, wie es sie
sowohl in der volkssprachig-mündlichen als auch in der latei-
nisch-gelehrten, rhetorikbezogenen Dichtung gegeben hat.

Dietrichs Unglück erscheint personifiziert in der Gestalt Ermenrichs, dem in ‚Dietrichs Flucht' eine welthistorische Bedeutung zugewiesen wird: *untriuwe ist von im in diu rîch leider
allerêrste bekomen* (V. 3508f.: ‚Treulosigkeit ist durch ihn un-

glücklicherweise allererst in die Reiche gekommen'). Man darf
diese Äußerung nicht auf die Goldwaage legen und etwa einen
Gegensatz zwischen der guten alten Zeit der Ahnen und der
schlechten neuen Zeit des Dietrich-Lebens konstruieren wollen: wie die Ortnit-Geschichte zeigt, gab es Gewalt und Heimtücke schon früher. Doch wird Dietrichs Unglück damit zum
Archetyp adliger Existenz in einer Welt des Unheils gestempelt
und gewinnt so ein exemplarisches Interesse für jede Gegenwart. Man kann die beiden Epen als Lehrstücke lesen, wie man
sich in Not und Verfolgung zu verhalten hat, genauer: wie der
Fürst sich so zu verhalten hat, daß die Wertordnung, für die er
verantwortlich ist, bei aller Gefährdung doch erhalten bleibt.
Dietrich, Helche und Etzel stehen für die Behauptung des Guten. Konkretisiert ist die Problematik vorrangig am gegenseiti-
gen Treueverhältnis zwischen dem Herrn und seiner Gefolg-
schaft. Und dies war, wie gezeigt, der Ansatzpunkt für eine
handfeste zeitpolitische Inanspruchnahme der Überlieferung.
Eine besondere Verbindlichkeit bezieht die Exemplarität des
Erzählten aus dessen Anspruch, historische Wahrheit zu sein.

Literatur:
Die Wende der Forschung, die Überwindung der undifferenzierten Gering-
schätzung der beiden Epen, wurde durch Aufsätze von Michael Curschmann
und Walter Haug herbeigeführt: Michael Curschmann, Zu Struktur und The-
matik des Buchs von Bern, in: Beitr. 98 (Tübingen 1976), S. 357–383; Walter
Haug, Hyperbolik und Zeremonialität. Zu Struktur und Welt von Dietrichs
Flucht und Rabenschlacht, in: DHT, S. 116–134 (wieder in: W.H., Strukturen
als Schlüssel zur Welt, Tübingen 1989, S. 364–376). – Vgl. weiter: Firestone,
S. 229ff.; Williams, S. 157ff.; Ruth H. Firestone, Generic Fluidity in Alpharts
Tod, Dietrichs Flucht, and the Rabenschlacht, in: Genres in Medieval German
Literature, hg. von Hubert Heinen/Ingrid Henderson, Göppingen 1986 (GAG
439), S. 114–128; Carola L. Gottzmann, Kritik an Dietrich von Bern in der historischen Dietrichepik, in: C.L.G., Heldendichtung des 13. Jahrhunderts.
Siegfried – Dietrich – Ortnit, Frankfurt a.M./Bern/Paris 1987 (Information
und Interpretation 4), S. 109–136 (verficht die These, Dietrich sei in den Epen
als Muster des schlechten Königs – *rex iniquus* – gezeichnet); Ruth H. Firestone, An Investigation of the Ethical Meaning of Dietrich von Bern in the Nibe-

lungenlied, Rabenschlacht, and Buch von Bern, in: in hôhem prîse. A Festschrift in honor of Ernst S. Dick, hg. von Winder McConnell, Göppingen 1989 (GAG 480), S. 61–75; Ute Schwab, Einige Gebärden des Todesrituals in der Rabenschlacht, in: Helden und Heldensage. Otto Gschwantler zum 60. Geburtstag, hg. von Hermann Reichert/Günter Zimmermann, Wien 1990 (Philologica Germanica 11), S. 359–394; Lenschow, S. 80 ff.; Kofler (wie S. 25), S. 170 ff.; Volker Mertens, Der Erzähler des Heldenlieds. Ossian – Nibelungen – Dietrich, in: PHG4, S. 137–150; Michael Mecklenburg, Parodie und Pathos. Heldensagenrezeption in der historischen Dietrichepik, Diss. Berlin (FU) 1998; Beate Kellner, Kontinuität der Herrschaft. Zum mittelalterlichen Diskurs der Genealogie am Beispiel des Buches von Bern, in: Mittelalter. Neue Wege durch einen alten Kontinent, hg. von Jan-Dirk Müller/Horst Wenzel (im Druck); Elisabeth Lienert, Dietrich contra Nibelungen. Zur Intertextualität der historischen Dietrichepik, in: Beitr. (im Druck).

‚Alpharts Tod‘
Überlieferung

‚Alpharts Tod‘ ist in einem von drei erhaltenen Teilen einer rheinfränkischen Papierhandschrift des 15. Jahrhunderts überliefert. Die Handschrift ist im 18. Jahrhundert zerlegt worden; die Teile werden heute an verschiedenen Orten aufbewahrt:
1. Staatsbibl. Berlin, Ms. germ. 2° 856: ‚Alpharts Tod‘,
2. Hessische Landes- und Hochschulbibl. Darmstadt, Hs. 4257: ‚Nibelungenlied‘ (Fassung n),
3. Hessische Landes- und Hochschulbibl. Darmstadt, Hs. 4314: Johanns von Würzburg ‚Wilhelm von Österreich‘.
Die drei Teile hingen im Lagenverband der ursprünglichen Handschrift in der angegebenen Reihenfolge zusammen. Dem ‚Alphart‘ muß mindestens ein weiterer Text vorausgegangen sein.
Unklar ist, wann genau der Codex geschrieben wurde. In der Schlußschrift des ‚Nibelungenliedes‘ nennt sich der Schreiber Johann Lang mit Namen und vermerkt als Jahr der Niederschrift 1449. Diese Angabe steht in Widerspruch zu den Was-

serzeichen, die auf eine Entstehung des Codex um 1470/80
hindeuten. Möglicherweise hat der Schreiber der siebziger Jahre die Schlußschrift aus seiner Vorlage mitkopiert.

Der ‚Alphart'-Teil ist sehr lückenhaft. Es fehlen nicht weniger als 14 von ursprünglich 46 Blättern (nämlich die Blätter 1,
18 und 23–34). Das heißt: wir kennen nur gut zwei Drittel des
Werks, insgesamt 469 Strophen.

Literatur und Ausgaben:
Die Zusammengehörigkeit der drei Teile haben Kurt Hans Staub und Birgit
Weimann-Hilberg nachgewiesen: Johann von Würzburg (II), Wilhelm von
Österreich. Ein neu aufgefundener Textzeuge in der Hessischen Landes- und
Hochschulbibl. Darmstadt, in: Miscellanea Neerlandica. Opstellen voor Dr.
Jan Deschamps ter gelegenheid van zijn zeventigste verjaardag, hg. von Elly
Cockx-Indestege/Frans Hendrickx, Leuven 1987, S. 263–271. Vgl. Kurt Hans
Staub/Thomas Sänger, Deutsche und niederländische Handschriften, Wiesba-
den 1991 (Die Handschriften der Hessischen Landes- und Hochschulbibliothek
Darmstadt 6), S. 161 f. – Eine ausführliche Beschreibung des ‚Alphart'-Teils gibt
Zimmer, S. 31 ff. – Zimmer bietet auch einen Abdruck des Textes (S. 123 ff.),
nach dem zitiert werden muß, obwohl die Wiedergabe unbefriedigend ist (s. Joachim Heinzle, in: AfdA 85 [1974], S. 94–99 [97 Corrigenda-Liste]). Der ältere
Abdruck in HBH I und die kritische Ausgabe von Ernst Martin in DHB II, die
nicht auf dem Original der Handschrift, sondern auf einer Abschrift ihres zeit-
weiligen Besitzers Helfrich Bernhard Hundeshagen (1784–1858) beruhen, sind
unbrauchbar (zum Abdruck in HBH vgl. Haustein, S. 62 f.).

Die Strophenform

Der ‚Alphart' ist in Langzeilenstrophen abgefaßt. Im Prinzip
scheinen teils Nibelungenstrophen, teils Strophen im sog. Hildebrandston angestrebt zu sein, z. B. (Strophen 149 und 392 –
Text nach Zimmer, an der Handschrift korrigiert):

> *Des antwort jm geswinde   der herzoch Wolffing zu*
> *   [hant:*
> *‚da habe ich von dem keyser   güt vnd lant,*

jch han den solt entphangen,   *das lechte golt so rot,*
wan er myr gebüdet,   *so müß ich ryden in dye not.'*

3 w (4 kl) : 3 m a
3 w (4 kl) : 3 m a
3 w (4 kl) : 3 m b
3 w (4 kl) : 4 m b

Darauf antwortete ihm der Herzog Wolfing sogleich mit Heftigkeit: ,Ich habe
vom Kaiser Besitz und Land, ich habe den Lohn erhalten, das glänzende Gold
so rot, wenn er mir befiehlt, dann muß ich in die Not (des Kampfes) reiten.'

Also der lyechte morgen   *an den hymel kam,*
da stont vff myt sorgen   *der forst lobesam,*
der degen küne,   *als jne dye sorge betzwang.*
wan jm dye helde kemen,   *dye wile was jm lang.*

3 w (4 kl) : 3 m a
3 w (4 kl) : 3 m a
3 w (4 kl) : 3 m b
3 w (4 kl) : 3 m b

Als der helle Morgen am Himmel erschien, da stand der rühmenswerte Fürst
voller Sorge auf, der tapfere Held, wie die Sorge ihn zwang. Wann die Helden
zu ihm kämen – die Zeit war ihm lang.

Das zweite Beispiel (Str. 392) zeigt den Hildebrandston. Dieser
unterscheidet sich von der Nibelungenstrophe des ersten Bei-
spiels (Str. 149) dadurch, daß der letzte Abvers nicht vier, sondern wie die vorhergehenden Abverse nur drei Hebungen aufweist. Der Zäsurreim zwischen den ersten beiden Anversen
(*morgen : sorgen*) gehört nicht zum Schema (wie in der Heunenweise: s. S. 153 f.). Er ist ein fakultativer Schmuck, der allerdings sehr häufig – durchschnittlich in jeder dritten Strophe
– verwendet wird. Alles in allem hat man im ,Alphart' etwa ge-
nauso viele Nibelungenstrophen wie Strophen im Hildebrandston gezählt. Die Angabe ist irreführend, denn viele der letzten

Abverse können sowohl dreihebig als auch vierhebig realisiert werden.

Da im Hildebrandston jede der vier Langzeilen gleich gebaut ist, muß die Strophenreihe faktisch als offene Folge von paargereimten Langzeilen erscheinen. Entsprechend ist in den Handschriften der Strophenbeginn gewöhnlich nicht markiert, auch nicht in der Handschrift des ‚Alphart‘, obwohl hier ja immer wieder Nibelungenstrophen eingereiht sind. Die Melodie allerdings, die im 16. und 17. Jahrhundert zum ‚Jüngeren Hildebrandslied‘ überliefert ist (nach dem der Ton seinen Namen trägt), zeigt eine klar konturierte, zweiteilige Strophenstruktur, wie man sie ähnlich auch für die Nibelungenstrophe vermuten kann. Doch ist der Schluß von den spät überlieferten Melodien auf die Melodien der Epen des 13. Jahrhunderts mit erheblicher Unsicherheit belastet, so daß verbindliche Aussagen nicht möglich sind.

Literatur:
Zimmer, S. 89 ff.; Brunner, S. 304 ff.; Kornrumpf, S. 326 f.; Ulrich Müller, Überlegungen und Versuche zur Melodie des Nibelungenliedes, zur Kürenberger-Strophe und zur sogenannten Elegie Walthers von der Vogelweide, in: Zur gesellschaftlichen Funktionalität mittelalterlicher deutscher Literatur, Greifswald 1984 (Deutsche Literatur des Mittelalters 1), S. 27–42.

Inhalt

Der Anfang fehlt. – Der Text setzt mitten in einem Gespräch zwischen dem Kaiser Ermenrich und Heime ein. Nach einem erregten Wortwechsel ist Heime bereit, Dietrich die Kampfansage zu überbringen. Er reitet nach Bern und entledigt sich seines Auftrags. Einen Grund für die Kampfansage kann er nicht nennen. Dietrich erinnert Heime daran, daß dieser einst sein Eigenmann geworden war und geschworen hatte, ihm zu dienen. Er appelliert an seine Treue und erinnert ihn daran, daß er geschworen hat, niemals gegen ihn anzutreten. Heime erklärt, daß er an Ermenrichs Seite in den Kampf ziehen werde, fügt aber, um seine Haut zu retten, hinzu, er und sein Geselle Witege hätten geschworen, niemandem gegen Hildegrin – Dietrichs Helm – zu Hilfe zu kommen (also nicht gegen Dietrich persönlich zu kämpfen?). Von Amelolt und Gere geleitet, reitet er zurück zu Ermenrich, der mit 80 000 Mann bei Bern liegt. Auf Heimes Mitteilung, daß Dietrich kämpfen will, ordnet Ermenrich einen Erkundungsritt an. Mit einem Trupp von achtzig Mann reitet Herzog Wolfing aus. Heime versucht vergeblich, Ermenrich von seinem Plan abzubringen, Dietrich zu vertreiben. Inzwischen hat Dietrich seine Mannen versammelt und versichert sich ihres Beistands. Wolfharts Bruder Alphart rät zu einem Erkundungsritt und erklärt sich bereit, ihn selbst zu unternehmen. Vergeblich versucht man, Alphart, der noch jung und unerfahren ist, zurückzuhalten. Seine Erzieherin Ute gibt ihm Rüstung, Waffen und Roß. Seine junge Frau (oder Verlobte?) Amelgart fleht ihn auf Knien an, hierzubleiben oder wenigstens einen Begleiter mitzunehmen. Doch er reitet allein davon. Hildebrand rüstet sich und reitet ihm mit verdecktem Roß nach, um ihn unerkannt im Kampf zu besiegen und nach Hause zu holen. Nach hartem Kampf gelingt es Alphart, Hildebrand zu Boden zu schlagen. Der gibt sich zu erkennen und fordert Alphart auf, mit ihm nach Bern zurückzukehren. Alphart lehnt ab, Hildebrand reitet zurück und berichtet von seiner Niederlage. Alphart stößt auf Wolfings Trupp. Er tötet den Herzog und dessen Männer bis auf acht, die entfliehen können und Ermenrich von dem Desaster berichten. Ermenrich will eine neue Patrouille aussenden. Doch keiner seiner Männer wagt es, sich zu melden. Ermenrich fordert Witege auf, die Mission zu übernehmen. Der wappnet sich und reitet hinaus zu Alphart. Doch ein Grausen überkommt ihn, der Angstschweiß rinnt ihm durch die Panzerringe, er wendet das Roß, ermannt sich aber wieder. Heime reitet ihm nach. Witege erreicht Alphart, der ihm bittere Vorwürfe wegen seines Verrats macht. Nach hartem Kampf kann Alphart Witege zu Boden schlagen,

daß er ohnmächtig liegen bleibt. Alphart scheut sich, den
wehrlosen Mann zu töten. Heime, der den Kampf beobachtet
hat, macht sich auf, um Witege zu helfen. – Lücke in der Handschrift. – Der Text setzt wieder ein mit einem Gespräch zwischen Witege, Heime und Alphart. Heime schlägt vor, den
Kampf abzubrechen: er und Witege sollen zu Ermenrich, Alphart soll zu Dietrich zurückkehren. Alphart lehnt ab, er bean-
sprucht Witege als Gefangenen. Witege und Heime greifen
Alphart gemeinsam an. Er bittet sie, ihm nicht in den Rücken
zu fallen. Heime sagt ihm zu, daß sie ihn weder von hinten
noch von der Seite attackieren werden. Nach heftigem Kampf
fordert Alphart die Gegner auf, nur noch einzeln mit ihm zu
kämpfen. Sie gehen zunächst darauf ein, geraten aber in äußer-
ste Gefahr. In ihrer Todesangst mißachten sie alle Gebote ritterlicher Ehre: *Wytdich slüge hinden, Hen bestont jn vorn* (Str.
289,2: ,Witege schlug von hinten auf ihn ein, Heime griff ihn
von vorne an'). Witege tötet Alphart. – Lücke in der Handschrift. – Der Text setzt wieder ein mit einem Ritt Hildebrands
und Nitgers nach Breisach. Sie werden dort von Eckehart
freundlich empfangen. Hildebrand berichtet von Ermenrichs
Überfall und von Alpharts Tod und bittet um Hilfe. Eckehart
ist sogleich bereit zu helfen, andere Helden schließen sich an:
Nitger, Walther von Kerlingen (Frankreich), Mönch Ilsan (Hildebrands Bruder, bekannt aus dem ,Rosengarten': s. S. 175),
Hug von Dänemark. Ein großes Heer wird versammelt, das
Hildebrand zum fernen Hochgebirge an Ermenrichs Feldlager
heranführt. Studenfuchs vom Rhein liegt mit 6000 Mann bereit, um dem Heer den Weg nach Bern zu sperren. Nitger, Walther, Ilsan, Eckehart und Hug halten Schildwacht. Hildebrand
stößt in der Nacht auf zwei Ritter Ermenrichs. Sie attackieren
ihn heftig, Studenfuchs kommt mit seinen Leuten heran. Hildebrand sucht sein Heil im Angriff. Hug, Walter, Ilsan und Eckehart hören den Gefechtslärm, eilen herbei und hauen ihn heraus. Studenfuchs verliert seine Leute und bläst ein Horn, um
Hilfe zu holen. Sein Bruder Gere erscheint mit weiteren 6000
Mann. Mit einem Hornsignal ruft Hildebrand Nitger mit sei-

nen Truppen herbei. Nach hartem Gefecht, in dem Ekkehart
Gere den Kopf abschlägt, behalten die Verbündeten die Oberhand. Studenfuchs kann mit zwölf seiner Leute entkommen.
Die Verbündeten erbeuten große Schätze und bringen sie nach
Bern. Die Stadt ist verschlossen. Man hält die Ankömmlinge
für Ermenrichs Leute. Wolfhart reitet hinaus und stößt auf Hildebrand, der mit umgedrehtem Schild eine Scheinattacke reitet, sich aber rechtzeitig zu erkennen gibt. Dietrich empfängt
die Helfer voller Freude. Nur von Ilsan, der ein Heer von 1100
Mönchen mitgebracht hat, will er nichts wissen, weil der ihm
einst bei Garda einen Verwandten (Str. 406,3: *den lieben ohem
myn*) erschlagen hat. Doch läßt er sich bewegen, ihn in Gnaden
aufzunehmen. Inzwischen hat Studenfuchs Ermenrich Bericht
erstattet. Der treulose Sibeche rät, sofort loszuziehen, um zu
verhindern, daß die Hilfstruppen in die Stadt Bern gelangen. Es
kommt zur offenen Feldschlacht vor Bern. Dietrich sucht Witege und Heime, die ihre Zeichen von den Helmen brechen und
die Schilde mit den Wappen über den Rücken hängen, um
nicht erkannt zu werden. Ermenrich und sein Heer werden in
die Flucht geschlagen. Dietrich beklagt die Gefallenen. In Ermenrichs Zelt erbeutet er große Schätze. Man schafft die Toten
vom Schlachtfeld und versorgt die Überlebenden. Die Beute
wird unter die Helden verteilt. Die Hilfstruppen ziehen zurück
nach Breisach. Damit endet das Buch, das heißt *Alparts dot*
(Str. 469,4).

Entstehung und stoffliche Grundlage

Der ‚Alphart' ist weder genau zu datieren noch genau zu loka-
lisieren (ein angeblicher Beleg in der berühmten Marner-Stro-
phe [s. S. 30] beruht auf einer Konjektur und ist daher wert-
los). Gewöhnlich setzt man das Werk in die zweite Hälfte des
13. Jahrhunderts. Das ist möglich, aber in keiner Weise zu belegen. Das Stilgepräge wirkt eher jünger: der Ton der späten
Heldenballade ist nicht zu überhören (vgl. S. 51). Es scheint

nicht ausgeschlossen, daß der erhaltene Text wie der des ‚Nibelungenliedes' in derselben Handschrift die jüngere Fassung einer älteren Dichtung ist. Jedenfalls sind wiederholte Quellen-
berufungen des Erzählers nicht von vornherein als fiktiv
abzutun, z. B. Str. 45,2: *als vns sagt dys dützsch büch, vnd yst
eyn alts lyet* (‚wie uns dieses deutsche Buch sagt, und es ist ein
altes Gedicht' – vgl. 55,3 und 56,1).

Hoffnungslos scheint es, die Heimat des Textes bestimmen
zu wollen. Die Indizien, die man für den bairischen und – zuletzt – für den alemannischen Sprachraum beigebracht hat,
sind durchweg unbrauchbar.

Der ‚Alphart' enthält eine ganze Reihe von Anspielungen auf
alte Überlieferungen, so auf die Befreiung Heimes und Dietrichs aus einer Notlage in *Montare* (Str. 254), was mit der
Nachricht im altenglischen ‚Waldere' (s. S. 17) und der Muter-
Episode der ‚Virginal' (s. S. 138) in Verbindung stehen dürfte,
oder auf Heimes Bezwingung durch Dietrich (Str. 7 ff.), die wir
aus der ‚Thidrekssaga' kennen (ThSB I, S. 40 ff. = ThSE,
S. 91 ff.). Das bedeutet, daß die Erzählung in den lebendigen
Sagenzusammenhang hineingestellt ist. Das wird intertextuell
unterstrichen durch eine Passage im ‚Rosengarten' D, aus der
wir den Grund für Witeges Übergang zu Ermenrich erfahren.
Wolfhart verdrießt es, daß Witege Schemming zurückerhalten
hat (vgl. S. 177), und Witege ist es leid, sich von den Wölfingen
anfeinden zu lassen. Er will sich deshalb von Dietrich trennen,
der ihn ziehen läßt (HzR D, Str. 623 f. – die entscheidende Stelle 624,3 f. ist leider nur in der späten Heldenbuch-Handschrift
des Diebolt von Hanowe überliefert: s. S. 44):

*Dô sprach gezogenlîche   von Berne her Dietrîch:
,welt ir dan hinnen rîten   ze künec Ermenrîch,
sô gedenket an die eide,   die ir mir hât gesworn,
darane sült ir niht wanken,   ir recke hôchgeborn.'*

*,Jâ, wolte ich wanken,   vürste vil gemeit,
mîn lîp der sî verwâzen,   briche ich den eit.'*

dannen vuor dô Witege   ûf der selben vart.
daz kam sider ze leide   dem jungen Alphart.

Da sagte Herr Dietrich von Bern höflich: ,Wenn ihr davonreiten wollt zu König Ermenrich, dann denkt an die Eide, die ihr mir geschworen habt, von denen sollt ihr nicht abgehen, hochgeborener Held.' ,Wenn ich treulos werden wollte, großer Fürst, dann soll ich verflucht sein, wenn ich den Eid breche.' Witege ritt sogleich davon. Das wurde später dem jungen Alphart zum Verhängnis.

Hier erscheint die Alphart-Geschichte zyklisch eingepaßt in die Dietrich-Vita, die die historische und die aventiurehafte Dietrichepik umgreift (vgl. S. 34). Das bedeutet natürlich nicht, daß die Fabel sehr alt ist. Es ist gut möglich, daß die Gestalt des Alphart aus ,Dietrichs Flucht' stammt (wo er gleich zweimal fällt: V. 9519 ff. und 9693 ff.) und daß die Geschichte seiner Tötung durch Witege und Heime nach dem Modell der Tötung der Prinzen durch Witege in der ,Rabenschlacht' erfunden ist.

Literatur:
Zimmer, S. 7 ff., 105 ff.

Das Interpretationsproblem

Man hat sich gefragt, wie Alpharts Verhalten moralisch zu bewerten sei: ob er als vorbildlicher Held und beklagenswertes Opfer unritterlicher Tücke zu gelten habe oder ob er an einem allzu starren, unrealistischen Begriff von ritterlicher Ehre gescheitert sei, wofür womöglich Hildebrand und Dietrich die Verantwortung trügen, weil sie ihn nicht aufgeklärt hätten.
    Der Text läßt in der Tat keinen Zweifel daran, daß Alphart leicht sein Leben hätte retten können, weil Witege und Heime sehr daran interessiert waren, den Kampf zu vermeiden oder abzubrechen. Er hätte nur seine Identität preisgeben müssen, was er aus Stolz verweigerte: *sehe ich an dem schylde*, sagt Hei-

me zu ihm, *herre Dytherichs wapen, ich wolt üwer nit bestan* (Str. 261,2f.: ,sähe ich an dem Schild [...] Herrn Dietrichs Wappen, dann wollte ich nicht mit euch kämpfen'). Es gibt indes nicht e i n e n Hinweis darauf, daß Alpharts Stolz verwerflich ist. Daß Hildebrand im Kampf gegen Alphart nicht zögert, seinen Namen zu nennen, um nicht erschlagen zu werden (Str. 131,4), kann schwerlich, wie man erwogen hat, als kritischer Kommentar zu Alpharts Weigerung gelten: dazu sind die Situationen zu verschieden. Der Text lebt aus der Bewunderung und Rührung, die das Handeln des jungen Helden und sein Schicksal erregen, und er läßt keinen Zweifel an der Schändlichkeit von Witeges und Heimes Tat (Str. 14 f.):

> *Wytdich vnd Hen dye   brachen gotes recht,*
> *dye here gesellen: hye vor da was es slecht.*
> *das müß got erbarmen,   das ys ye geschach,*
> *das man an eym jongen rytter   das gots recht ye*
> *   [gebrach.*

> *Zwene bestonden eyn,   das was hye vor nyt syede.*
> *Wytdich vnd Hen swechten   yr ere sere da myde,*
> *das sye vff einer wart   fromten großen schaden*
> *an dem jongen Alpharten: des worden sye myt*
> *   [laster vber laden.*

Witege und Heime die brachen Gottes Recht, die Kampfgefährten: vorher war es unangetastet. Das möge Gott erbarmen, daß das je geschah, daß man an einem jungen Ritter Gottes Recht brach. Zwei griffen einen an, das war vordem nicht üblich. Witege und Heime minderten damit ihr Ansehen sehr, daß sie auf einem Erkundungsritt dem jungen Alphart Schlimmes antaten: dadurch wurden sie mit Schande überladen.

Für subtile moralische Erwägungen ist hier kein Raum. Doch wird man bemerken, daß Witege und Heime nicht als platte Bösewichte erscheinen, sondern in ihrer Angst, ihrem Loyalitätskonflikt und ihrem Bemühen, das Schlimmste zu vermei-

den, durchaus differenziert gezeichnet sind. Und am Ende mag
sich dem Leser mehr noch als das Bild des unbeirrbaren Jüng-
lings das des tief erschrockenen Heime einprägen, der an einem
Abgrund steht und dem Witege in blanker Todesangst antwortet (Str. 255 ff.):

> ,Das yst war', sprach Hen,   ,das stonde vns vbel an,
> slügen wyr beyde   den kindeschen man.
> wer ys, das wyr jn betzwongen   vnd worde er dan
>   [erslagen,
> von vnsern vntrüen   müst man vmber singen vnd
>   [sagen.
>
> Vrspronge aller vntrüe   müsten wyr vmber wesen,
> vor keym bederman   konden wyr nomer genesen.
> dorch recht solt vns schelden   man vnd dar zü wyp:
> ach, wye hetten wyr dan geswecht   zweyer degen lyp.'
>
> ,Du sagst myr von vntrüe: ee ich verlor den lyp,
> myr were lieber, mych schülden   alle werde wyp',
> also ret da Wytdich [...]

,Das ist wahr', sagte Heime, ,das stünde uns übel an, wenn wir zwei den Jüng-
ling erschlügen. Käme es dazu, daß wir ihn überwänden und er dann erschlagen würde, dann müßte man von unserer Tücke immer singen und sagen. Der
Ursprung aller Tücke müßten wir immer sein, vor keinem rechtschaffenen
Menschen könnten wir bestehen. Mit Recht würden uns Männer und Frauen
schelten: Ach, wie hätten wir dann zwei Helden in Unehre gebracht.' ,Du re-
dest mir von Tücke: Bevor ich das Leben verlöre, wäre es mir lieber, wenn alle
edlen Frauen mich beschimpften', sagte Witege da [...]

Literatur:
Zimmer, S. 109 ff.; Firestone, Generic fluidity (wie S. 82); Gottzmann (wie
S. 82), S. 120 ff.; Hans-Joachim Behr, Der Held und seine Krieger oder über die
Schwierigkeiten, ein Gefolgsherr zu sein. Überlegungen zu Alpharts Tod, in:

PHG, S. 13–23; Günter Zimmermann, Wo beginnt der Übermut? Zu Alpharts
Tod, in: PHG, S. 165–182; Ruth H. Firestone, Aside from that, what's wrong
with Alphart?, in: Canon and canon transgression in medieval German literature, hg. von Albrecht Classen, Göppingen 1993 (GAG 573), S. 123–134;
Mecklenburg (wie S. 83).

‚Dietrich und Wenezlan‘
Überlieferung

Von ‚Dietrich und Wenezlan‘ ist nur ein Rudiment von 499
Reimpaarversen im Fragment einer nordostbairischen Pergamenthandschrift erhalten, die nicht lange nach der Mitte des
13. Jahrhunderts geschrieben wurde (Öffentliche Bibl. der Universität Basel, Cod. N I 1 Nr. 67 – zwei Doppelblätter, die ursprünglich ineinander gehören).

Literatur und Ausgaben:
Zur Handschrift: Edward Schröder, Das Fragment Dietrich und Wenezlan, in:
ZfdA 70 (1933), S. 142–144; DE, S. 2 mit Anm. 2, 290; Karin Schneider (wie
S. 59), S. 172 f. – Der Text ist zuerst von Wilhelm Wackernagel abgedruckt
worden: Bruchstück eines unbekannten Gedichtes aus der Dietrichssage, in:
Altdeutsche Blätter 1 (1836), S. 329–342. Am bequemsten liest man ihn in der
kritischen Herstellung durch Julius Zupitza in DHB V.

Inhalt

Aus seinem Land vertrieben, befindet sich Dietrich mit seinen
Gesellen bei König Etzel. Wolfhart und Hildebrand sind – unter welchen Umständen, bleibt unklar – in die Hand König
Wenezlans, des *vürsten von Bôlân* (V. 67: ‚Fürsten von Polen‘)
geraten. Wenezlan will sich mit Dietrich im Zweikampf messen
und läßt ihn durch Wolfhart herausfordern. Anscheinend
hängt von diesem Zweikampf die Freilassung der Gefangenen

ab. Dennoch lehnt Dietrich zunächst ab. Wolfhart macht ihm heftige Vorhaltungen: *ir sît ein zage* (V. 53: ,ihr seid ein Feigling'), und teilt mit, daß Wenezlan im Fall der Weigerung ein Heer gegen Etzel führen will. Da erklärt Dietrich, nur gescherzt zu haben, und läßt Wenezlan seine Bereitschaft zum Kampf ausrichten. Von Etzel und dessen Heer begleitet, zieht er zu Wenezlan. – Lücke (zwischen Blatt 2 und 3). – Zwischen den beiden Heeren, in Anwesenheit auch der in einem prächtigen Zelt versammelten Damen, beginnt der Kampf, der turniermäßig durchgeführt wird. Die Gegner stechen einander vom Pferd und setzen den Kampf zu Fuß mit den Schwertern fort. Die Gegenwart der Damen spornt sie zur Aufbietung der letzten Kräfte an. Zuerst treibt Wenezlan Dietrich, dann dieser jenen vor sich her. Der Kampf dauert den ganzen Tag. Mit einem Stoßseufzer Dietrichs bricht der Text ab.

Entstehung und stoffliche Grundlagen

Datierung und Lokalisierung des Textes können sich nur an der Überlieferung orientieren. Er muß spätestens um die Mitte, kann aber gut noch in der ersten Hälfte des 13. Jahrhunderts entstanden sein (wobei der stilistische Einfluß Wolframs von Eschenbach die Grenze nach oben festlegt). Da der Text nicht weit verbreitet gewesen sein wird, ist es nicht unwahrscheinlich, daß er aus dem nordostbairischen Raum stammt, wo die Handschrift geschrieben wurde.

Es besteht die Möglichkeit, daß die Erzählung in den Umkreis von Dietrichs Slawenkämpfen gehört, von denen die ,Thidrekssaga' zwischen Thidreks Flucht und der Gronsportschlacht berichtet (s. S. 77). Die Parallelen sind jedoch ganz oberflächlich, und ein Versuch, den Text aus der niederdeutschen Heldensage herzuleiten, aus der auch die Saga geschöpft haben soll, hängt völlig in der Luft. Denkbar ist, daß die Gestalt Wenezlans mit einem im ,Biterolf' (s. S. 179 ff.) als Gegner Etzels auftretenden Böhmenkönig *Witzlân* zusammenhängt

oder sich auf dessen mögliches historisches Vorbild, Wenzel I.
von Böhmen (1230–1253), bezieht.

Literatur:

Zum möglichen Einfluß Wolframs: Albert Leitzmann, Kleinigkeiten zum deut-
schen Heldenbuch, in: Beitr. 50 (1927), S. 393–415 (411 f.). – Zu möglichen
Beziehungen zur Überlieferung von Dietrichs Slawenkämpfen: Otto Luitpold
Jiriczek, Deutsche Heldensagen, I, Straßburg 1898, S. 179 f.; Gerhard Eis, Zu
Dietrichs Slawenkämpfen, in: ZfdA 84 (1952/53), S. 70–84 (70 ff.); DE, S. 1 ff.
– Die ‚Dietrich und Wenezlan‘-Forschung hält ein Lehrbeispiel dafür bereit,
wie problematisch Indizienbeweise für die Datierung der Texte sind. Justus
Lunzer hatte mit größtem Scharfsinn und präziser historischer Detailkenntnis
demonstriert, daß das Werk nur zwischen Mitte November 1295 und Juni
1296 entstanden sein könne – was mit der Datierung der Handschrift durch
Edward Schröder (s. o.) auf einen Schlag ad absurdum geführt wurde: Justus
Lunzer, Dietrich und Wenezlan, in: ZfdA 55 (1917), S. 1–40.

Gattungstypik

Der Text vereinigt Elemente der historischen Dietrichepik mit
solchen, die aus der aventiurehaften bekannt sind.

Aus der historischen Dietrichepik stammen der Rahmen des
Geschehens – die Exilsituation – und das Motiv der Gefangennahme der Dietrichmannen. Mit dem Dienstmannen-Motiv
wird offensichtlich ein literarisches Spiel getrieben: Dietrichs
Ablehnung, die Gefangenen auszulösen, mußte für den Kenner
der Sage überraschend und vielleicht schockierend, die Auflö-
sung als Scherz befreiend wirken.

Aus der aventiurehaften Dietrichepik kommt zunächst das
Herausforderungsschema. Wie Ecke (s. S. 113 ff.) fordert Wenezlan, von Dietrichs Ruhm fasziniert, den Berner zum Kampf
auf und beschwört ihn förmlich, die Herausforderung anzunehmen (V. 1 ff.). Daß Dietrich zunächst ablehnt, gehört ebenfalls in die Schema-Typik der aventiurehaften Dietrichepik
(s. S. 35 f.). Auch das Frauendienst-Motiv, das in den aventiurehaften Epen eine wichtige Rolle spielt, fehlt nicht: Wenezlan

beschwört Dietrich, um der Frauen willen mit ihm zu kämpfen
(V. 2: *als liep dir alle vrowen sîn* – ebenso mahnt Ecke Dietrich,
durch aller vrouwen êre ‚um des Ansehns aller Damen willen‘
zu kämpfen [DHB V, Str. 96,6]), der Zweikampf erscheint als
Kampf um die Gunst der Frauen (V. 355: *der minne solt si
kouften tiwer* ‚teuer erkauften sie den Lohn der Liebe‘), und
nur der Gedanke an die Frauen hält die erschöpften Kämpfer
auf den Beinen (V. 398 ff.).

Die zweifache Orientierung zieht sich durch den ganzen Text
und führt – ähnlich wie im ‚Biterolf‘ (s. S. 179 ff.) – zu einer
Doppelgesichtigkeit der Handlung: die Auseinandersetzung
erscheint teils als turniermäßiger Wettkampf, teils als macht-
politisch-militärische Konfrontation.

Literatur:
Firestone, S. 219 ff.; DE, S. 187 ff.; Williams, S. 220 ff.; Ruth H. Firestone, The
Literary Classification of Dietrich und Wenezlan. A Reevaluation, in: German
Studies Review 5 (1982), S. 9–20.

Aventiurehafte Dietrichepik

Die aventiurehaften Dietrichepen wurden bereits aufgezählt (S. 33). Wir behandeln im folgenden zunächst eine Gruppe von vier Texten, die in einer markanten Strophenform, dem sog. Bernerton, verfaßt sind: ‚Goldemar‘, ‚Eckenlied‘, ‚Sigenot‘ und ‚Virginal‘, dann den ‚Laurin‘, den ‚Rosengarten‘ und schließlich den ‚Wunderer‘.

Vorgängig ist festzuhalten, daß mit großer Wahrscheinlichkeit einschlägige Texte verlorengegangen sind (an welch dünnem Faden die Überlieferung hängen kann, zeigt der ‚Goldemar‘, von dem nur ein einziges Bruchstück erhalten ist). So kann man ein Gedicht erschließen, das die Erzählung von ‚Grim und Hilde‘ behandelte, die aus der ‚Thidrekssaga‘ bekannt ist (ThSB I, S. 34 ff. = ThSE, S. 87 ff.): Thidrek und Hildibrand reiten zur Jagd in den Wald; als Thidrek einen Hirsch verfolgt, bemerkt er einen Zwerg und fängt ihn; es ist Alfrik, ein berüchtigter Dieb und der kunstfertigste aller Zwerge; um sein Leben zu retten, verspricht Alfrik, Thidrek zu dem Schatz des Riesen Grim und dessen Frau Hild zu führen; zuvor müsse Thidrek aber das von Alfrik geschmiedete Schwert Nagelring erwerben, das ebenfalls in Grims Besitz sei; Thidrek läßt Alfrik schwören, ihm das Schwert zu besorgen; Alfrik verschwindet, kehrt am Ende des Tages mit dem Schwert zurück, händigt es Thidrek aus und zeigt ihm die Erdhütte, in der sich der Schatz befindet; Thidrek und Hildibrand dringen in die Hütte ein; in schwerem Kampf überwinden sie Grim und Hild und nehmen den Schatz an sich; zu diesem gehört auch der Helm Hildigrim, den die Besitzer nach sich selbst benannt haben; Dietrich wird ihn fortan tragen. Auf die Geschichte wird im ‚Eckenlied‘ und im ‚Sigenot‘ angespielt. Möglicherweise bezieht sich auch eines der Riesenweiber in den Runkelsteiner Triaden auf sie: das Weib trägt zwar den Namen Riel (Ruel), scheint aber das Schwert Nagelring in der Hand zu halten (vgl. S. 30f.).

Nicht gänzlich verlorengegangen, aber unidentifizierbar geworden ist ein weiterer Text, der provisorisch mit dem Titel ,Dietrich und Fasold' belegt wurde. Von ihm sind Rudimente auf drei schmalen Streifen aus einer Handschrift von ca. 1300 erhalten, die in der Niedersächsischen Landesbibliothek Hannover aufbewahrt werden (ausgelöst aus MS VII 626). Erkennbar sind nur Handlungsfetzen: offenbar als treuloser Führer bzw. Ratgeber Dietrichs tritt Fasold auf; Riesen werden erschlagen; Dietrich und seine Leute dringen in eine Burg ein; ein *wirt* (der Burgherr?) wird erwähnt, der den Namen *liegevant* o. ä. zu tragen scheint (auch die Lesung *siegebant* ist – entgegen Brill [s. u.] – möglich: *Sigebant* kommt als Heldenname in der Dietrichsage mehrfach vor). Die Szene gehört anscheinend zu keinem der erhaltenen Dietrichepen. Gestalt und Rolle Fasolds könnten auf eine unbekannte Fassung des ,Eckenliedes' weisen, doch spricht die metrische Form dagegen: der Text scheint in der Nibelungenstrophe oder im Hildebrandston abgefaßt zu sein, während das ,Eckenlied' sonst im Bernerton steht.

Literatur:
Zu Grim und Hilde: Friese, S. 66 ff.; Schneider, S. 263 ff.; Heinzle, Triaden, S. 80 f., 90 f. – Die Fragmente von ,Dietrich und Fasold' hat Richard Brill bekanntgemacht: Fragment einer unbekannten Dichtung aus dem Kreis der Heldensage, in: ZfdA 72 (1935), S. 49 f. (Abdruck nach Brill auch bei Wisniewski [wie S. 1], S. 227 ff.; der Abdruck ist stark fehlerhaft, ein Hinweis auf angebliche Parallelen in der ,Thidrekssaga' irreführend). Zur Handschrift (Trägerband und ausgelöste Fragmente) vgl. Helmar Härtel/Felix Ekowski, Handschriften der Niedersächsischen Landesbibliothek Hannover, II, Wiesbaden 1982, S. 171 f. – Zu einem weiteren Überlieferungsrest, der möglicherweise hierher gehört, s. Ulrich Müller in: Litterae ignotae, hg. von U.M., Göppingen 1977 (Litterae 50), S. IV.

Der Bernerton

Der Bernerton ist ein kunstvolles Strophengebilde aus dreizehn
Verszeilen (,Eckenlied', DHB V, Str. 2):

1	*Ez sâzen helde in eime sal,*	4 m a
2	*sî retten wunder âne zal*	4 m a
3	*von ûz erwelten recken.*	3 w (4 kl) b
4	*der eine was sich her Vâsolt*	4 m c
5	*(dem wâren schoene vrouwen holt),*	4 m c
6	*daz ander was her Ecke,*	3 w (4 kl) b
7	*daz dritte der wild Ebenrôt.*	4 m d
8	*sî retten al gelîche*	3 w (4 kl) e
9	*daz nieman küener waer ze nôt,*	4 m d
10	*den von Berne er Dieterîche:*	3 w (4 kl) e
11	*der waer ein helt übr alliu lant.*	4 m f
12	*sô waer mit listen küene*	3 w (4 kl) x
13	*der alte Hiltebrant.*	3 m f

Es saßen Helden in einem Saal, die sprachen über zahllose Wundertaten von
hervorragenden Kämpfern. Der eine war Herr Fasold (dem waren schöne Damen zugetan), der zweite war Herr Ecke, der dritte der wilde Ebenrot. Sie sag-
ten übereinstimmend, daß im Kampf niemand kühner sei als Herr Dietrich von
Bern: der sei der beste Held in allen Ländern. Klug und kühn aber sei der alte
Hildebrand.

Die Strophe beginnt mit zwei identischen Dreiversgruppen: A
(1–3) + A (4–6) mit Schweifreim (aabccb). Daran schließt sich
ein siebenzeiliger Verskomplex B (7–13), der aus einer Kreuzreimgruppe (7–10: dede) und einer Waisenterzine (11–13: fxf)
besteht. Die beiden Schlußverse können auch als An- und Abvers einer Langzeile interpretiert werden, so daß sich statt der
Waisenterzine ein Reimpaar ergibt:

> *der waer ein helt übr alliu lant.*
> *sô waer mit listen küene*   *der alte Hiltebrant.*

In den Versausgängen wechseln männliche und weibliche (klingende) Kadenzen; die Verse mit männlichen Kadenzen sind mit Ausnahme des letzten vierhebig, die mit weiblichen dreihebig oder, wenn man die Kadenz als klingend interpretiert, ebenfalls vierhebig. Die Waisenterzine erscheint auch (vor allem in der ,Virginal') mit männlicher Kadenz in Vers 12 und Vierhebigkeit in Vers 13 (,Virginal', DHB V, Str. 52):

11	*der heiden hern Hiltbrande sluoc*	4 m f
12	*eine wunde lanc unt tief:*	4 m x
13	*dâ von hete er kumbers gnuoc.*	4 m f

Der Heide schlug Herrn Hildebrand eine lange und tiefe Wunde. Die machte ihm sehr zu schaffen.

Belegt sind ferner die Kombinationen von männlicher Kadenz in Vers 12 mit Dreihebigkeit in Vers 13 (älterer ,Sigenot', DHB V, Str. 1):

11	*liep unde leit im dâ geschach.*	4 m f
12	*er sluoc vil mengen degen tôt:*	4 m x
13	*dar nâch er Ecken stach.*	3 m f

Freude und Kummer widerfuhr ihm da. Er schlug sehr viele Helden tot. Danach erstach er Ecke.

und von weiblicher (klingender) Kadenz in Vers 12 mit Vierhebigkeit in Vers 13 (,Eckenlied', HBHP II, Str. 1:)

11	*und wer das fur ein luge hot,*	4 m f
12	*der frag die clugen laüte,*	3 w (4 kl) x
13	*pei den es noch geschriben stat.*	4 m f

Wer das für Lüge hält, der frage die weisen (gelehrten?) Leute, bei denen es noch geschrieben steht.

Eine strukturell stärker abweichende Variante bietet die ‚Ekkenlied'-Strophe im Codex Buranus (s. S. 109). In ihr stehen die Verse 7 und 9 ohne Reim, so daß sich statt der Kreuzreimgruppe ein Langzeilenpaar ergibt:

> 7 : 8 *als uinster was der tan,   da si an ander*
> *[funden.*
> 9 : 10 *her Dietrich rait mit mannes chraft   den*
> *[walt also unchunden.*

So finster war der Tann, wo sie aufeinander trafen. Herr Dietrich ritt männlich stark durch den so unbekannten Wald.

Die Dreigliedrigkeit in der Großstruktur mit den Gruppen A + A + B entspricht der Grundform des Strophenbaus in der höfischen Lyrik, der sog. ‚Kanzone', die aus dem ‚Aufgesang' mit dem einmal wiederholten Bauteil A (‚Stollen') und dem ‚Abgesang' B besteht. Nach dem Entwicklungsgrad seiner Kanzonenstruktur zu urteilen, dürfte der Bernerton kaum vor etwa 1200 entstanden sein.

Entscheidend für das formgeschichtliche Verständnis des Tons ist die Variante, die der Codex Buranus bietet. Wenn man dort den Abgesang konsequent als Langzeilenstruktur interpretiert, ergibt sich eine typische Epenstrophe:

> 4 m : 3 w (4 kl) d
> 4 m : 3 w (4 kl) d
> 4 m   e
> 4 m : 3 m   e

Die Annahme drängt sich auf, daß der Erfinder des Bernertons von einer solchen Langzeilenstrophe ausging, die er zur Kanzone ausbaute, indem er ihr die beiden Stollen voranstellte.

Der Bernerton war bei den Meistersängern als ‚Flammweise' Wolframs von Eschenbach in Gebrauch. Aus Handschriften des 15. und 16. Jahrhunderts sind Melodieaufzeichnungen bekannt, die – mit den nötigen Vorbehalten – zur Entwicklung von Hypothesen über die musikalische Gestalt genutzt werden können. Die Analyse bestätigt die Beziehung des Tons zur Tradition der Epenstrophen.

Das Formgebilde wirkt in seiner hybriden Faktur einigermaßen exzentrisch. Es muß auf die zeitgenössischen Kenner einen starken Reiz ausgeübt haben, den nachzuempfinden uns kaum möglich ist.

Literatur:
von Kraus, S. 59 ff.; Brunner, S. 315 ff.; Kornrumpf, S. 326.

Die ältere Forschung hat die vier Dietrichepen im Bernerton dem Albrecht von Kemenaten zugeschrieben, der im ‚Goldemar‘ als Verfasser genannt wird. Die These ist mit Recht längst aufgegeben. Gescheitert ist auch der Versuch von Helmut de Boor, Albrecht wenigstens als Erfinder des Bernertons plausibel zu machen. Gegen diese Annahme spricht schon die Tatsache, daß der Bernerton im ‚Goldemar‘ mit dem üblichen Kreuzreim im Abgesang, also in der mutmaßlich jüngeren Entwicklungsform erscheint.

Literatur:
Julius Zupitza, Albrecht von Kemenaten, in: DHB V, S. XLVIIff.; Ernst Schmidt, Zur Entstehungsgeschichte und Verfasserfrage der Virginal, Prag 1906 (Prager deutsche Studien 2), Neudruck Hildesheim 1974, S. 82 ff.; Helmut de Boor, Albrecht von Kemnaten, in: Unterscheidung und Bewahrung. Festschrift für Hermann Kunisch, Berlin 1961, S. 20–30 (wieder in: H. de B., Kleine Schriften, I, Berlin 1964, S. 198–208).

,Goldemar'
Überlieferung

Vom ,Goldemar' sind nur die ersten neun Strophen und knapp drei Verse der zehnten überliefert. Sie stehen in einer schwäbischen Papierhandschrift pragmatischen Inhalts (medizinische Rezepte, ein lateinisch-deutsches Glossar von Kräuternamen) aus der Mitte des 14. Jahrhunderts (um 1355–1357), von der nur noch acht Blätter erhalten sind, auf denen sich auch Verse aus der ,Virginal' befinden (Germanisches Nationalmuseum Nürnberg, Hs. 80).

Literatur:
Zur Handschrift vgl. DE, S. 298. Abgedruckt hat den Text zuerst Moriz Haupt: Goldemar von Albrecht von Kemenaten, in: ZfdA 6 (1848), S. 520–529. Zu zitieren ist er nach der Ausgabe von Julius Zupitza in DHB V.

Albrecht von Kemenaten

Die zweite Strophe nennt den Autor: *von Kemenâten Albreht der tihte ditze maere* (DHB V, Str. 2,2f.: ,Albrecht von Kemenaten dichtete diese Geschichte'). Einen Dichter dieses Namens rühmt Rudolf von Ems in seinem ,Alexander' (hg. von Victor Junk, Leipzig 1928/29 [BLVS 274], V. 3252f.):

von Kemenât her Albreht
des kunst gert wîter schouwe.

Die Kunst des Herrn Albrecht von Kemenaten erfordert weiten Umblick [meint: um sie beurteilen zu können, muß man den prüfenden Blick weit in die Runde gehen lassen/bedarf es der Kennerschaft?].

und in seinem ,Willehalm von Orlens' (hg. von Victor Junk, Berlin 1905 [Deutsche Texte des Mittelalters 2], V. 2243ff.):

Öch hetti úch mit wishait
Her Albreht bas denne ich gesait,
Von Keminat der wise man,
Der maisterliche tihten kan.

Auch hätte für euch [nämlich: Frau Aventiure] besser als ich Herr Albrecht mit
Weisheit die Geschichte erzählt, der weise Mann von Kemenaten, der meister-
haft dichten kann.

Die ,Alexander'-Stelle dürfte um 1230, die ,Willehalm'-Stelle
um 1235/40 verfaßt sein. Es ist nicht deutlich, ob Albrecht hier
als Lebender oder als Verstorbener angesprochen wird, so daß
man nicht mehr sagen kann, als daß er schon vor ca. 1230 als
Dichter tätig gewesen ist. Ob mit ihm der Verfasser des ,Golde-
mar' gemeint ist, muß offen bleiben, aber es ist unwahrscheinlich, daß es zwei Dichter dieses Namens gegeben hat und wir
nur das Werk eines von ihnen kennen. Wer dieser Albrecht
war, ist völlig unklar: Kemenaten (Kemnaten, Kemenat, Kem-
nat u.ä.) ist ein verbreiteter Orts- und Familienname, und es ist
bisher nicht gelungen, die Zugehörigkeit des Dichters zu einem
bestimmten Ort oder einer bestimmten Familie zu erweisen
oder auch nur wahrscheinlich zu machen.

Literatur:
de Boor, Albrecht (wie S. 103); Ute Schwab, Die Barlaamparabeln im Cod.
Vindob. 2705, Neapel 1966 (Istituto Universitario Orientale di Napoli. Quaderni della Sezione Germanica degli Annali 3), S. 14 f. mit S. 22, Anm. 26; DE,
S. 40 ff., 50 f.

Inhalt

Der ,Goldemar' erzählt, wie Dietrich auszieht, um die gewaltigen Riesen im Wald Trutmunt zu sehen, von denen man ihm
erzählt hat. In dem Wald stößt er auf einen Berg, in dem wilde
Zwerge hausen. Bei diesen erblickt er ein Mädchen, dessen
Schönheit in ihm Verlangen (Str. 7,2: *senden muot*) erweckt.

Auf seine Bitte um Auskunft über das Mädchen, das die Zwerge vor ihm zu verbergen suchen, antwortet ihm deren König Goldemar. Mitten in Goldemars Rede bricht der Text ab, noch ehe irgendwelche Aufschlüsse gegeben sind. Über den Handlungszusammenhang unterrichtet uns die ‚Heldenbuch-Prosa‘ (Text, reguliert und mit Interpunktion versehen, nach dem Erstdruck, HBFaks I, Blatt 4ʳ – vgl. auch S. 47):

Des Berners erste weib hies Hertlin, was eins frumen künig von Portigal tochter. Der ward von den heiden erschlagen. Da kam künig Goldemar unnd stal im die tochter. Da starb die alte künigin vor leid. Da nam sie der Berner dem Goldemar wider mit grosser arbeit. Dannoch belibe sie vor Goldemar maget. Da sie nu gestarbe, da nam er Herrot, künig Etzel schwester tochter.

Des Berners erste Frau hieß Hertlin, die war die Tochter eines vornehmen Königs von Portugal. Der wurde von den Heiden erschlagen. Da kam König Goldemar und stahl ihm die Tochter. Da starb die alte Königin vor Leid. Da nahm sie der Berner dem Goldemar unter großen Mühen wieder ab. Sie hatte ihre Jungfernschaft vor Goldemar bewahrt. Als sie gestorben war, nahm er Herrat zur Frau, König Etzels Schwestertochter.

Weiteres erfahren wir aus dem Abenteuer-Roman ‚Reinfrid von Braunschweig‘ vom Ende des 13. Jahrhunderts. Dort wird die Gewalttätigkeit von Riesen mit Beispielfiguren aus der Dichtung verdeutlicht, darunter aus dem ‚Goldemar‘ (hg. von Karl Bartsch, Tübingen 1871 [BLVS 109], V. 25274 ff.):

die risen mit den Goldemâr,
daz rîche keiserlîch getwerc,
den walt vervalte und den berc
hie vor den Wülfingen
möht mit keinen dingen
sich disen hie gelîchen.

Die Riesen, mit denen Goldemar, der mächtige, kaiserliche (herrliche?) Zwerg, den Wald und den Berg hier vor den Wölfingen zerstörte, hätten sich in keiner Hinsicht mit diesen hier vergleichen können.

Das deutet darauf hin, daß der Befreiung Hertlins ein Kampf zwischen Dietrich und seinen Gesellen und Goldemar vorausging, in dessen Verlauf Goldemar zur Abwehr der Berner von den legendären Riesen den Wald Trutmunt niederhauen und die Berghöhlen der Zwerge verschütten (oder zum Einsturz bringen?) ließ.

Heldendichtung und Roman

Das Fragment ist literarhistorisch von beträchtlichem Interesse, weil es Dietrichs Abenteuer programmatisch auf die Komplexe von Minne und Aventiure bezieht. Die Einleitungsstrophe charakterisiert die Welt der Heldendichtung als eine Welt von Totschlägern. Zu Dietrichs Zeiten haben die Helden unablässig gegeneinander gekämpft (DHB V, Str. 1,10 ff.):

> *man sprach, er taete dez beste,*
> *der mängen âne schulde ersluoc.*
> *dâ von ir lop geprîset wart,*
> *sô man die tôten von in truoc.*

Man sagte, der täte das beste, der viele ohne Grund erschlug. Das mehrte ihren Ruhm, wenn man die Toten von ihnen trug.

Auch Dietrich gehörte zu dieser Art von Helden (DHB V, Str. 3,7 ff.):

> *wir hoeren wunder von im sagen,*
> *daz er sô vil gevaehte*
> *(mänic wart von im erslagen)*
> *und ouch gên Berne braehte*

beidiu gevangen und verwunt,
die er mit degenheit betwanc.
ime was ze strîte kunt.

Wir hören Wunder von ihm sagen, daß er so viel kämpfte (viele wurden von
ihm erschlagen) und diejenigen gefangen und verwundet nach Bern brachte,
die er mit Tapferkeit besiegt hatte. Er verstand etwas vom Kämpfen.

Zu diesem Bild des Helden stimmt, daß Dietrich *nie gwan gên
vrouwen hôhen muot* („sich nie dazu begeistern ließ, um Frau-
engunst zu werben‘) und *gên vrouwen niht ein hovelîch man*
war („sich Damen gegenüber nicht höfisch verhielt‘), sondern
nur ans Kämpfen dachte (DHB V, Str. 2, 5/7). Hier setzt Albrecht an: er will erzählen, wie Dietrich von Frauenliebe ergrif-
fen wurde. Der Ritt nach Trutmunt folgt zunächst dem Haude-
gen-Muster: Dietrich hat von den Riesen gehört und will sie
sehen, also wohl mit ihnen kämpfen, und zwar um jeden Preis
(DHB V, Str. 4,9: *swaz kumbers im dâ möhte beschehen* „was
an Leid ihm da auch widerfahren sollte‘). Der Anblick der
schönen Frau macht ihn schlagartig, wie es scheint, zum Frau-
endiener, der für die Dame kämpfen will.
Erzähltechnisch sind hier zwei Schemata miteinander verknüpft worden, auf denen die gesamte aventiurehafte Dietrichepik aufbaut: das Herausforderungsschema und das Befreiungsschema. Dietrich empfindet die Erzählung von den gewaltigen Riesen offenbar als Herausforderung, der er sich sogleich
stellt. Aus der bloßen Bewährung seines Rangs als Kämpfer
wird dann zufolge der Minne-Metanoia des Helden unverse-
hens eine soziale Tat: die Befreiung der gefangenen Prinzessin.
Es scheint, daß Albrecht mit seiner Kritik am Haudegen-Ide-
al der Heldendichtung aventiurehafte Dietrich-Überlieferung
im Visier hat: so könnte er an den ‚Laurin‘ gedacht haben, in
dem Dietrich in der Tat einen besiegten Gegner als Gefangenen
nach Bern bringt (s. S. 157). Der Blickwinkel, aus dem die Kritik geübt wird, ist offensichtlich der des höfischen Romans. Indem Albrecht den Berner zum Minneritter macht, überformt er

die heroische Überlieferung mit einem höfischen Erzählmuster. Auch seine Abkehr von der gattungstypischen Anonymität der Heldendichtung mag in diesem Sinne programmatisch gemeint sein: im höfischen Roman der Zeit ist Autornennung die Regel. Allerdings steht der ‚Goldemar‘ mit dem Bezug auf den höfischen Roman nicht allein: die aventiurehafte Dietrichepik hat sich – wie im einzelnen zu zeigen sein wird – insgesamt in ständiger Auseinandersetzung mit diesem entwickelt.

Literatur:
de Boor, Albrecht (wie S. 103); DE, S. 241 f.; Zips, S. 140ff.

‚Eckenlied‘
Überlieferung

Das ‚Eckenlied‘ ist in mindestens sieben Handschriften von der ersten Hälfte des 13. bis an die Wende vom 15. zum 16. Jahrhundert und in mindestens zwölf Drucken von 1491 bis ca. 1590 überliefert. Am Beginn der Überlieferung steht der Eintrag einer Strophe im Codex Buranus, der Handschrift der ‚Carmina Burana‘, um 1230 (E_1).

Handschriften:

E_1 (B): Bayerische Staatsbibl. München, Clm 4660 – Pergament, um 1230, aus dem Alpenraum – die ‚Eckenlied‘-Strophe angehängt an das lateinische Gedicht ‚Hiemali tempore‘ (Carmen Buranum Nr. 203) – Abdruck zuletzt durch Benedikt Konrad Vollmann: Carmina Burana, Frankfurt a. M. 1987 (Bibliothek des Mittelalters 13), S. 648/649 – vgl. DE, S. 290 f.; Karin Schneider (wie S. 59), S. 130 ff.;

E_2 (L): Badische Landesbibl. Karlsruhe, Cod. Donaueschingen 74 (früher Fürstlich Fürstenbergische Hofbibl. Donaueschingen, Cod. 74) – Pergament, Anfang 14.

Jahrhundert, ostalemannisch (aus Konstanz?) – Sammelhandschrift, enthält: Rudolf von Ems: ‚Willehalm von Orlens‘, Konrad von Fußesbrunnen: ‚Kindheit Jesu‘, Konrad von Heimesfurt: ‚Mariae Himmelfahrt‘, ‚Sigenot‘ (S$_1$), ‚Eckenlied‘ (Schluß fehlt) – Abdruck von ‚Eckenlied‘ und ‚Sigenot‘ zuerst durch den damaligen Besitzer der Handschrift Joseph Freiherr von Laßberg (1830) und danach durch Ottmar F. H. Schönhuth (1839, 2. Auflage 1846) sowie durch Friedrich Heinrich von der Hagen in HBH II (vgl. Haustein, S. 64, 70 ff.); Faksimile des ‚Sigenot‘-Teils: Der ältere und der jüngere Sigenot, hg. von Joachim Heinzle, Göppingen 1978 (Litterae 63) – vgl. DE, S. 291; Kurt Gärtner/Werner J. Hoffmann (Hg.), Konrad von Heimesfurt, ‚Unser vrouwen hinvart‘ und ‚Diu urstende‘, Tübingen 1989 (ATB 99), S. XXIIf. (mit Spätdatierung von Karin Schneider: 2. Viertel des 14. Jahrhunderts);

E$_3$ (A) – Reste des ältesten erhaltenen Heldenbuchs (s. S. 43): (a) Ansbach, ehem. Archiv des evangelisch-lutherischen Dekanats (Verbleib nicht ermittelt) + (b) Verse aus der ‚Virginal‘, mitgeteilt von Johann Friedrich Christ, Villaticum […], Leipzig 1746, S. 233 ff. + (c) Staatsbibl. Berlin, Ms. germ. 2° 745 + (d) Herzog August Bibl. Wolfenbüttel, A Novi (6) + (e) Staatsbibl. Berlin, Ms. germ. 2° 844 – Pergament, 1. Hälfte 14. Jahrhundert, rheinfränkisch – Bruchstücke aus dem ‚Eckenlied‘ (a), der ‚Virginal‘ (V$_3$) (b+c+d), des ‚Ortnit‘/‚Wolfdietrich‘ (d+e) – Abdruck des ‚Eckenlieds‘ durch von Kraus – vgl. DE, S. 291 ff.;

E$_4$ (m$_{1.2}$): Bayerische Staatsbibl. München, Cgm 252 – Papier, 1455–77, aus Augsburg – Konvolut von Abschriften des Konrad Bollstatter von Öttingen, darunter ein Fragment des ‚Eckenlieds‘ – vgl. DE, S. 293;

E₅ (h): Germanisches Nationalmuseum Nürnberg, Hs. 42546 – Fragment einer Papierhandschrift, um 1470, bairisch(-ostschwäbisch?) – vgl. DE, S. 293;

E₆ (š): Stiftsbibl. Schlierbach (Oberösterreich), Cod. I 25 – Papierhandschrift aus der Mitte des 15. Jahrhunderts mit Heinrichs von Mügeln Übersetzung des Valerius Maximus, Eintrag von vier ,Eckenlied'-Strophen auf der Innenseite des hinteren Deckels von einer Hand des 15./16. Jahrhunderts, bairisch – vgl. DE, S. 294;

E₇ (d) – Dresdner Heldenbuch (s. S. 44): Sächsische Landesbibl. Dresden, Msc. M 201 – Papier, 1472, aus Nürnberg (?) – Abdruck sämtlicher Stücke in HBHP II (vgl. Haustein, S. 51 ff.) – vgl. DE, S. 294 f.; VL III, Sp. 949 ff.; Kornrumpf, S. 320 ff.

Drucke:

e₁ (a): Augsburg, Hans Schaur, 1491 – Exemplar: Staatsbibl. Berlin – Faksimile von Karl Schorbach: Ecken auszfart. Augsburg 1491, Leipzig 1897 (Seltene Drucke in Nachbildungen 3) – vgl. DE, S. 295;

e₂: Augsburg, Hans Froschauer, 1494 – Exemplar: Thurgauische Kantonsbibl. Frauenfeld (defekt) – vgl. DE, S. 295 f.;

e₃: Straßburg, Matthias Hupfuff, 1503 – Exemplar: Ratsschulbibl. Zwickau (defekt) – vgl. DE, S. 296;

e₄ (n): Nürnberg, Wolfgang Huber, 1512 – nur aus einem jetzt verschollenen Bruchstück bekannt; Abschrift von Friedrich Heinrich von der Hagen in der Staatsbibl. Berlin, Ms. germ 4° 772, S. 223–226 – vgl. DE, S. 296;

e₅ (s₁, s): Straßburg, Christian Müller, 1559 – Exemplar: Staatsbibl. Berlin – Abdruck durch Oskar Schade: Ecken Auszfart. Nach dem alten Straszburger Druk-

	ke von MDLIX, Hannover 1854 (vgl. Haustein, S. 87 ff.) – vgl. DE, S. 296;
e_6:	o. O. (Frankfurt a. M.?), o. Dr., 1566 – Exemplar: Staatsbibl. Berlin – vgl. DE, S. 296;
e_7:	(Straßburg, nach 1566) – nur zwei Druckstöcke erhalten – vgl. DE, S. 297;
e_8:	Augsburg, Hans Zimmermann, o. J. (um 1566) – Exemplar: Württembergische Landesbibl. Stuttgart (defekt) – vgl. DE, S. 297;
e_9:	Straßburg, Christian Müller, 1568 – Exemplar: Stadtbibl. Ulm – vgl. DE, S. 297;
e_{10} (s_2):	Straßburg, Christian Müller (d. J.), 1577 – Exemplar: Österreichische Nationalbibl. Wien – vgl. DE, S. 297;
e_{11}:	Köln, Heinrich Netteshem, o. J. (um 1590) – Exemplar: Staatsbibl. Berlin (defekt) – vgl. DE, S. 297;
e_{12}:	(Augsburg, Johann Schaur, um 1490/91?) – Exemplar: Bayerische Staatsbibl. München (Fragment) – vgl. Bayerische Staatsbibliothek. Inkunabelkatalog, II, Wiesbaden 1991, S. 357 (E-23) (für die ‚Eckenlied'-Forschung zuerst registriert in der neuen Ausgabe von Brévart, s. u.).

Zu weiteren Druck-Ausgaben, die mehr oder weniger sicher zu erschließen sind, s. DE, S. 297 f.; Schanze, S. 254 ff.

Die beiden vollständigen Handschriften enthalten selbständige Versionen: das ‚Donaueschinger Eckenlied' (E_2) und das ‚Dresdner Eckenlied' (E_7). Die Drucke bieten eine dritte Version, die auch von drei handschriftlichen Fragmenten bezeugt wird (E_4, E_5, E_6; E_4 mit einer zusätzlichen Passage aus der Texttradition des ‚Donaueschinger Eckenliedes': s. u. S. 117 f.). Weitere Versionen könnten die Strophe im Codex Buranus (E_1 – s. u. S. 117) und der fragmentarische Text des ältesten erhaltenen Heldenbuchs repräsentieren (E₃). Schließlich ist damit zu rechnen, daß auch das Fragment von ‚Dietrich und Fasold‘ zum ‚Eckenlied‘-Komplex gehört (s. S. 99).

Ausgaben:
Grundlegend ist künftig der verbesserte, mit wertvollen Verständnishilfen versehene synoptische Abdruck aller Handschriften und des ältesten Drucks (mit den Varianten der jüngeren Ausgaben) durch Francis B. Brévart: Das Eckenlied, Tübingen (ATB 111 – im Druck). Er ersetzt die älteren Ausgaben, nach denen in diesem Band noch zitiert werden mußte: Zupitzas Ausgabe des ‚Donaueschinger Eckenliedes‘ in DHB V, den Abdruck des ‚Dresdner Eckenliedes‘ in HBHP II und Schades Abdruck der Straßburger Druck-Ausgabe von 1559 (s. o. zu e₅). – Sehr nützlich für die Arbeit mit dem ‚Donaueschinger Eckenlied‘ sind die Übersetzung und der Kommentar von Francis B. Brévart: Das Eckenlied, Stuttgart 1986 (Reclams Universal-Bibliothek 8339). Der dort abgedruckte mittelhochdeutsche Text ist durch Brévarts Gesamtausgabe überholt. Er bietet eine korrigierte Fassung des von Martin Wierschin hergestellten Textes: Eckenlied, Tübingen 1974 (ATB 78). Diese Ausgabe ist unbrauchbar (s. Joachim Heinzle, in: AfdA 86 [1975], S. 147–154).

Inhalt

‚Donaueschinger Eckenlied‘ (244 Strophen und 6 Verse – Text bricht in der laufenden Spalte ab): I. Begierig nach Ruhm, will sich der junge Riese Ecke mit Dietrich von Bern im Kampf messen, den er im Gespräch mit Fasold und Ebenrot preist. Seburg – die vornehmste von drei Königinnen, die auf Burg Jochgrimm residieren – wünscht, den berühmten Berner zu sehen, und beauftragt Ecke, ihn herbeizubringen. Sie rüstet den Riesen mit der goldenen Brünne, die einst Ortnit und Wolfdietrich gehört hatte (vgl. S. 35 f.), mit goldenen Beinschienen, Schwert, Helm und Schild aus und verspricht ihm die Liebe einer der drei Königinnen. Er schlägt die Warnungen eines alten Fahrenden, der Dietrich kennt, in den Wind und zieht – zu Fuß, denn er ist so schwer, daß kein Pferd ihn tragen kann – davon. Ein Einsiedler weist ihm den Weg nach Bern, wo Hildebrand ihm

mitteilt, Dietrich sei im Wald in Tirol. Er geht weiter, gelangt
über Trient in den Wald, wo er einen Kampf mit einem *mer-
wunder* (einem wunderbaren Meerwesen) zu bestehen hat und
auf einen verwundeten Ritter trifft. Dieser – Helferich von
Lune – berichtet ihm, er sei mit drei Gefährten im Dienst schöner Frauen ausgezogen, um Ruhm zu erwerben; Dietrich habe
die drei erschlagen, ihn selbst schwer verwundet. Trotz Helfe-
richs Warnungen läßt sich Ecke den Weg zu Dietrich zeigen. Er
findet ihn und fordert ihn heraus. Dietrich lehnt es zunächst
ab, mit Ecke zu kämpfen, doch gelingt es diesem schließlich,
ihn zum Kampf zu reizen. Dietrich ersticht Ecke in Notwehr,
macht sich Vorwürfe, legt aber die Rüstung des Geschlagenen
an und nimmt dessen Schwert. Der Todwunde bittet ihn, ihm
den Kopf abzuschlagen. Dietrich tut das und bindet den Kopf
an den Sattel seines Pferdes. – II. Dietrich reitet davon und begegnet einer Dame: Frau Babehild, Herrscherin über ein Land
im Meer. Sie gibt ihm eine Salbe, die ihn innerhalb von drei Tagen heilen soll, und prophezeit ihm schwere Kämpfe, aber auch
den Beistand von Frau Saelde. Er zieht weiter und trifft auf ein
Mädchen, das von Eckes Bruder Fasold gejagt wird. Durch ein
Kraut, das sie ihm gibt, vollends geheilt, besiegt er Fasold im
Kampf. Als dieser erfährt, daß Dietrich Ecke getötet hat, wirft
er ihm vor, dies getan zu haben, als Ecke schlief. Es kommt erneut zum Kampf. Fasold unterliegt wieder und zieht mit Dietrich weiter. Sie verbringen die Nacht auf der Burg eines Zwergenkönigs, der bislang Fasold untertan war und nun Dietrich
huldigt. Darauf führt Fasold Dietrich zu Eckenot, der den Berner wegen der Rüstung zunächst für Ecke hält. Als er erfährt,
daß Dietrich Ecke getötet hat, kommt es zum Kampf. Dietrich
erschlägt Eckenot. Dann geht es zu Fasolds Mutter Birkhild,
die Dietrich ebenfalls für Ecke hält. Als Fasold ihr sagt, wen sie
vor sich hat, stürmt sie auf Dietrich los, um ihren Sohn zu rächen. Dietrich tötet sie. Auf ihren Todesschrei hin kommt ihre
Tochter Uodelgart herbei und schlägt Dietrich mit einem aus-
gerissenen Baum zu Boden. Dietrich springt auf, haut den
Baum in Stücke und packt sie bei den Haaren. (Text bricht ab.)

Das ,Dresdner Eckenlied' (335 Strophen) und die Druck-
Version (284 Strophen) stimmen bis zu Dietrichs zweitem Sieg
über Fasold (Str. 201) im wesentlichen mit dem ,Donaueschin-
ger Eckenlied' überein. Danach gehen sie eigene Wege.

,Dresdner Eckenlied' (ab Str. 268): Dietrich und Fasold verbringen die Nacht im Freien. Fasold begibt sich heimlich zu
dem Riesen Zere und berichtet ihm, Dietrich habe Ecke erschlagen, als dieser schlief, und ihn selbst verwundet. Zere verweist ihn an seine (Zeres) Mutter Rachin. Diese verspricht,
Dietrich zu erschlagen. Fasold kehrt wieder zu Dietrich zurück.
Rachin rüstet sich, fordert Dietrich zum Kampf und wird von
ihm getötet. Auf ihr Schreien kommen ihre Söhne Zere und
Welderich herbei. Dietrich erschlägt Zere. Welderich aber ist
froh über den Tod von Mutter und Bruder, die ihn schlecht behandelt haben. Er informiert Dietrich über Fasolds Verrat und
verschafft ihm Speise. Dietrich erschlägt Fasold, reitet weiter,
trifft auf Eckes Onkel Eckenot und erschlägt auch diesen.
Dann gelangt er nach Jochgrimm, kommt in Bedrängnis durch
zwei mit Stangen bewaffnete mechanische Bildwerke, muß einen Kampf gegen den König von Kerlingen und dessen Leute
bestehen und dringt schließlich zu Seburg vor. Er macht ihr
Vorwürfe, daß sie Ecke in den Tod gesandt hat, wirft ihr dessen
Kopf vor die Füße und reitet, ohne Abschied zu nehmen, davon. Er trifft auf Hildebrand und Wolfhart, die ihn nach Bern
geleiten.

Druck-Version (ab Str. 180): Besuch beim Zwergenkönig
wie im ,Donaueschinger Eckenlied'. Nachts reitet Fasold zu
seiner Base Rütze, trifft aber nur deren Söhne und klagt ihnen
Eckes Tod und seine eigene Niederlage. Dietrich wird unterdessen von dem Zwergenkönig über Fasolds Treulosigkeit informiert. Am nächsten Tag verfolgen Rützes Söhne Dietrich und
werden von ihm erschlagen. Rütze kommt nach Hause, erfährt
durch Fasold vom Tod Eckes und ihrer Söhne, begibt sich
ebenfalls zu Dietrich, fordert ihn heraus und wird getötet. Fasold kommt hinzu und beschimpft Dietrich, daß er eine Frau
umgebracht hat. Dann führt er Dietrich zur Burg seines blin-

den Vetters Eckenot und berichtet diesem vom Tod Eckes, der
Söhne Rützes und Rützes selbst. Eckenot versucht vergeblich,
Dietrich mit Hilfe eines Zauberapfels zu verderben. Dietrich
wirft Fasold seine Treulosigkeit vor. Dieser versucht erneut,
sich zu rächen, als Dietrich an einer Quelle trinkt. Dietrich
schlägt ihn nieder und bindet ihn. Sie reiten nun zur Residenz
der drei Königinnen. Auf Fasolds Bitte löst Dietrich ihm die
Fesseln. Fasold macht einen letzten Versuch, Dietrich loszu-
werden, indem er ihn heimtückisch zu zwei mit Stangen bewaffneten mechanischen Bildwerken führt. Dietrich entgeht
dem Hieb des einen, wird aber von dem anderen niedergeschlagen. Fasold dringt auf ihn ein. Dietrich erhebt sich und erschlägt ihn. Seburg läßt Dietrich zu sich bitten, empfängt ihn
ehrenvoll und gibt ein Festbankett. Man dankt ihm für die Befreiung von der Zwangsherrschaft der Riesen: hätte er sie nicht
besiegt, dann hätte Seburg Ecke, ihre Freundin Fasold heiraten
müssen. Die Damen bieten Dietrich die Herrschaft im Land an.
Er lehnt ab und nimmt, von allen gepriesen, Abschied. Nach
vier Tagen trifft er auf einen Bauern, der das Pferd, nicht aber
den Reiter erkennt und den vermeintlichen Tod Dietrichs
beklagt. Dietrich gibt sich zu erkennen. Der Bauer ist außer
sich vor Freude, seinen Herrn gesund zu sehen, und bietet ihm
Speise an. Hildebrand kommt herbeigeritten. Sie begrüßen sich
fröhlich, essen zusammen und lassen sich von dem Bauern, der
für seine Freundlichkeit seinen Hof zu eigen erhält, den Weg
nach Bern zeigen. – In einer Art Epilog stellt der Erzähler fest,
daß Dietrich der größte aller Helden war. Eckes Schwert habe
er nur noch einmal benutzt, als er in der Regierungszeit Kaiser
Zeno(n)s die Lombardei von dem Usurpator Odoaker befreite,
der Augustulus abgesetzt hatte. Er sei König von Rom geworden und habe einunddreißig Jahre regiert zur Zeit der Päpste
Felix und Gelasius.

Textgeschichte

Die Entstehungszeit des ‚Eckenliedes' läßt sich auf das erste
Drittel des 13. Jahrhunderts eingrenzen. Die Eckdaten liefern
die Überlieferung im Codex Buranus (um 1230) und die vers-
geschichtliche Stellung des Bernertons (um 1200 – vgl. S. 102).
Als Entstehungsraum kommt wegen der detaillierten tiroli-
schen Geographie vorrangig Tirol in Frage.

Literatur:
DE, S. 43 f., 52.

Die Überlieferung erlaubt es nicht, sie in einem Stammbaum zu
ordnen, läßt aber eine Reihe von interessanten Beobachtungen
zu, die zeigen, daß die vorliegenden Textzeugen nur spärliche
Zufallsspuren einer einst dichten, zeitlich und geographisch
tief gestaffelten Texttradition sind. So bezeugt schon die Buranus-Strophe mit großer Wahrscheinlichkeit eine Handschrift,
die eine Fassung enthielt, die mit der Begegnung Dietrichs und
Eckes im finsteren Tann einsetzte, also die Erzählung von Ekkes Ausfahrt nicht enthielt. Einen überraschenden Einblick in
die Vorgeschichte des ‚Dresdner Eckenliedes' eröffnete das erst
1926 publizierte Fragment aus dem ältesten Heldenbuch (E$_3$):
Übereinstimmungen des von diesem Fragment überlieferten
Textes mit dem ‚Dresdner Eckenlied' ließen erkennen, daß diese spät bezeugte Fassung wenigstens partiell mindestens bis in
die erste Hälfte des 14. Jahrhunderts zurückreicht. Der Befund
wurde 1982 untermauert durch die Identifizierung eines der
Riesenweiber in den Runkelsteiner Triaden (s. S. 30 f.) als *fraw
ritsch* ‚Frau Ritsch' (Abb. 6). Dieses Weib kommt wie seine
Nachbarin in der Triade, Frau Rachin, sonst nur im ‚Dresdner
Eckenlied' vor: so ist dessen Tradition auch um 1400 in Tirol
nachzuweisen. Das Münchner Fragment E$_4$ schließlich zeigt,
daß die Version des ‚Donaueschinger Eckenliedes' noch im 15.
Jahrhundert präsent war und daß man auf mehrere Versionen
zugleich zugreifen konnte: der Schreiber Konrad Bollstatter hat

eine Szene aus der Texttradition des ‚Donaueschinger Eckenliedes‘ in einen Text der ‚Druck-Version‘ einmontiert, also hetero-
genes Textmaterial redaktionell verbunden.

Literatur:
Versuche, die überlieferten Fassungen stemmatisch zu ordnen, sind wiederholt
unternommen worden. Die wichtigsten stammen von Julius Zupitza (Prolego-
mena ad Alberti de Kemenaten Eckium, Diss. Berlin 1865, S. 8 ff. – vgl. DHB
V, S. XXXVff.), Wilhelm Wilmanns (Zur Geschichte des Eckenliedes, in:
Oskar Jänicke/Elias Steinmeyer/W. W., Altdeutsche Studien, Berlin 1871,
S. 95–140) und Carl von Kraus (von Kraus, S. 49 ff.). Zur Kritik dieser Versuche s. DE, S. 102 ff. – Zur Buranus-Strophe: Friedrich Vogt, Zum Eckenliede,
in: ZfdPh 25 (1893), S. 1–28; DE, S. 157 ff. Die neuere Forschung hat die Frage bewegt, ob die Strophe in einer inhaltlichen Beziehung zu dem lateinischen
Gedicht steht, an das sie angehängt ist, zuletzt: Jens Haustein, Dietrich, Ecke
und der Würfelspieler. Zu ‚Carmina Burana‘ Nr. 203 und 203a, in: Ja muz ich
sunder riuwe sin. Festschrift für Karl Stackmann zum 15. Februar 1990, Göttingen 1990, S. 97–106. – Zum Verhältnis zwischen dem ältesten Heldenbuch
und dem ‚Dresdner Eckenlied‘: von Kraus; zu den Riesenweibern in Runkelstein: Heinzle, Triaden, S. 80 ff., 91 f. – Zum Münchner Bruchstück E$_4$: Joachim Heinzle, Zur Überlieferung des Eckenliedes: das sog. Bruchstück m², in:
ZfdA 103 (1974), S. 51–61. Die Art und Weise, wie Bollstatter die beiden ‚Ekkenlied‘-Versionen kompilierte, stimmt zu seinem sonstigen Umgang mit Texten, den Jürgen Wolf beschrieben hat: Konrad Bollstatter und die Augsburger
Geschichtsschreibung, in: ZfdA 125 (1996), S. 51–86 (eine Hypothese zum
Cgm 252 dort S. 82, Anm. 95).

Stoffliche Grundlagen

Die ältere Forschung nahm an, daß dem überlieferten Text
liedhafte Vorstufen vorausgingen. Die Annahme hatte mit dem
Umstand fertig zu werden, daß der Text eine Reihe von Motiv-
übereinstimmungen mit dem altfranzösischen Prosaroman
vom ‚Chevalier du Papegau‘ (dem ‚Papageienritter‘) zeigt, der
in einer Handschrift des 15. Jahrhunderts überliefert ist. Wenn

ein genetischer Zusammenhang zwischen den Texten bestand, war mit liedhaften Vorstufen problemlos nur zu rechnen, wenn man voraussetzte, daß das ,Eckenlied' der gebende, der ,Chevalier du Papegau' (oder dessen altfranzösische Vorstufe oder Quelle) der nehmende Teil war. Die Annahme des umgekehrten Falles, der der gewöhnlichen Entlehnungsrichtung in den romanisch-deutschen Literaturbeziehungen des Mittelalters entspricht, nötigte zu komplizierten Konstruktionen, wie sie vor allem von Hermann Schneider (1913) und Helmut de Boor (1922) entworfen wurden. Sie laufen im Prinzip auf ein Zweiphasen-Modell hinaus: ein genuin deutsches Lied soll unter dem Einfluß der französischen Dichtung umgeformt worden sein. Dieses Modell hat sich als nicht tragfähig erwiesen, doch ist es nicht gelungen, ein anderes an seine Stelle zu setzen, das allgemein akzeptiert wäre. So kann noch nicht einmal als sicher gelten, daß die Übereinstimmungen zwischen dem ,Eckenlied' und dem ,Chevalier du Papegau' überhaupt auf einen genetischen Zusammenhang verweisen und nicht bloß zufällig sind. Offen ist insbesondere auch die Frage, ob es eine vorepische Tradition des Stoffes, eine mündliche Ecken-Sage, gab. Doch spricht nicht allzu viel dafür.

Literatur:
Die älteren Beiträge zur Geschichte des Stoffes und zur Entstehung des Werkes sind nur noch von forschungsgeschichtlichem Interesse. Die wichtigsten sind: Otto Freiberg, Die Quelle des Eckenliedes, in: Beitr. 29 (1904), S. 1–79; Richard Constant Boer, Das Eckenlied und seine Quellen, in: Beitr. 32 (1907), S. 155–259; Hans Lassbiegler, Beiträge zur Geschichte der Eckendichtungen, Diss. Bonn 1907; Hermann Schneider, Studien zur Heldensage, in: ZfdA 54 (1913), S. 339–369 (354 ff.); Georg Boos, Studien über das Eckenlied, in: Beitr. 39 (1914), S. 135–174; Helmut de Boor, Zur Eckensage, in: Mitteilungen der Schlesischen Gesellschaft für Volkskunde 23 (1922), S. 29–43 (wieder in: H. de B., Kleine Schriften, II, Berlin 1966, S. 1–12); Joseph Otto Plassmann, Agis, in: Beitr. (Halle) 82 (1961), Sonderbd., S 93–135; Georges Zink, Eckes Kampf mit dem Meerwunder, in: Mediaevalia Litteraria. Festschrift für Helmut de Boor zum 80. Geburtstag, hg. von Ursula Hennig/Herbert Kolb, München 1971, S. 485–492. – Vgl. DE, S. 144 ff.; zuletzt: Christoph Cormeau, Wigalois und

Diu Crône. Zwei Kapitel zur Gattungsgeschichte des nachklassischen Aventiu-
reromans, München 1977 (MTU 57), S. 78 ff.; Henry Kratz, The Eckenlied
and its Analogues, in: Spectrum Medii Aevi. Essays in Early German Literature in Honor of George Fenwick Jones, hg. von William C. McDonald, Göppingen 1983 (GAG 362), S. 231–255; Kurt Wais, Le chevalier du papegau und der
themengeschichtliche Umkreis des Liedes von Ecke, in: Courtly Romance, hg.
von Guy R. Mermier, Detroit 1984 (Medieval and Renaissance Monograph
Series 6), S. 273–299.

Das stärkste Indiz für die Existenz einer mündlichen Ecke-Sage
vor dem ‚Eckenlied‘ ist eine Passage im ‚Eneas‘-Roman Heinrichs von Veldeke, die wohl in den frühen siebziger Jahren des
12. Jahrhunderts entstanden ist. Da wird berichtet, daß Volca-
nus, der Schmiedegott, Eneas eine kostbare Rüstung sandte,
darunter ein Schwert (Heinrich von Veldeke, Eneasroman, hg.
von Dieter Kartschoke, Stuttgart 1986 [Reclams Universal-Bibliothek 8303], V. 160,20 ff.):

> *dar zû sander ime ein swert,*
> *daz scharpher unde herter was*
> *dan der tûre Eckesas*
> *noch der mâre Mîmink*
> *noch der gûte Nagelrink*
> *noch Haltecleir noch Durendart*
> *[...]*

Weiter sandte er ihm ein Schwert, das schärfer und härter war als der kostbare Eckesachs und der berühmte Mimming und der gute Nagelring und Halte-
cleir und Durendart [...]

Eckesa(h)s dürfte das Schwert sein, das Dietrich dem Ecke ab-
genommen hat; es wird zusammen mit zwei Schwertern von
Dietrichhelden genannt: *Mîmink* gehört dem Witege (vgl.
S. 17), *Nagelrinc* dem Heime (nach dem Bericht der ‚Thidrekssaga‘ zuerst Dietrich, der es dann Heime schenkt: vgl. S. 98);
die beiden anderen Schwerter stammen aus der Rolandssage:

Durendart ist das Schwert Rolands, *Halt(e)cleir* das Schwert seines Freundes Olivier. Der Name *Eckesahs*, dessen zweiter Bestandteil als mittelhochdeutsch *sahs* ,Messer, Schwert' zu identifizieren ist, erscheint als Name von Eckes Schwert allerdings nur in der ,Thidrekssaga' (*Ekkisax*: ThSB I, S. 179 ff. u. ö.). In den verschiedenen Fassungen des ,Eckenliedes', im ,Rosengarten' und im ,Biterolf' sowie in der Beischrift zur Dietrich-Darstellung in Runkelstein (s. S. 30 f.) wird die Waffe bloß *sahs* genannt (im ,Eckenlied' auch *hern Ecken sahs* ,Herrn Ekkes Schwert', im ,Biterolf' *daz alte sahs*). Die Veldeke-Stelle bezeugte die Existenz einer Ecke-Sage vor unserem ,Eckenlied', wenn man annehmen dürfte, daß *Eckesahs* von Anfang an ,Schwert des Ecke' hieß. Doch ist diese Annahme deshalb nicht zwingend, weil auch im ersten Bestandteil des Namens eine Sachbezeichnung steckt: mittelhochdeutsch *ecke* heißt soviel wie ,Schneide'. So liegt die Vermutung nahe, daß *Eckesahs* ursprünglich ein sprechender Name von Dietrichs Schwert war (,Schwert mit scharfer Schneide'), daß dieser Name dann als ,Schwert des Ecke' gedeutet wurde und daß das ,Eckenlied' zu dem Zweck verfaßt wurde, den Namen zu erklären.

Noch weniger aussagekräftig für die Existenz einer Ecke-Sage vor dem ,Eckenlied' sind zwei Zeugnisse, auf die die ältere Forschung großes Gewicht gelegt hat: eine Volkssage aus Tirol und ein spätmittelalterlicher Wettersegen. Die Volkssage betrifft den Berg Jochgrimm in Südtirol. Sie berichtet von drei uralten Hexen, die auf diesem Berg hausen und Unwetter verursachen können. Dazu scheint der Segen zu passen, der in einer Handschrift des 15./16. Jahrhunderts überliefert ist: da wird einem *ffasolltt* befohlen, das Unwetter zu entfernen (wegzutreiben?). Man hat die beiden Zeugnisse auf das ,Eckenlied' bezogen und angenommen, hinter diesem stehe eine Wettersage: die drei Königinnen von Jochgrimm seien ursprünglich Wetterhexen, der mit ihnen in Verbindung stehende Fasold ein Winddämon gewesen. Diese Konstruktion ist nicht zu halten. Die Quelle der Volkssage, die Ignaz Vinzenz Zingerle 1856 mitgeteilt hat, bleibt unklar, und es ist weder zu erweisen, daß

der *ffassollt* des Segens mit dem Riesen Fasold des ‚Eckenliedes‘ identisch ist, noch, daß irgendein Zusammenhang zwischen der Sage und dem Segen besteht. Für die Stoffgeschichte
des ‚Eckenliedes‘ sind die beiden Zeugnisse ohne Bedeutung.

Literatur:
Zu Eckesachs: Walther Vogt (wie S. 36); Ulrich Priebe, Altdeutsche Schwert-
märchen, Diss. Kiel 1906, S. 11 ff., 77 ff.; Hempel, S. 95 ff.; DE, S. 43, Anm.
75; Gillespie (wie S. 1), S. 255 f. – Zur Jochgrimm-Sage und zum Wettersegen:
DE, S. 176ff.

Als mögliches Zeugnis für die Existenz einer alten Ecke-Sage
ist schließlich die Ekka-Episode der ‚Thidrekssaga‘ in Betracht
zu ziehen.
    Die Saga berichtet (ThSB I, S. 174 ff. = ThSE, S. 160 ff.):
Nachdem der junge Thidrek dem Widga im Kampf unterlegen
ist, zieht er aus, um eine Heldentat zu vollbringen, die ihn be-
rühmter machen sollte, als er zuvor war. Er gelangt an den
Rand des Waldes Osning, wo er von den Brüdern Ekka und Fasold erfährt. Ekka ist verlobt mit der Witwe König Drusians
auf der Burg Drekanflis, die auf der anderen Seite des Waldes
liegt. Ekka pflegt, in dem Wald zu jagen und mit jedem zu
kämpfen, der sich mit ihm messen will. Thidrek, der noch an
den Wunden leidet, die er im Kampf gegen Widga erhalten hatte, möchte eine Begegnung vermeiden und versucht, den Wald
bei Nacht zu durchqueren. Doch er verirrt sich und stößt un-
versehens auf Ekka. Thidrek will dem Kampf ausweichen.
Ekka versucht, ihn zu reizen: im Kampf gegen ihn könne Thidrek die Scharte aus dem Widga-Kampf auswetzen und Ekkas
kostbare Rüstung – vor allem das Schwert Ekkisax – und das
Gold gewinnen, das er mit sich führe. Den Ausschlag gibt Ekkas Aufforderung, Thidrek solle um der Drusian-Witwe und
ihrer neun Töchter willen kämpfen, die ihn (Ekka) ausgerüstet
hätten. Nach hartem Kampf kommt Thidrek in Bedrängnis,
doch hilft ihm sein Pferd Falka: es bricht mit den Vorderhufen

Ekkas Rückgrat. Thidrek schlägt dem Toten den Kopf ab, legt dessen Rüstung an und nimmt seine Waffen. Dann reitet er zur Burg Drekanflis in der Hofffnung, die Königin zur Frau zu bekommen. Diese und ihre Töchter halten ihn zuerst für Ekka, erkennen aber, als er näher kommt, daß es sich um einen Fremden handelt, und vermuten richtig, daß Ekka tot ist. Die Burgbesatzung rüstet sich, um Ekka zu rächen. Als Thidrek die Menge der Bewaffneten wahrnimmt, macht er kehrt und reitet davon. Am Waldrand stößt er auf Fasold, besiegt ihn im Kampf und schwört Bruderschaft mit ihm. Sie reiten miteinander weiter. Am nächsten Tag stoßen sie im Rimslowald auf einen Elefanten. Thidrek will auf dem Tier reiten. Dieses wehrt sich und bringt Thidrek in höchste Gefahr, aus der ihn wiederum sein Pferd Falka rettet, das den Elefanten mit Hufschlägen traktiert, so daß Thidrek ihn niederstechen kann. Danach befreien Thidrek und Fasold einen Mann aus dem Maul eines Drachen.

Die Erzählung stimmt in den Einzelheiten zu keiner der erhaltenen Fassungen des ,Eckenliedes'. Das kann theoretisch bedeuten, daß sie auf eine eigenständige Variante des Stoffes zurückgeht, eine mündliche Tradition vor oder neben dem ,Ekkenlied' oder eine verlorene Fassung des ,Eckenliedes' selbst. Doch läßt sich die vorgängige Existenz einer Fassung, die die besonderen Züge der Ekka-Episode aufwies, in keiner Weise sichern. Man hat zwar gemeint, sie in Wandmalereien des 14. Jahrhunderts in Schloß Brandis in Maienfeld (Graubünden) wiederzufinden, aber die fragliche Szenenfolge ist noch nicht einmal mit einem Hauch von Wahrscheinlichkeit auf den Ecke-Stoff, geschweige denn auf die Ekka-Episode der ,Thidrekssaga' zu beziehen. So sollen ein Elefant und ein Greif (!) für das Elefanten- und das Drachen-Abenteuer Thidreks und Fasolds stehen – doch sind gar keine Kämpfe dargestellt, und es fehlt auch das charakteristische Motiv des vom Drachen halb verschlungenen Mannes (s. S. 140 ff.). Wahrscheinlich bietet die ,Thidrekssaga' eine freie Bearbeitung unseres ,Eckenliedes' in einer Fassung, die sich nicht wesentlich von den erhaltenen unterschied.

Literatur:

Friese, S. 174 ff.; W. E. D. Stephens, þiðrikssaga and Eckenlied, in: London Mediaeval Studies 1 (1937/38), S. 84–92; DE, S. 163 ff.; Kratz (wie S. 120); Reichert, þiðriks saga und oberdeutsche Heldensage (wie S. 41), S. 246 f. – Zu den Fresken in Schloß Brandis: Johann Rudolf Rahn, Zwei weltliche Bilderfolgen aus dem XIV. und XV. Jahrhundert. I. Die Wandgemälde in dem Schloßturme von Maienfeld, in: Kunstdenkmäler der Schweiz. Mitteilungen der schweizerischen Gesellschaft für Erhaltung historischer Kunstdenkmäler N. F. 2 (1902), S. 1–12; Erwin Poeschel, Die Kunstdenkmäler des Kantons Graubünden, II, Basel 1937 (Die Kunstdenkmäler der Schweiz IX/2), S. 31 f.; Stammler, S. 59 f. Kritik an der Identifizierung mit der Ecke-Geschichte schon bei Schlumpf (wie S. 32), S. 123ff.

Textstruktur und Fassungsdivergenzen

Der aktiven Variante des Herausforderungsschemas im ‚Goldemar' (Dietrich ist der Herausforderer) steht im ‚Eckenlied' die passive Variante gegenüber (Dietrich wird herausgefordert). Die Herausforderung ist doppelt motiviert. Ecke fühlt sich durch Dietrichs Ruhm in seiner Heldenehre gekränkt und will beweisen, daß er der stärkere Kämpfer ist. Und: die Königin Seburg wünscht nichts sehnlicher, als den berühmten Berner bei sich zu sehen, und stattet Ecke für den Kampf aus. Beide Motive: das der Ausfahrt ebenso wie das der Aussendung des Helden, sind traditionell. Auch Dietrichs Versuch, den Kampf zu vermeiden, ist aus einem traditionellen Zug entwickelt: jenem Zagheits-Motiv, das das Dietrichbild in der aventiurehaften Dietrichepik prägt (s. S. 35 f.) – der Berner fürchtet sich vor dem Kampf, zeigt sich feige und will ausweichen, bis ihn unbändige Wut ergreift. Die Kombination von Ausfahrt- und Aussendungs-Motiv, die man früher als Überlagerung einer älteren durch eine jüngere Entwicklungsschicht des Textes interpretiert hat, und der Einsatz des Zagheits-Motivs dienen dazu, Grundfragen des höfisch-ritterlichen Wertsystems zu diskutieren, wie es vor allem im höfischen Roman entwickelt worden war. Das Ausfahrt-Motiv charakterisiert Ecke als ruhmbegierigen Helden, der der erste sein will und darauf brennt, diesen Anspruch einzulösen. Dietrichs Ablehnung des Kampfes erscheint demgegenüber als Ausdruck einer besonnenen, auf Frieden gerichteten Einstellung, die Kampf nur um des Kampfes willen ablehnt (DHB V, Str. 89,1 f.): *Ich wil dich strîtes niht bestân: du hâst mir leides niht getân* (,ich will nicht mit dir kämpfen, du hast mir nichts angetan'). Dietrichs Kritik an dieser Art von Aventiure zielt letztlich auf den höfischen Frauendienst. Die Frauen, um derentwillen Ecke sein Leben einsetzt und das Leben Dietrichs bedroht, sind für ihn Mörderinnen (DHB V, Str. 98,7 ff.):

> *daz wir umb sî hie vehten gar,*
> *des munt sî dort wol lachen.*
> *ich waen sî ein des lebens bar*
> *undr uns zwein wellen machen.*
> *mich wundert waz sî daz gevrumt,*
> *ob einer hie belîbet*
> *und der ander hinnân kumt.*

Daß wir hier um ihretwillen kämpfen, darüber können sie dort gut lachen. Ich denke, daß sie einen von uns ums Leben bringen wollen. Mich wundert, was sie davon haben, wenn einer hier auf der Strecke bleibt und der andere davonkommt.

Dietrichs Schlußauftritt vor den Königinnen, wie ihn das ,Dresdner Eckenlied' schildert (und wie er auch für das ,Donaueschinger Eckenlied' vorausgesetzt wird) gerät zum Scherbengericht über die *ungetrawen weib*, die ,heimtückischen Weiber' (HBHP II, Str. 323,7). Die Verurteilung ist umso wirkungsvoller, als der junge Ecke – anders als die sonstigen Gegner Dietrichs – nicht Abscheu und Verachtung, sondern Bewunderung und Mitleid erregt. Dietrich, dem die Vorzüge Eckes nicht entgehen, tötet diesen wider Willen und ist so einmal mehr der ,arme Dietrich' (vgl. S. 6), dessen Siege zu Nie-

derlagen geraten (DHB V, Str. 144,4 f.): *wê waz hân ich getân!*
unsaelde wil mich niht enlân ('weh, was habe ich getan! Das
Unglück will mich nicht loslassen').

Das Geschehen nach Eckes Tod – die Reise zu den Königinnen – steht im Zeichen von Dietrichs Kampf gegen Unrecht und
Heimtücke. In Gang gesetzt wird die Kette der Begegnungen
und Kämpfe durch das Befreiungsschema, das über das traditionelle Motiv der Frauenjagd (s. S. 192) Eckes Bruder Fasold
ins Spiel bringt. In der Druck-Version wird das Schema dann
noch einmal genutzt, um dem gesamten Geschehen eine andere
Deutung zu geben: die drei Frauen erscheinen als Opfer Eckes,
aus dessen Gewalt Dietrich sie befreit. Dies steht offenbar im
Dienst eines Erzählinteresses, dem daran gelegen ist, Dietrichs
unvergleichliche Eignung zum Herrscheramt unter Beweis zu
stellen. Die Erzählung mündet in den Preis des vorbildlichen
Herrschers, aus dem abschließend der historische Ausblick auf
die oberitalienische Herrschaft entwickelt wird (vgl. S. 34).
Welcher der beiden Schlüsse der ursprüngliche ist, läßt sich
nicht sagen. In jedem Fall manifestieren sich hier in Bild und
Gegenbild der divergierenden Überlieferung spezifische Mög-
lichkeiten der Gattung, literarische und historische Traditionen
– die Ideologie von Rittertum und Frauendienst, das historische Dietrichbild – zu adaptieren und sich mit ihnen auseinan-
derzusetzen.

Literatur:
DE, S. 236 ff.; Zips, S. 154 ff.; Francis B. Brévart, won mich hant vrouwan us-
gesant (L 43,4). Des Helden Ausfahrt im Eckenlied, in: Archiv 220 (1983),
S. 268–284; ders., Der Männervergleich im Eckenlied, in: ZfdPh 103 (1984),
S. 394–406; Carola L. Gottzmann, Das Eckenlied. Diskussion der Dietrichbil-
der, in: Gottzmann (wie S. 82), S. 137–168; Marie-Luise Bernreuther, Heraus-
forderungsschema und Frauendienst im Eckenlied, in: ZfdA 117 (1988),
S. 173–201; Michael Egerding, Handlung und Handlungsbegründung im Eckenlied, in: Euphorion 85 (1991), S. 397–408; Matthias Meyer, Zur Struktur
des Eckenliedes, in: Heldensage – Heldenlied – Heldenepos, Greifswald 1992
(Wodan 12/4. Jahrbücher der Reineke-Gesellschaft 2), S. 173–185; Jan-Dirk
Müller, Woran erkennt man einander im Heldenepos?, in: Symbole des Alltags.

Alltag der Symbole. Festschrift für Harry Kühnel zum 65. Geburtstag, hg. von Gertrud Blaschitz/Helmut Hundsbichler/Gerhard Jaritz/Elisabeth Vavra, Graz 1992, S. 87–111; Matthias Meyer, Die Verfügbarkeit der Fiktion. Interpretationen und poetologische Untersuchungen zum Artusroman und zur aventiurehaften Dietrichepik des 13. Jahrhunderts, Heidelberg 1994 (Germanisch-romanische Monatsschrift. Beiheft 12), S. 187ff.

,Sigenot'
Überlieferung

Der ,Sigenot' ist in acht Handschriften vom frühen 14. bis ins späte 15. Jahrhundert und in mindestens einundzwanzig Drukken von ca. 1487 bis 1661 überliefert. Einer kürzeren Version in der ältesten Handschrift vom Anfang des 14. Jahrhunderts (S₁), dem älteren ,Sigenot', steht eine wesentlich längere, der jüngere ,Sigenot', in den übrigen Textzeugen gegenüber.

Handschriften:

S₁ (L):   Badische Landesbibl. Karlsruhe, Cod. Donaueschingen 74 – s. S. 109 f.;

S₂ (s, s₁) – Heldenbuchhandschrift des Diebolt von Hanowe (s. S. 44): ehem. Stadtbibl./Seminarbibl. Straßburg (1870 verbrannt) – erhalten sind Abschriften des 19. Jahrhunderts: Staatsbibl. Berlin, Ms. germ. 4° 768 (die heldenepischen Stücke), Ms. germ. 4° 921 ('Rosengarten'), Ms. germ. 2° 845 (,Laurin'); Universitätsbibl. Tübingen, Md 1064 ('Sigenot') – Papier, um 1480 (?), aus Straßburg – vgl. DE, S. 303 f.; VL III, Sp. 952 ff.;

S₃ (h₁):   Universitätsbibl. Heidelberg, Cpg 67 – Papier, um 1470, schwäbisch – vgl. DE, S. 320;

S₄ (m):   Württembergische Landesbibl. Stuttgart, Cod. theol. et phil. 8° 5 – Sammelhandschrift theologisch-homiletischen Inhalts, einige Strophen des ,Sigenot'

	auf den beiden letzten Vorsatzblättern – vgl. DE, S. 320 f.;
S₅ (v):	Staatsbibl. Berlin, Ms. germ. 4° 1107 – Papier, 1459, aus Ulm (?) – Sammelhandschrift mit Liedern und Kleinepik, darunter ,Sigenot' (lückenhaft) und anschließend das ,Jüngere Hildebrandslied' – vgl. DE, S. 321;
S₆ (d)	– Dresdner Heldenbuch – s. S. 44, 111;
S₇ (p):	ehem. Staatsbibl. Prag, LXIX D 5 Nr. 48 (Verbleib nicht ermittelt) – Fragment einer Papierhandschrift, 2. Hälfte (?) 15. Jahrhundert, ostfränkisch – vgl. DE, S. 321 f.;
S₈ (r):	Stadtarchiv Dinkelsbühl, B 259 (IV) – Gültbüchlein, eine Strophe des ,Sigenot' quer zur Schreibrichtung zwischen Gülteinträgen des Jahres 1482 – vgl. DE, S. 322.

Drucke:

s₁ (a₁, A):	(Augsburg, Johann Bämler, um 1487) – Exemplare: Germanisches Nationalmuseum Nürnberg (defekt); dazu Reste eines Probeabzugs in der Staatsbibl. Berlin, der Bayerischen Staatsbibl. München, der Österreichischen Nationalbibl. Wien – vgl. DE, S. 322 f.; Gotzkowsky I, S. 348 f. (Nr. 1);
s₂ (h₂, B):	Heidelberg, Heinrich Knoblochtzer, 1490 – Exemplare: Staatsbibl. Berlin, Hessische Landes- und Hochschulbibl. Darmstadt (defekt) – Faksimile von Karl Schorbach: Dietrich von Bern (Sigenot). Heidelberg 1490, Leipzig 1894 (Seltene Drucke in Nachbildungen 2) – vgl. DE, S. 323; Gotzkowsky I, S. 349 (Nr. 2);
s₃ (h₃, C):	Heidelberg, Heinrich Knoblochtzer, 1493 – Exemplar: Germanisches Nationalmuseum Nürnberg (defekt) – vgl. DE, S. 323; Gotzkowsky I, S. 349 f. (Nr. 3);

s₄ (D):   (Reutlingen, Michael Greif, um 1495) – Exemplar:
British Library London (Fragment) – vgl. DE,
S. 324; Gotzkowsky I, S. 350 (Nr. 4);

s₅ (G):   (Nürnberg, Ambrosius Huber, um 1500 [früher
wohl irrtümlich: Ulm, Johann Schäffler, um 1495])
– Exemplar: Staatsbibl. Bamberg (Fragment) – vgl.
DE, S. 324; Schanze, S. 250 ff.; Gotzkowsky I,
S. 350 f. (Nr. 6);

s₆ (e, E): Erfurt, Hans Sporer, 1499 – Exemplar: Staatsbibl.
Berlin – vgl. DE, S. 324; Gotzkowsky I, S. 350 (Nr. 5);

s₇ (s₂):   Straßburg, o. Dr. (Bartholomäus Kistler), 1505 –
kein Exemplar nachgewiesen – vgl. DE, S. 325;
Gotzkowsky I, S. 356 f.;

s₈ (s₃, F): Straßburg, o. Dr. (Bartholomäus Kistler oder Matthias Hupfuff), 1510 – Exemplare: Staatsbibl. Berlin, Landesbibl. Oldenburg – vgl. DE, S. 325; Gotzkowsky I, S. 352 f. (Nr. 9);

s₉ (g, H): (Augsburg? vor 1550?) – Fragment aus dem Besitz
von Wilhelm Grimm (Verbleib nicht ermittelt) – vgl.
DE, S. 325; Gotzkowsky I, S. 353 (Nr. 12);

s₁₀ (l, J): (Nürnberg?, um 1550?) – ein Blatt früher in der
Bibl. des Priesterseminars Linz (Verbleib nicht ermittelt) – vgl. DE, S. 326; Gotzkowsky I, S. 353 (Nr.
13);

s₁₁ (K):   Straßburg, Thiebold Berger, 1560 – Exemplar:
Bibliothèque de la ville Colmar – vgl. DE, S. 326;
Gotzkowsky I, S. 354 (Nr. 15);

s₁₂ (n, n₁, L): Nürnberg, Friedrich Gutknecht, o. J. (um 1560) –
Exemplar: Staatsbibl. Berlin – Abdruck durch Os-
kar Schade: Sigenot. Nach dem alten Nürnberger
Drucke von Friderich Gutknecht, Hannover 1854
(vgl. Haustein, S. 87 ff.) – vgl. DE, S. 326; Gotzkowsky I, S. 354 f. (Nr. 16);

s₁₃ (H, M): o. O. (Hamburg), Joachim Löw, o. J. (um 1560/65)

– Sammeldruck mit ,Sigenot', ,Hürnen Seifried',
,Laurin' und dem letzten Abschnitt der ,Helden-
buch-Prosa' – Exemplar: Staatsbibl. Berlin – Abdruck des ,Laurin': Dahlberg (wie S. 156) – vgl. DE,
S. 310; Gotzkowsky I, S. 355 (Nr. 18);

s_{14} (n_2, N): Nürnberg, Valentin Neuber, o. J. (um 1565) –
Exemplar früher im Besitz von Friedrich Heinrich
von der Hagen (Verbleib nicht ermittelt) – vgl. DE,
S. 327; Gotzkowsky I, S. 355 (Nr. 17);

s_{15} (s_4, P): Straßburg, Christian Müller (d. J.), 1577 – Exemplar: Österreichische Nationalbibl. Wien – Faksimi-
le von Heinzle (wie S. 110 unter E_2) – vgl. DE,
S. 327; Gotzkowsky I, S. 356 (Nr. 19);

s_{16} (k, Q): Krakau, Isaak ben Aaron Prosnitz, 1597 – Exemplar: Bayerische Staatsbibl. München – Faksimile
mit Transkription des jiddischen Textes von John A.
Howard: Dietrich von Bern (1597), Würzburg 1986
(dazu Walter Röll, AfdA 98 [1987], S. 69–71) – vgl.
DE, S. 327;

s_{17} (a_2, R): Augsburg, Valentin Schönig, 1606 – Exemplar:
Staatsbibl. Berlin – vgl. DE, S. 327; Gotzkowsky II,
S. 95 (Nr. 1);

s_{18} (l_1, S/Sms): (Leipzig, Nikolaus Nerlich d. J., 1613) – Exemplar: Sammlung Eis Heidelberg (defekt) – vgl. DE,
S. 328; Gotzkowsky II, S. 95 (Nr. 2);

s_{19} (n_3, T): Nürnberg, Michael und Johann Friedrich Endter,
1661 – Exemplare: Bibliotheca Bodmeriana Cologny-
Genève, Biblioteka Jagiellońska Krakau (früher
Preußische Staatsbibl. Berlin) – vgl. DE, S. 328;
Gotzkowsky II, S. 95 f. (Nr. 3);

s_{20}: Nürnberg, Jobst Gutknecht, 1521 – Exemplar: University Libraries Stanford (Kalifornien) (defekt) –
vgl. Gotzkowsky I, S. 353 (Nr. 10); Curschmann/
Wachinger (wie S. 134 – mit einigen Abb.);

s$_{21}$:   Straßburg, Jakob Frölich, 1554 – Exemplar: Bayerische Staatsbibl. München – vgl. Gotzkowsky II,
S. 206.

Zu weiteren Druck-Ausgaben, die mehr oder weniger sicher zu
erschließen sind, s. DE, S. 328 f.; Schanze, S. 250 ff.; Gotzkowsky I, S. 351 ff., passim.

Ausgaben:
Den älteren ‚Sigenot‘ zitiert man nach der kritischen Ausgabe von Julius Zupit-
za in DHB V, den jüngeren nach der kritischen Ausgabe von A. Clemens Schoe-
ner: Heidelberg 1928 (Germanische Bibliothek 3/6). Die Ausgaben sind über
Abdrucke und Faksimiles zu kontrollieren (s. o., Faksimile des älteren ‚Sigenot‘
S. 110 unter E$_2$).

Inhalt

Älterer ‚Sigenot‘ (44 Strophen): I. Dietrich findet im Wald den
schlafenden Riesen Sigenot und weckt ihn. Sigenot erkennt
Dietrich an dessen Schild und Helm: Dietrich hatte Sigenots
Verwandten Grine (Grim) erschlagen und ihm diesen Helm genommen. Sigenot will Grine rächen. Dietrich versucht vergeblich, den Riesen zu besänftigen. Der schlägt ihn nieder und
wirft ihn in ein Verlies. – II. Sigenot macht sich auf den Weg
nach Bern, um sich auch an Hildebrand zu rächen. Er begegnet
diesem noch im Wald, besiegt auch ihn und schleppt ihn zu
Dietrichs Gefängnis. Im letzten Augenblick kann sich Hildebrand losreißen, erschlägt den Riesen und befreit Dietrich mit
Hilfe des Zwergenherzogs Eggerich. Rückkehr nach Bern, wo
Dietrich und Hildebrand freudig empfangen werden und von
ihren Abenteuern berichten.

Jüngerer ‚Sigenot‘ (Strophenzahl schwankend, um 200): I.
Hildebrand erzählt Dietrich von Sigenot. Dietrich will trotz
Hildebrands Abraten mit dem Riesen kämpfen und verläßt unter den Klagen seiner Leute Bern. Unterwegs erlegt er eine Hin-
de und befreit den Zwerg Baldung aus der Gewalt eines wilden

Mannes. Baldung schenkt ihm einen schützenden Wunderstein
und zeigt ihm den Weg zu Sigenot. Begegnung mit Sigenot,
Kampf und Gefangennahme Dietrichs, den Sigenot in eine
Schlangenhöhle wirft. Der Wunderstein schützt Dietrich vor
den Schlangen. – II. Sigenot will nach Bern ziehen. Dietrich for-
dert ihn auf, sich am Ort des Kampfes Hildebrand zu stellen.
Beunruhigt über Dietrichs langes Ausbleiben, macht sich Hil-
debrand auf den Weg, ihn zu suchen. Er stößt auf Sigenot.
Kampf und Niederlage Hildebrands, den der Riese in seine
Höhle schleppt. In Sigenots Höhle allein gelassen, kann Hilde-
brand seine Fesseln lösen, legt Dietrichs Rüstung an, die an der
Wand hängt, und erschlägt den zurückkehrenden Riesen nach
erneutem Kampf. Befreiung Dietrichs mit Hilfe Eggerichs und
Heimkehr.

Textgeschichte

Aus der Datierung der Karlsruher Handschrift ergibt sich, daß
der ‚Sigenot‘ spätestens um 1300 entstanden ist, doch kann er
gut ein paar Jahrzehnte älter sein. Als Entstehungsraum kommt
aufgrund der geographischen Verteilung der Handschriften
vorrangig der schwäbisch-alemannische Raum in Frage.

Literatur:
DE, S. 46 f., 55.

Der ältere ‚Sigenot‘ scheint die Kurzfassung eines Textes zu
sein, der auch dem jüngeren zugrundeliegt. Möglicherweise
steht die Kurzfassung in Zusammenhang mit der Verbindung
des Textes mit dem ‚Eckenlied‘. Die letzte Strophe weist auf
dieses voraus (DHB V, Str. 44):

> *Hie mite schieden si von dan,*
> *her Dietrîch und der wîse man,*
> *hin gên der stat ze Berne.*

dâ wurden sî enpfangen wol
mit vröuden, als man herren sol
enpfân und sehen gerne.
sus klagten sî ir ungemach
den rittern und den vrouwen,
daz in in dem walde geschach
und wie si muosten schouwen
grôze nôt, von der sî schiet
her Hiltebrant ûz sorgen.
sus hebet sich ECKEN LIET.

Damit gingen sie davon, Herr Dietrich und der weise Mann (= Hildebrand), hin in die Stadt Bern. Da wurden sie mit Freude gut empfangen, wie man Herren empfangen und gerne sehen soll. Sie klagten den Rittern und Damen das Ungemach, das ihnen im Wald widerfahren war und daß sie in große Not gekommen waren, aus der sie Herr Hildebrand befreite, aus der Bedrängnis. Nun beginnt das Eckenlied.

In der Karlsruher Handschrift folgen darauf ohne Zwischenraum mit (nicht ausgeführter) zweizeiliger Initiale Str. 1 und mit (ebenfalls nicht ausgeführter) fünfzeiliger Initiale Str. 2 des ‚Eckenliedes'. Der ‚Sigenot' erscheint so als Vorgeschichte des ‚Eckenliedes' (Abb. 7).

Literatur:
Elias Steinmeyer, Das jüngere Gedicht vom Riesen Sigenot, in: Oskar Jänicke/ E. St./Wilhelm Wilmanns, Altdeutsche Studien, Berlin 1871, S. 63–94; DE, S. 227ff.

Versuche, die Textzeugen umfassend stemmatisch zu ordnen, sind gescheitert. Nur für die Drucke zeichnet sich ein einigermaßen klares Bild der Filiationen ab. Die Breite und die zeitliche Erstreckung der Druck-Tradition über nahezu zwei Jahrhunderte stempeln den ‚Sigenot' zum erfolgreichsten Vertreter der Gattung in der Spätphase der Überlieferung. Seine Beliebtheit wird eindrucksvoll unterstrichen durch einen Freskenzyklus, den Graf Gottfried Werner von Zimmern vielleicht in den zwanziger Jahren des 16. Jahrhunderts auf seiner Burg Wildenstein (bei Sigmaringen) anbringen ließ. Die (leider sehr schlecht erhaltenen) Malereien illustrieren, vielleicht den Holzschnitten des Nürnberger Drucks von 1520 (s$_{20}$) folgend, in einer kontinuierlichen Reihe von Bildfeldern (von denen noch 32 erhalten sind) die Stationen der Erzählung. Es scheint, daß dem publizistischen Erfolg gerade die künstlerische Belanglosigkeit des aus sprachlichen und motivischen Versatzstücken roh zusammengezimmerten Werks günstig war, das wenig geeignet ist, die Interpretationskunst der Philologen zu reizen.

Literatur:
Hypothesen zur stemmatischen Ordnung der Überlieferung haben Steinmeyer (wie S. 133) und Schoener (wie S. 131) entwickelt. Vgl. dazu DE, S. 109 ff. – Die Druckgeschichte hat John L. Flood erhellt: Studien zur Überlieferung des Jüngeren Sigenot, in: ZfdA 95 (1966), S. 42–79. Wichtige Ergänzungen bei Schanze. – Zu den Fresken auf Wildenstein: Michael Curschmann/Burghart Wachinger, Der Berner und der Riese Sigenot auf Wildenstein, in: Beitr. 116 (1994), S. 360–389; Michael Curschmann, Vom Wandel im bildlichen Umgang mit literarischen Gegenständen. Rodenegg, Wildenstein und das Flaarsche Haus in Stein am Rhein, Freiburg (Schweiz) 1997 (Wolfgang Stammler Gastprofessur für Germanische Philologie. Vorträge 6). – Ansätze zur Interpretation: Zips, S. 142 ff.; DE, S. 240 f.

Stoffliche Grundlagen

Das Motiv von Dietrichs Gefangenschaft bei Riesen ist traditionell (s. S. 17), doch bedeutet das nicht, daß dem Text eine ältere Überlieferung: eine Sigenot-Sage, vorausgegangen sein muß. Es ist wahrscheinlicher, daß die Fabel erst im 13. Jahrhundert unter Verwendung des traditionellen Motivs erfunden wurde. Sagengeschichtlich bedeutsam ist der ‚Sigenot‘ als Zeugnis für die Überlieferung von Grim und Hilde (s. S. 98 f.), auf die er zyklisch bezogen ist (Sigenot als Rächer Grims).

,Virginal'
Überlieferung

Die ,Virginal' – früher auch ,Dietrich und seine Gesellen',
,Dietrichs Drachenkämpfe', ,Dietrichs erste Ausfahrt' genannt
– ist in drei vollständigen Handschriften und zehn Fragmenten
vom frühen 14. bis ins späte 15. Jahrhundert überliefert:

V_1 (U): University College London, Ms. Frag. Germ. 2
(ehem. Germ. Fragm. Poet. 2) – Fragment einer Pergamenthandschrift, 1. Hälfte 14. Jahrhundert, ale-
mannisch – vgl. DE, S. 329;

V_2 (D): Badische Landesbibl. Karlsruhe, Cod. Donaueschingen 91 (früher Fürstlich Fürstenbergische Hofbibl.
Donaueschingen, Cod. 91) – Fragment einer Pergamenthandschrift, 1. Hälfte 14. Jahrhundert, ale-
mannisch – vgl. DE, S. 329;

V_3 (B): Fragmente des ältesten erhaltenen Heldenbuchs –
s. S. 43, 110;

V_4 (M): Kath. Pfarramt St. Stephanus in Grevenbroich(-El-
sen), ohne Sign. – Fragment einer Pergamenthandschrift, Anfang 14. Jahrhundert, rheinfränkisch-ale-
mannisch – vgl. DE, S. 329 f.; Klaus Klein, Noch-
mals zu ,Verbleib unbekannt', in: ZfdA 121 (1992),
S. 63–75 (74);

V_5 (n): Germanisches Nationalmuseum Nürnberg, Hs. 80 –
s. S. 104;

V_6 (L): Universitätsbibl. (früher Ratsbibl. bzw. Stadtbibl.)
Leipzig, Rep. II fol. 70a – Rest einer Pergamenthandschrift, Mitte 14. Jahrhundert, wahrscheinlich
vom Mittelrhein – die sog. Niederrheinische Liederhandschrift – vgl. DE, S. 330 f.; Günter Schmeisky,
Die Lyrik-Handschriften m (Berlin, Ms. germ. qu.
795) und n (Leipzig, Rep. II fol. 70a), Göppingen
1978 (GAG 243) (mit neuem Abdruck); Gisela

Kornrumpf, Niederrheinische Liederhandschrift, in: VL VI, Sp. 995–998;

V_7 (E):   (a) Kongelige Bibliotek Kopenhagen, Fragmenter 18 I + (b) Hessisches Staatsarchiv Marburg, Bestand 147 Hr 1 Nr. 6 + (c) Klosterbibl. Ebstorf, VI 8a (früher IX 74) – Pergament, 15. Jahrhundert, bairisch – Fragmente einer Sammelhandschrift, außer den Fragmenten der ‚Virginal‘ noch ein Fragment des ‚Rosengarten‘ (Kopenhagener Bruchstück = R_8) erhalten – vgl. DE, S. 315 f.; Renate Giermann/Helmar Härtel, Handschriften des Klosters Ebstorf, Wiesbaden 1994 (Mittelalterliche Handschriften in Niedersachsen 10), S. 177 f.;

V_8:   Bibl. der Abtei Metten, Fragm. Cart. I – Fragment einer Papierhandschrift, um 1400, rheinfränkisch – vgl. DE, S. 331 f.;

V_9 (s/f):   (a) Württembergische Landesbibl. Stuttgart, HB VII 37 + (b) Württembergische Landesbibl. Stuttgart, Cod. Fragm. 63 + (c) Universitätsbibl. Freiburg i.Br., Hs. 531 – Fragmente einer Papierhandschrift, 1. Hälfte 15. Jahrhundert, schwäbisch – vgl. DE, S. 332 f.; Winfried Hagenmaier, Die deutschen mittelalterlichen Handschriften der Universitätsbibliothek und die mittelalterlichen Handschriften anderer öffentlicher Sammlungen, Wiesbaden 1988 (Kataloge der Universitätsbibliothek Freiburg im Breisgau I/4), S. 149;

V_{10} (h):   Universitätsbibl. Heidelberg, Cpg 324 – Papier, um 1440, aus der Werkstatt des Diebolt Lauber in Hagenau – Abdruck in HBH II (vgl. Haustein, S. 64 f.) – vgl. DE, S. 333;

V_{11} (d)   – Dresdner Heldenbuch – s. S. 44, 111;

V_{12} (w)   – Linhart Scheubels Heldenbuch (s. S. 44): Österreichische Nationalbibl. Wien, Cod. 15478 – Papier, um 1480/90, aus Nürnberg – vgl. DE, S. 333 f.; Bekker, S. 156 ff.; VL III, Sp. 951 f.; Kornrumpf, S. 321 ff.;

V_{13}: Staats- und Stadtbibl. Augsburg, Fragm. germ. 33 – Fragment einer Pergamenthandschrift, 1. Hälfte 14. Jahrhundert, bairisch – Abdruck durch Heidrun Alex: Ein unbekanntes Virginal-Fragment in Augsburg, in: ZfdA 123 (1994), S. 201–206.

Die vollständigen Handschriften enthalten selbständige Versionen des Textes: ‚Heidelberger Virginal‘ (V_{10}), ‚Dresdner Virginal‘ (V_{11}) und ‚Wiener Virginal‘ (V_{12}). Die ‚Dresdner Virginal‘ bietet einen Auszug aus einer Konkurrenzversion zur ‚Heidelberger Virginal‘, die ‚Wiener Virginal‘ einen Mischtext aus den Versionen, für die die Heidelberger und die Dresdner Handschrift stehen. Die große Mehrzahl der Fragmente stimmt im wesentlichen zur ‚Heidelberger Virginal‘.

Ausgaben:
Kritische Ausgabe der ‚Heidelberger Virginal‘ durch Julius Zupitza in DHB V. – Abdruck der ‚Dresdner Virginal‘ in HBHP II. – Ausgabe der ‚Wiener Virginal‘ durch Franz Stark: Dietrichs erste Ausfahrt, Stuttgart 1860 (BLVS 52).

Inhalt

‚Heidelberger Virginal‘ (1097 Strophen): I. Hildebrand und der junge Dietrich, der noch nicht weiß, was Aventiure ist, ziehen ins Waldgebirge von Tirol, um gegen den Heiden Orkise zu kämpfen, der ins Land der Königin Virginal eingefallen ist. Hildebrand findet ein Mädchen aus dem Gefolge der Virginal, das durch Los zum Tribut für Orkise bestimmt wurde. Er erschlägt den herbeieilenden Heiden und macht sich mit dem Mädchen auf den Rückweg zu Dietrich, der unterdessen in Kampf mit einer Schar Heiden geraten ist. Mit Hildebrands

Hilfe wird das Gefecht siegreich beendet. Das Mädchen lädt
die beiden nach Virginals Residenz Jeraspunt ein, geht voraus
und berichtet von seiner Befreiung. Virginal schickt den Zwerg
Bibung als Boten zu Hildebrand und Dietrich. – II. Bibung findet Hildebrand und Dietrich im heftigen Kampf gegen Drachen. Hildebrand befreit einen Ritter, der aus dem Maul eines
Drachen um Hilfe ruft. Es ist Rentwin, Sohn des Helferich von
Lune und der Portalaphe und damit Großneffe Hildebrands.
Hildebrand und Dietrich begeben sich mit ihm nach Arona,
der Residenz seiner Eltern, wo sie herzlich empfangen und aufs
beste bewirtet werden. Auch Bibung kommt nach Arona und
überbringt Virginals Einladung. Nach vierzehntägigem Aufenthalt brechen Hildebrand und Dietrich mit Helferich und
den Seinen zu Virginal auf. – III. Dietrich, der vorausgeritten
ist, verirrt sich und gelangt zur Burg Muter. Der Riese Wicram,
der mit anderen Riesen im Dienst des Burgherrn Nitger steht,
überwältigt ihn und bringt ihn zu Nitger, der ihn gefangensetzt.
Unterdessen kommen die Gäste in Jeraspunt an und bemerken,
daß Dietrich fehlt. Auf Muter kümmert sich Nitgers Schwester
Ibelin um den Gefangenen. Mit ihrer Hilfe sendet er eine Nachricht nach Jeraspunt. Man beschließt, die Berner Dietrich-Helden, den König Imian von Ungarn sowie Biterolf und Dietleib
zu Hilfe zu holen. Alle versammeln sich auf Jeraspunt und ziehen von dort aus nach Muter. Hildebrand vereinbart mit den
Riesen, am nächsten Tag zu kämpfen. In elf Zweikämpfen, von
denen auch Dietrich, den Nitger freigibt, einen ausficht, werden die Riesen erschlagen. Nitger muß sein Land von Dietrich
zu Lehen nehmen. – IV. Auf dem Weg nach Jeraspunt sind weitere Kämpfe mit Riesen (wieder elf Einzelkämpfe) und Drachen zu bestehen. Virginal gibt den Helden ein großes Fest. Auf
die Nachricht von einer drohenden Belagerung Berns kehren
Dietrich und seine Gesellen nach Hause zurück.

In der ,Dresdner Virginal' (130 Strophen) fehlt der gesamte
Muter-Teil. Im Arona-Teil und im Anschluß an diesen finden
sich weitere Episoden: Fürst Libertin von Palerne kommt nach
Arona, fordert Dietrich zum Kampf heraus, wird von ihm be

siegt und schließt Freundschaft mit ihm. Hildebrand, Helferich, Rentwin sowie Libertin (und Dietrich?) werden auf dem
Weg nach Jeraspunt von dem Heiden Janapas, Orkises Sohn,
auf Burg Orteneck eingeladen. Dort geraten sie in einen Hinterhalt, haben schwere Kämpfe gegen Löwen sowie Janapas
und seine Leute zu bestehen und befreien nach ihrem Sieg drei
Mädchen aus dem Gefolge der Virginal, die Orkise nach Orteneck gebracht hatte. Dietrich hat unterdessen einen Eber erlegt und muß gegen einen Riesen kämpfen, der für sich das
Jagdrecht in diesem Gebiet in Anspruch nimmt. Dietrich besiegt ihn unter den Augen der herbeieilenden Freunde und
nimmt ihn gefangen. Sie begeben sich zu Virginal, deren Fest in
der Hochzeit zwischen ihr und Dietrich gipfelt.

Die ,Wiener Virginal‘ (866 Strophen) enthält ebenfalls die
Libertin- und die Janapas-Episode nebst Dietrichs Eberjagd
und Riesenkampf. Am Schluß steht wie in der ,Dresdner Virginal‘ die Hochzeit von Dietrich und Virginal.

Textgeschichte

Die vorauszusetzende Urfassung der ,Virginal‘ muß nach dem
Ausweis der Überlieferung spätestens um 1300 entstanden sein.
Da die Überlieferung von den ältesten Zeugen an einen deutli-
chen Schwerpunkt im schwäbisch-alemannischen Raum hat,
kann man damit rechnen, daß der Text auch dort verfaßt wurde.
Man hat versucht, in den überlieferten Fassungen Entstehungsschichten zu unterscheiden und die Urfassung wenigstens in den
Umrissen zu rekonstruieren. Die Existenz solcher Schichten ist
nicht zu bezweifeln, doch hat sich gezeigt, daß sie nicht zuverläs-
sig zu erkennen sind. Die Urfassung entzieht sich dem Zugriff.

Literatur:
Wilhelm Wilmanns, Über Virginal, Dietrich und seine Gesellen, und Dietrichs
erste Ausfahrt, in: ZfdA 15 (1872), S. 294–309; Justus Lunzer, Über Dietrichs
erste Ausfahrt, in: ZfdA 43 (1899), S. 193–257 (mit Berichtigung: AfdA 25

[1899], S. 395); ders., Zu Virginal und Dietrichs erster Ausfahrt, in: 27. Jahresbericht über das k. k. Franz Joseph-Gymnasium in Wien, Wien 1901, S. I-XXXIII; Schmidt (wie S. 103); Carl von Kraus, Virginal und Dietrichs Ausfahrt, in: ZfdA 50 (1908), S. 1–123 (mit Berichtigung: AfdA 32 [1908], S. 330); Hugo Kuhn, Virginal, in: Beitr. 71 (1949), S. 331–386 (mit Berichtigung: Beitr. 72 [1950], S. 508) (wieder in: H. K., Dichtung und Welt im Mittelalter, Stuttgart ²1969 [H. K., Kleine Schriften 1], S. 220–248); DE, S. 217 ff.; Horst P. Pütz, Zu Virginal Str. h 538, in: DHT, S. 224–230.

Stoffliche Grundlagen

Deutlicher als mögliche Entstehungsschichten zeichnen sich Bausteine – Motive und Motivreihen – ab, aus denen der Text montiert ist. Doch bleibt die Beurteilung der Befunde schwierig. So läßt sich die in der Forschung wiederholt vertretene Ansicht, die Orkise-Handlung knüpfe an die südalpine (tirolische) Erzähltradition vom Waldunhold Ork an, durchaus nicht sichern. Man kann nicht mehr sagen, als daß dieser Handlungsstrang charakteristische Züge des Frauenjagd-Schemas aufweist (vgl. S. 192). Eindeutig auf älterer Grundlage beruhen dagegen die Erzählung von Dietrichs Gefangenschaft bei Riesen (s. S. 17) und das Schema der Reihenkämpfe (s. S. 181 ff.). Und mit der Rentwin-Episode läßt sich sogar eine veritable Sage isolieren.

Die Episode hat eine recht genaue Parallele in der ,Thidrekssaga' (ThSB I, S. 196 ff. = ThSE, S. 168 ff.): Nach dem Kampf mit dem Elefanten (s. S. 123) erblicken Dietrich und Fasold einen mächtigen Flugdrachen, der in seinem Maul einen Mann schleppt, den er bis unter die Arme verschlungen hat. Der Mann bittet Dietrich und Fasold um Hilfe. Diese hauen mit ihren Schwertern auf den Drachen ein, können ihm aber nichts anhaben. Der Mann rät ihnen, ein Schwert zu nehmen, das im Rachen des Ungeheuers steckt. Fasold reißt es heraus und kann den Drachen töten. Der befreite Mann ist ein gewisser Sintram (Variante: Sistram), von dem in der Saga schon die Rede war, als Hildebrands Abstammung erläutert wurde (ThSB I, S. 32 f. = ThSE, S. 86): Über die Stadt Venedig herrschte ein Herzog,

der zwei Söhne hatte, Boltram und Reginbald, die ihrerseits
Herzöge in Venedig und Schwaben waren; Boltrams Sohn war
Reginbald, der Vater Sintrams; Reginbalds des Älteren Sohn,
Reginbalds des Jüngeren Vetter, war Hildebrand.

Es ist wahrscheinlich, daß die Rentwin-Episode in der ‚Virginal‘ und die Sintram-Episode in der ‚Thidrekssaga‘ auf die
gleiche Überlieferung zurückgehen, eine verlorene Buchdich-
tung oder – wahrscheinlicher – eine mündliche Erzähltradition
von der Befreiung eines Mannes aus dem Maul eines Drachen.
Daß die ‚Thidrekssaga‘ nicht auf der ‚Virginal‘ fußt, jedenfalls
nicht auf einer der erhaltenen Fassungen (die dann vor der Mitte des 13. Jahrhunderts entstanden wäre), zeigen die Namen,
die erstaunlicher Weise auch in einer schweizerischen Lokalsa-
ge mit vergleichbarer Motivik vorkommen. Nach dieser Sage
wurde die Festung Burgdorf bei Bern von zwei Brüdern namens Sintram und Baltram erbaut, die in einer großen Höhle in
der Nähe dieser Festung einen Drachen erschlugen, und zwar
nach einer Variante so, daß Sintram den schon verschlungenen
Baltram lebendig aus dem Leib des Drachen herausschnitt. Die
Sage wird zuerst um 1420/30 in der ‚Berner Chronik‘ des Konrad Justinger erwähnt. Man käme nicht auf den Gedanken, sie
mit der Dietrich-Überlieferung in Verbindung zu bringen,
wenn nicht die Namen Sintram und Baltram (entsprechend
dem Boltram der ‚Thidrekssaga‘) wären. An Zufall ist nicht zu
denken: wir fassen hier die gemeinsame Erzähltradition, die
hinter der Episode in der ‚Thidrekssaga‘ und der ‚Virginal‘
steht. Ob die Verbindung mit Dietrich ursprünglich ist und in
der Burgdorf-Sage gelöst wurde oder ob man umgekehrt die
Burgdorf-Sage sekundär mit Dietrich zusammengebracht hat,
muß offenbleiben. Unklar ist auch das Alter der Überlieferung.
Man kann nur sagen, daß sie vor der ‚Thidrekssaga‘, also spätestens in der ersten Hälfte des 13. Jahrhunderts entstanden ist.
Zwar hat man ältere bildliche Darstellungen eines von einem
Drachen halb verschlungenen Mannes, den ein anderer befreit,
als Zeugnisse in Anspruch genommen: so insbesondere eine
Szene in einem Fries an der Außenwand der Abteikirche And-

lau im Elsaß (um 1130/40?) und eine Kapitellplastik im Chor-Umgang des Basler Münsters (nach 1185). Doch bleibt die Deutung dieser Darstellungen auf die in Frage stehende Sage unsicher, denn das Bild-Motiv ist zunächst einmal ein Topos der christlichen Ikonographie, der seit der Spätantike breit bezeugt ist: eine Allegorie der Rettung des Menschen vor dem Bösen. Berühmte Beispiele sind der Albani-Psalter aus dem frühen 12. Jahrhundert, in dem in der Initiale zu Psalm 69 Christus dargestellt ist, der einen Menschen aus dem Schlund eines Drachen zieht, und die ebenfalls auf den Psalter bezogene sog. Freisinger Bestiensäule, die u. a. einen Drachen zeigt, der einen Menschen bis zur Brust verschlungen hat und von einem Bewaffneten mit dem Schwert attackiert wird.

Das Motiv des von einem Drachen oder einer Schlange Halb-verschlungenen findet sich auch sonst. So wird in einer der Geschichten von Sindbad dem Seefahrer in den Märchen von ‚Tausendundeiner Nacht‘ erzählt, wie der Held durch einen gezielten Schlag mit seinem goldenen Stab eine Schlange dazu bringt, einen Mann, den sie bis unterhalb des Nabels verschluckt hat, auszuspeien. Man hat auch hier an eine Verbindung mit der Rentwin/Sintram-Geschichte gedacht, doch lohnt es sich nicht, darüber zu spekulieren. Unabweisbar scheint hingegen ein Zusammenhang mit dem Wappen des italienischen Adelsgeschlechts der Visconti, das eine Schlange zeigt, die einen nackten Knaben bis zur Taille verschlungen hat (Abb. 8). Die Beziehung ergibt sich daraus, daß die Visconti seit 1263 bzw. 1277 im Besitz der Burg Arona am Südende des Lago Maggiore waren. Die Namensgleichheit mit Rentwins Stammburg und die Motivübereinstimmung zwischen dem Wappenbild und Rentwins Drachenerlebnis kann schwerlich auf Zufall beruhen. Doch bleibt der Zusammenhang umso rätselhafter, als die Schlange im Visconti-Wappen erst seit dem 14. Jahrhundert bezeugt ist.

Literatur:
Zum Ork: Bernd Dieter Insam, Der Ork, München 1974 (Motive 5), S. 98 f.; DE, S. 233, Anm. 4. – Zur ‚Thidrekssaga‘: Friese, S. 88 ff. – Zur Burgdorf-Sage

und allgemein zu den bildlichen Darstellungen: Stammler, S. 58 ff.; künftig Michael Bärmann, Der Reinhart Fuchs des Elsässers Heinrich und die Literatur des deutschsprachigen Südwestens (Arbeitstitel). Zum ikonographischen Typus und zur Freisinger Bestiensäule s. Wolfgang Stammler, Die Freisinger Bestiensäule und Bischof Otto II., in: W. St., Wort und Bild, Berlin 1962, S. 86–93 (89). Die Initiale aus dem Albani-Psalter ist abgebildet bei Otto Pächt/C. R. Dodwell/Francis Wormald, The St. Alban's Psalter (Albani Psalter), London 1960, Tafel 62. – Zu den Visconti und zu Arona: Justus Lunzer, Arona, in: ZfdA 53 (1912), S. 1–61.

Textstruktur und Fassungsdivergenzen

Die Erzählmassen der ,Virginal' sind schwer überschaubar, scheinen bei näherem Hinsehen aber nicht ohne Kunst organisiert zu sein. Wenn man sich auf den Text einläßt, nimmt man ein teils konfus, teils auch virtuos anmutendes Spiel der Aufspaltung und Verknüpfung von Handlungssträngen und ein offenbar planmäßiges Bemühen wahr, den Zusammenhalt der Erzählung durch Motivresponsionen zu festigen.

Die Konstruktion der Fabel verknüpft auf eigentümliche Weise das Befreiungsschema mit dem Herausforderungsschema. Der Einfall Orkises in das Land der Virginal – das irgendwie zum Herrschaftsbereich Dietrichs gehört – schafft den Rahmen einer Befreiungshandlung. Die ,Dresdner' und die ,Wiener Virginal' folgen dabei dem traditionellen Muster, daß der Held die Jungfrau heiratet, die er befreit. Auch in der ,Heidelberger Virginal' scheint alles auf diese Lösung hinauszulaufen, sie wird aber im letzten Augenblick vermieden, vielleicht mit Rücksicht auf die altüberlieferten Verbindungen Dietrichs mit Hertlin und Herrat (entsprechend mündet die Befreiung der Frau auch in der Druck-Version des ,Eckenliedes' und im ,Wunderer' nicht in die schemagerechte Heirat des Befreiers und der Befreiten).

In der ,Heidelberger' und der ,Wiener Virginal' kommt – jeweils unterschiedlich inszeniert – das Herausforderungsschema über ein Gespräch ins Spiel, das Dietrich zu Beginn mit einer höfischen Damenrunde führt. Die Damen fragen ihn, ob ihm *âventiure* widerfahren sei, worauf er sehr erschrickt und schamrot wird: ‚er hatte keine Ahnung von Aventiure‘ (DHB V, Str. 7,12: *er weste umb âventiure niht*). Er verabschiedet sich von den Damen und fragt Hildebrand um Rat. Der bewegt ihn dazu, gemeinsam mit ihm der bedrängten Virginal zu helfen: ‚dann erleben wir Aventiure‘ (DHB V, Str. 9,13: *sô wirt uns âventiure erkant*). Eine Variante des Herausforderungsschemas also: eine Beeinträchtigung von Dietrichs Ansehen veranlaßt ihn zum Handeln. In der ‚Dresdner Virginal‘ fehlt das Gespräch mit den Damen; Hildebrands Mitteilung, man werfe Dietrich und ihm Feigheit vor, weil der Heide im Land sein Unwesen treibt, genügt, um Dietrich zum Eingreifen zu bewegen. In allen drei Versionen handelt es sich um die erste Ausfahrt des jungen Dietrich. Damit vertritt die ‚Virginal‘ einen Grundtypus von Heldendichtung, wie er vor allem aus den französischen Chansons de geste bekannt ist: den der ‚Enfances‘, der Erzählung von den Jugendtaten des Helden.

Ansatzweise deutet sich – wiederum in allen Versionen – eine Art höfisches Erziehungsprogramm an, das den widerstrebenden jungen Dietrich anleiten soll, Aventiure als Frauendienst zu verstehen und zu akzeptieren. Konsequent durchgeführt ist dieses Programm jedenfalls in den überlieferten Texten aber nicht. Das Interesse der Erzähler und gewiß auch des Publikums galt vorrangig den bunten Abenteuern.

Literatur:
Justus Lunzer, Dietrich von Bern im Frauendienste, in: ZfdA 70 (1935), S. 257–272; DE, S. 213 ff., 220 ff., 242 ff.; Zips, S. 145 ff.; Peter K. Stein, Virginal. Voraussetzungen und Umrisse eines Versuchs, in: Jahrbuch der Oswald von Wolkenstein Gesellschaft 2 (1982/83), S. 61–88; George T. Gillespie, Hildebrants Minnelehre. Zur Virginal h, in: Liebe in der deutschen Literatur des Mittelalters, hg. von Jeffrey Ashcroft/Dietrich Huschenbett/William Henry Jackson, Tübingen 1987, S. 61–79; Dietmar Peschel-Rentsch, Schwarze Pädagogik – oder Dietrichs Lernfahrt: *er weste umb âventiure niht*. Hildebrants Er-

ziehungsprogramm und seine Wirkung in der Virginal, in: D. P.-R., Pferde-
männer, Erlangen/Jena 1998 (Erlanger Studien 117), S. 176–202 (gekürzt in:
PHG4, S. 189–216).

,Laurin'
Überlieferung

Der ,Laurin' – auch der ,Kleine Rosengarten' genannt (vgl.
S. 183 f.) – ist in mindestens achtzehn Handschriften vom Anfang des 14. bis zum Anfang des 16. Jahrhunderts und in elf
Drukken von 1479 bis 1590 überliefert. Die Überlieferung setzt
ein mit einer Federprobe in einer lateinischen Handschrift (L$_{16}$).

Handschriften:

L$_1$ (K): Arnamagnæanske Institut Kopenhagen, AM 32 fol.
– Pergament, 1. Viertel 15. Jahrhundert, aus Venedig (bairisch) – der erste Dietrich-Text, der aus wis-
senschaftlichem Interesse vollständig ediert wurde,
und zwar von dem dänischen Gelehrten Erasmus
(Rasmus) Nyerup unter dem Titel ,Historia Laurini,
Nanorum Regis, et Theodorici Veronensis' (,Ge-
schichte von Laurin, dem König der Zwerge, und
Theoderich von Verona') in: Symbolæ ad Literatu-
ram Teutonicam antiqviorem ex Codicibus Manu
exaratis, qvi Havniæ asservantur, editæ sumptibus
Petri Friderici Suhm, Kopenhagen 1787, S. 1 ff. (vgl.
Haustein, S. 15) – vgl. DE, S. 298 f.; Pausch;

L$_2$ (M): ehem. Archiv des Historischen Vereins von Ober-
bayern München, Manuskript Cahier I von 4° Nr. 6
(Verbleib nicht ermittelt) – Fragment einer Pergamenthandschrift des 14. Jahrhunderts, bairisch –
vgl. DE, S. 299;

L$_3$ (P, p): Graf von Schönbornsche Schloßbibl. Pommersfelden, Cod. 54 (früher 2798) – Papier, 14. Jahrhun-

dert, aus Erfurt (?) – Sammelhandschrift mit kürzeren Reimpaargedichten, dazu ‚Laurin‘ und ‚Rosengarten‘ (R$_6$) – vgl. DE, S. 299 f.;

L$_4$ (H, h): Staatsbibl. Berlin, Ms. germ. 8° 287, Bruchstück I – Fragment einer Pergamenthandschrift des 14. Jahrhunderts, mitteldeutsch – vgl. DE, S. 300;

L$_5$ (f): Stadt- und Universitätsbibl. Frankfurt a. M., Ms. germ. 4° 2 – Papier, 2. Hälfte 14. Jahrhundert, rheinfränkisch – Sammelhandschrift mit kleineren Reimpaargedichten, dazu ‚Rosengarten‘ (R$_7$) und ‚Laurin‘ - vgl. DE, S. 300 f.; Birgitt Weimann, Die mittelalterlichen Handschriften der Gruppe Manuscripta germanica, Frankfurt a. M. 1980 (Kataloge der Stadt- und Universitätsbibliothek Frankfurt am Main V/4), S. 10 ff.;

L$_6$ (b): Öffentliche Bibl. der Universität Basel, Cod. G² II 73 – Papier, 1. Hälfte 15. Jahrhundert, aus Basel (?) – vgl. DE, S. 301;

L$_7$ (Dess.): Stadtbibl. Dessau, Hs. Georg. 224 4° – Papier, 1422, aus Trier – Sammelhandschrift mit mhd. Reimpaardichtungen, u. a. Strickers ‚Karl der Große‘ und Ulrichs von Etzenbach ‚Wilhelm von Wenden‘ sowie ‚Laurin‘ und ‚Rosengarten‘ (R$_{10}$) – vgl. DE, S. 301;

L$_8$ (m): (a) Bayerische Staatsbibl. München, Cgm 811 + (b) Staatsbibl. Berlin, Ms. germ. 8° 287, Bruchstück II – Papier, 2. Viertel 15. Jahrhundert, aus Wemding (Kreis Donauwörth) – Liederbuch des Jakob Kebicz (nur sehr lückenhaft erhalten, große Textverluste auch im ‚Laurin‘) – vgl. DE, S. 301 f.; Michael Curschmann: Kebicz, Jakob, in: VL IV, Sp. 1087–1090; Karin Schneider, Die deutschen Handschriften der Bayerischen Staatsbibliothek München, V, Wiesbaden 1984, S. 420 ff.; dies., Die datierten Handschrif-

ten der Bayerischen Staatsbibl. München, I, Stuttgart 1994, S. 49;

L_9 (v):   Österreichische Nationalbibl. Wien, Cod. 2959 –
Papier, Mitte 15. Jahrhundert, bairisch – Sammlung
von Minnereden, dazwischen der ,Laurin' – vgl. DE,
S. 302;

L_{10} (w):   Österreichische Nationalbibl. Wien, Cod. 3007 –
Papier, 1472, schlesisch – Sammelhandschrift mit
pragmatischen, erbaulichen und poetischen Texten,
darunter der ,Laurin' – vgl. DE, S. 302;

L_{11} (ß)   – Dresdner Heldenbuch – s. S. 44, 111;

L_{12} (s)   – Heldenbuch-Handschrift des Diebolt von Hanowe – s. S. 44, 127;

L_{13} (z):   Domherrenbibl. Zeitz, Cod. 83 – Papier, 15. Jahrhundert, aus Merseburg oder Zeitz (?) – Sammelhandschrift mit einer lateinischen Grammatik und
diversen deutschen Texten, darunter der ,Laurin' –
vgl. DE, S. 304;

L_{14} (α):   ehem. Domkapitelbibl. Preßburg (Verbleib nicht ermittelt) – Brevierhandschrift, auf fünf für das Bre-
vier nicht benutzten Seiten Anfang des ,Laurin' (113
Verse) von einer Hand des 15. Jahrhunderts, bairisch – vgl. DE, S. 304;

L_{15} (r):   Bayerische Staatsbibl. München, Cgm 5919 – Papier, Anfang 16. Jahrhundert, aus Regensburg –
Sammelhandschrift mit pragmatischen und poetischen Texten, darunter ,Laurin' und ,Wunderer'
(W_2) – vgl. DE, S. 305;

L_{16}:   Österreichische Nationalbibl. Wien, Cod. 636 – lateinische Pergamenthandschrift mit Federprobe
wohl aus dem frühen 14. Jahrhundert, etwas mehr
als drei Verse vom Eingang des ,Laurin' – vgl. DE,
S. 305; Pausch, S. 206 f.;

L$_{17}$:   verschollene (bairisch-österreichische?) Pergamenthandschrift wohl des 14. Jahrhunderts aus dem Besitz des Wiener Hofhistoriographen Wolfgang Lazius (1514–1565), die außer dem ‚Laurin' mindestens
noch das ‚Nibelungenlied' enthielt, bekannt aus Zi-
taten bei Lazius – vgl. DE, S. 305; Becker, S. 159 f.;
Gerard Jaspers, Die deutschen Textfragmente in den
lateinischen Werken des Wolfgang Lazius, in: ABäG
20 (1983), S. 56–73 (62 f., 65 f.);

L$_{18}$:   Biblioteka Jagiellońska Krakau, Berol. Ms. germ. 4°
1497 (früher Preußische Staatsbibliothek Berlin) –
Papier, 15. Jahrhundert, oberdeutsch/mitteldeutsch
– Sammelhandschrift mit geistlichen Texten, dazu
‚Laurin' und ‚Rosengarten' (R$_{20}$) – Abdruck durch
Klaus Klein, Eine wiedergefundene Handschrift mit
Laurin und Rosengarten, in: ZfdA 113 (1984),
S. 214–228/115 (1986), S. 49–78.

Zu möglichen weiteren Handschriften, die verschollen sind, s.
DE, S. 305 f.

Drucke:

l$_1$ (d, H$_1$) – erster Druck des Heldenbuchs (s. S. 44 f.): o. O.
(Straßburg), o. Dr. (Johann Prüß d. Ä.), o. J. (1479) –
Exemplare: Staats- und Stadtbibl. Augsburg (ein
Blatt), Staatsbibl. Berlin, Schweizerisches Guten-
berg-Museum Bern (künftig Fribourg) (ein Blatt),
Bibliothèque de la ville Colmar (defekt), Hessische
Landes- und Hochschulbibl. Darmstadt, Stadt- und
Universitätsbibl. Frankfurt a. M. (ein Blatt), Nieder-
sächsische Staats- und Universitätsbibl. Göttingen,
Stadtbibl. Hildesheim, Staatliche Kunsthalle Karls-
ruhe (sechs Blätter), Bayerische Staatsbibl. Mün-
chen (ein Doppelblatt), Bibliothèque Nationale Paris, Historische Bibl. der Stadt Rudolstadt (defekt),

Bibliothek Otto Schäfer Schweinfurt (weitere Exemplare wurden in jüngster Zeit im Antiquariatshandel
angeboten: ein vollständiges Exemplar aus der Bibl.
des Fürsten Salm-Reifferscheidt-Dyck-Krautheim in
Dyck bei Grevenbroich 1993 vom Antiquariat H. P.
Kraus, New York [s. Catalogue 193: Sixty Fine &
Rare Books & Manuscripts, New York 1993,
S. 18 ff.], und zwei Einzelblätter 1995 vom Antiqua-
riat Dr. Jörn Günther, Hamburg [s. Katalog 2: Fünf-
undfünfzig frühe deutsche Drucke (1471–1554),
Hamburg 1995, S. 46]; ein Exemplar in der Hof-
bibl. Regensburg ist zur Zeit nicht auffindbar) –
Faksimile: HBFaks I, Abdruck: HBK – vgl. DE,
S. 306 f.; VL III, Sp. 954 ff.; Kornrumpf, S. 323 f.;
HBFaks II;

l_2 (H_2)   – zweiter Druck des Heldenbuchs (s. S. 45): Augsburg, Johann Schönsperger, 1491 – Exemplar: Bayerische Staatsbibl. München (defekt) – vgl. DE,
S. 307;

l_3 (L_1):   Straßburg, Matthias Hupfuff, 1500 – Exemplar:
Staatsbibl. Berlin; Reste eines weiteren Exemplars in
Privatbesitz – Faksimile von Karl Schorbach: Lau-
rin. Straßburg 1500, Halle 1904 (Seltene Drucke in
Nachbildungen 4) – vgl. DE, S. 308;

l_4 (L_2):   Straßburg, o.Dr. (Johann Knobloch), 1509 – Exemplare: Universitätsbibl. Gießen, Germanisches Nationalmuseum Nürnberg (defekt) – vgl. DE, S. 308;

l_5 (H_3)   – dritter Druck des Heldenbuchs (s. S.45): Hagenau,
Heinrich Gran für Johann Knobloch in Straßburg,
1509 – Exemplare: Staatsbibl. Berlin, Bibliotheca
Bodmeriana Cologny-Genève, Hessische Landes-
und Hochschulbibl. Darmstadt, Stadt- und Landesbibl. Dortmund, Universitätsbibl. Erlangen, Niedersächsische Staats- und Universitätsbibl. Göttingen,
Forschungs- und Landesbibl. Gotha, Bibliothèque

de la ville Hagenau, Thüringer Universitäts- und
Landesbibl. Jena, Universitäts- und Stadtbibl. Köln,
Kongelige Bibliotek Kopenhagen (drei Exemplare),
British Library London (zwei Exemplare, eines defekt), Bayerische Staatsbibl. München, Germanisches Nationalmuseum Nürnberg (defekt), Landesbibl. Oldenburg, Bibliothèque Nationale Paris,
Kantonsbibl. St. Gallen, Bibliothèque Nationale et
Universitaire Straßburg, Württembergische Landesbibl. Stuttgart, Universitätsbibl. Tübingen, Library
of Congress Washington, Österreichische Nationalbibl. Wien, Herzog August Bibl. Wolfenbüttel (zwei
Exemplare, eines defekt), Ratsschulbibl. Zwickau –
vgl. DE, S. 308 f.;

l₆ (L₃):   Augsburg, o.Dr. (Hans Froschauer), 1513 – Exemplar: Österreichische Nationalbibl. Wien – vgl. DE,
S. 309;

l₇ (H₄)   – vierter Druck des Heldenbuchs (s. S. 45): o.O.
(Augsburg), o.Dr. (Heinrich Steiner), 1545 – Exemplare: Staatsbibl. Berlin (defekt), Niedersächsische
Staats- und Universitätsbibl. Göttingen, British Library London, Bayerische Staatsbibl. München,
Universitätsbibl. München, Staatsbibl. Prag, Universitätsbibl. Rostock, Kungliga Biblioteket Stockholm, Herzogin Anna Amalia Bibl. Weimar, Österreichische Nationalbibl. Wien, Herzog August Bibl.
Wolfenbüttel – vgl. DE, S. 309 f.;

l₈ (N, L₄): Nürnberg, Friedrich Gutknecht, o.J. (um 1555) –
enthält außer dem ‚Laurin‘ den letzten Abschnitt der
‚Heldenbuch-Prosa‘ – Exemplar: Staatsbibl. Berlin –
Abdruck durch Oskar Schade: Laurin. Nach dem al-
ten Nürnberger Drucke von Friderich Gutknecht,
Leipzig 1854 (vgl. Haustein, S. 87 ff.) – vgl. DE,
S. 310;

l₉ (L₅):   o. O. (Hamburg), Joachim Löw, o. J. (um 1560/65), s. S. 129 f.;

l₁₀ (H₅)   – fünfter Druck des Heldenbuchs (s. S. 45): Frankfurt a. M., Weigand Han und Sigmund Feierabend, 1560 – Exemplare: Kunstbibl. Berlin, Universitätsbibl. Bochum, Universitätsbibl. Breslau, Bibl. der Grupen'schen Stiftung im Oberlandesgericht Celle, Bibliotheca Bodmeriana Cologny-Genève, Universitätsbibl. Erlangen, Stadt- und Universitätsbibl. Frankfurt a. M., Niedersächsische Staats- und Universitätsbibl. Göttingen, Universitäts- und Landesbibl. Halle, Staats- und Universitätsbibl. Hamburg, University of Iowa Iowa City, Thüringer Universitäts- und Landesbibl. Jena, Kongelige Bibliotek Kopenhagen (drei Exemplare, eines defekt), British Library London, University College London (defekt), Stadtbibl. Mainz, Universitätsbibl. Mainz, Universitätsbibl. Marburg, Bayerische Staatsbibl. München, Seminar für Deutsche Philologie der Universität München (defekt), Yale University New Haven, Bibliothèque Nationale Paris, Graf von Schönbornsche Schloßbibl. Pommersfelden, Nationalmuseum Prag (zwei Exemplare, eines vermißt), Staatsbibl. Prag, Bibliotheca Vaticana Rom, Stadtbibl. Schaffhausen, Kungliga Biblioteket Stockholm (zwei Exemplare), Württembergische Landesbibl. Stuttgart, Stadtbibl. Trier (defekt), Universitätsbibl. Tübingen, Österreichische Nationalbibl. Wien, Universitätsbibl. Wien, Herzog August Bibl. Wolfenbüttel, Zentralbibl. Zürich – vgl. DE, S. 311 f.;

l₁₁ (H₆) – sechster Druck des Heldenbuchs (s. S. 45): Frankfurt a. M., Sigmund Feierabend, 1590 – Exemplare: Staats- und Stadtbibl. Augsburg, Öffentliche Bibl. der Universität Basel, Bibl. der Humboldt-Universität Berlin, Kunstbibl. Berlin, Harvard University

Cambridge (Mass.), Hessische Landes- und Hochschulbibl. Darmstadt, Fürstlich Fürstenbergische
Hofbibl. Donaueschingen, Trinity College Library
Dublin, Universitätsbibl. Freiburg i.Br., Niedersächsische Staats- und Universitätsbibl. Göttingen,
Universitätsbibl. Greifswald, Universitäts- und Landesbibl. Halle, Universitätsbibl. Heidelberg, Universitätsbibl. Innsbruck, Cornell University Ithaca,
Thüringer Universitäts- und Landesbibl. Jena, Badische Landesbibl. Karlsruhe, Kongelige Bibliotek Kopenhagen, Universitätsbibl. Leipzig, British Library
London, King's College London, Stadtbibl. Mainz,
University of Minnesota Minneapolis, Universitätsbibl. München, Universitäts- und Landesbibl. Münster, Klosterbibl. Neustift (bei Brixen), Germanisches Nationalmuseum Nürnberg, Bibliothèque des
Universités de Paris à la Sorbonne, Philadelphia
Museum of Art Philadelphia, Princeton University
Princeton, Pfälzische Landesbibl. Speyer, Bibliothèque Nationale et Universitaire Straßburg, Universitätsbibl. Tübingen, Folger Shakespeare Library
Washington, Library of Congress Washington, Herzogin Anna Amalia Bibl. Weimar, Österreichische
Nationalbibl. Wien, Herzog August Bibl. Wolfenbüttel, Stiftsbibl. Zeitz, Bibliotheca Bipontina Zwei-
brücken, Ratsschulbibl. Zwickau – vgl. DE, S. 312 f.

Man kann fünf Versionen unterscheiden:
1. die ältere Vulgat-Version, sicher in zehn Handschriften des 14.
   bis frühen 16. Jahrhunderts (L_3, L_5-L_{10}, L_{13}, L_{15}, L_{18}; in L_9 Schluß-
   partie nach der jüngeren Vulgat-Version) und wahrscheinlich
   in drei weiteren mit lückenhaftem bzw. rudimentärem Text,
   darunter der erwähnte älteste Textzeuge (L_4, L_{16}, L_{17});
2. die jüngere Vulgat-Version
a. in einer älteren Fassung in der Heldenbuch-Handschrift des
   Diebolt von Hanowe von ca. 1480 (L_{12} - der Schluß auch in

der sonst zur älteren Vulgat-Version gehörenden Handschrift L₉ aus der Mitte des 15. Jahrhunderts), in den ersten vier Drucken des Heldenbuchs und in drei separaten Drukken (1479 bis 1545: l₁-l₇),

b. in einer metrisch-stilistisch bearbeiteten jüngeren Fassung in den letzten zwei Drucken des Heldenbuchs und in zwei separaten Drucken (ca. 1555 bis 1590: l₈-l₁₁);

3. die ,Walberan'-Version, in der der ,Laurin' mit einer Fortsetzung, eben dem ,Walberan', verbunden ist, in einer nahezu vollständigen Handschrift des 15. und einem Fragment des 14. Jahrhunderts (L₁ und L₂);

4. den ,Dresdner Laurin' (L₁₁);

5. den ,Preßburger Laurin' (L₁₄).

Mit Ausnahme des ,Dresdner Laurin' sind die Texte in Reimpaaren verfaßt. Für den ,Dresdner Laurin' ist die sog. Heunenweise (,Hunnenweise') verwendet, eine Variante des Hildebrandstons (vgl. S. 85 f.), bei der auch die Anverse mit Reimen versehen sind:

Laurein der sweig stille;
,vil edler konick, ich wille
so komen wir hin ausse.
wir haben nimant dausse,

do sprach die kongein gemait:
gewynen euch ein gelait,
sol wir gefangen sein?
weder zwerg noch zwergellein.'

3 w (4 kl) a : 3 m b
3 w (4 kl) a : 3 m b
3 w (4 kl) c : 3 m d
3 w (4 kl) c : 3 m d

(Str. 309 des ,Dresdner Laurin' nach HBHP II – dort die Halbverse abgesetzt:) Laurin schwieg still. Da sagte die schöne Prinzessin: ,Hoher König, ich will euch Geleit verschaffen, dann kommen wir hinaus. Sollen wir gefangen sein? Wir haben niemanden draußen, keinen Zwerg und kein Zwerglein.'

Die Heunenweise lief bei den Meistersingern unter der Bezeichnung ‚Hönweise‘ Wolframs von Eschenbach. In Meistersang-
handschriften des 16. und 17. Jahrhunderts ist eine Melodie
überliefert, in der die ersten beiden Langzeilen jeweils den gleichen Melodieverlauf zeigen, sich mithin als Stollen: A + A einer
Kanzone: A + A + B (s. S. 102) interpretieren lassen (vgl. Brunner, S. 321 f.).

Ausgaben:

Die Vulgat-Versionen zitiert man nach der kritischen Ausgabe von Georg Holz
(zu deren Beurteilung vgl. Hans Lambel, in: AfdA 25 [1899], S. 266–291): HzL,
Texte A (ältere Vulgatfassung) und D (jüngere Vulgatfassung). Holz' A-Text ist
mit einer Übersetzung auch bei Manfred Lemmer, Deutschsprachige Erzähler
des Mittelalters, Leipzig 1977 (Sammlung Dieterich 370) (auch: Bremen 1983),
S. 177 ff., abgedruckt. – Wenn man die beiden Fassungen der jüngeren Vulgat-
Version vergleichen will, benutzt man am besten die Abdrucke/Faksimiles der
Druckausgaben, für die ältere Fassung den Abdruck (HBK) oder das Faksimile
(HBFaks) des ersten Heldenbuch-Drucks (l_1) oder das Faksimile des Straßburger Drucks von 1500 (l_3) von Schorbach (s. o.), für die jüngere Fassung den Abdruck des Nürnberger Druckes von ca. 1555 (l_8) durch Schade (s. o.); deren Um-
setzung ins Niederdeutsche im Hamburger Druck von 1560/65(l_9) hat Dahlberg
abgedruckt (s. S. 155 f.). – Die ‚Walberan‘-Version hat Karl Müllenhoff (ohne
Nennung seines Namens) in DHB I kritisch herausgegeben; die Ausgabe erschien auch separat in mehreren Auflagen: Berlin 1874 (dazu Karl Bartsch, in:
Germania 20 [1875], S. 94–104), ²1886, ³1908, ⁴1913 (bes. von Max Roediger),
⁵1926 (Neudruck, bes. durch Karl Stackmann, Hamburg 1948 [Hamburger
Hochschultexte A1]). Müllenhoffs Text ist nur sehr bedingt brauchbar. Man zi-
tiert besser die ‚Walberan‘-Fortsetzung und den ihr entsprechenden ‚Laurin‘-
Schluß in der Ausgabe von Holz: HzL, Text K. – Der ‚Dresdner Laurin‘ ist in
HBHP II abgedruckt. – Der ‚Preßburger Laurin‘ ist am leichtesten in DHB I,
S. 295 f., zugänglich. Der Abdruck beruht auf der Erstpublikation durch K. J.
Schröer: Ein Bruchstück des Gedichtes Luarin [!] oder der Kleine Rosengarten,
in: Jahresprogramm der Presburger Oberrealschule 7, Preßburg 1857, S. 19–28.

Ein Textzeuge eigener Art ist ein Wandgemälde-Zyklus mit
Szenen aus dem ‚Laurin‘ von ca. 1400 in Schloß Lichtenberg
im Vintschgau (Südtirol). Den Bildern sind Verse aus der Dichtung beigegeben. Die noch widerstandsfähigen Reste der Male-

rei sind zu Beginn des 20. Jahrhunderts abgelöst und ins Tiroler Landesmuseum Ferdinandeum verbracht worden (Abb. 9). Sie wurden 1971/72 restauriert und befinden sich heute in der Schausammlung des Museums.

Literatur:
Die Beischriften sind nach einer Mitteilung von Ignaz Zingerle durch Karl Müllenhoff in ZfdA 12 (1865), S. 425 ff., veröffentlicht worden (wieder abgedruckt in GHS, S. 685 ff.). – Der Zyklus ist umfassend dokumentiert bei Julius von Schlosser, Die Wandgemälde aus Schloß Lichtenberg in Tirol, Wien 1916. Vgl. auch Stammler, S. 60 und 69 (Anm. 95).

Zu den deutschen Texten kommen Bearbeitungen in anderen Sprachen. In einer Handschrift von 1472 ist eine tschechische Bearbeitung überliefert, die gewöhnlich in die zweite Hälfte des 14. Jahrhunderts datiert wird. Bereits erwähnt (s. S. 56) wurden die dänische Bearbeitung und die vielleicht aus ihr geflossene färöische Ballade. Die Bearbeitung (,Kong Laurins Krønicke') ist zuerst in einer Handschrift von ca. 1500 überliefert.

Literatur:
Der tschechische ,Laurin' wurde von A. Brückner herausgegeben: Böhmische Studien. Abhandlungen und Texte. V. Laurin und der Kleine Rosengarten, in: Archiv für slavische Philologie 13 (1891), S. 1–25. Eine umfassende literarhistorische Analyse, die die Stellung des Textes in der alttschechischen Literatur bestimmt, hat Alfred Thomas vorgelegt: The Czech Chivalric Romances Védova Arnošt and Lavryn in their Literary Context, Göppingen 1989 (GAG 504). Vgl. auch Václav Bok, Zur literarischen Situation im Böhmen des 14. Jahrhunderts, in: Wolfram-Studien 13 (1994), S. 10–27, und: Zur Kenntnis der Dietrich-Sagen im mittelalterlichen Böhmen, in: Durch aubenteuer muess man wagen vil. Festschrift für Anton Schwob zum 60. Geburtstag, hg. von Wernfried Hofmeister und Bernd Steinbauer, Innsbruck 1997 (Innsbrucker Beiträge zur Kulturwissenschaft. Germanistische Reihe 57), S. 2735. – Die beste Ausgabe der dänischen Bearbeitung ist die von Jørgen Olrik in: Danske Folkebøger VI, Kopenhagen 1925, S. 209–241. Die grundlegende Untersuchung stammt von Torsten Dahlberg: Zum dänischen Lavrin und niederdeutschen Lorin. Mit einem Neudruck des einzig erhaltenen niederdeutschen Exemplars (Hamburg um

1560), Lund 1950 (Lunder Germanistische Forschungen 21). Dahlbergs Buch
hat eine heftige Kontroverse über die Quelle der Bearbeitung und die textge-
schichtliche Rolle des niederdeutschen Druckes (l₉) ausgelöst: vgl. DE, S. 26 f.,
Anm. 20. – Färöische Ballade: Einen Abdruck und eine Analyse des Textes gibt
Jan de Vries: Bemerkungen zur Laurindichtung, in: Beitr. 56 (1932), S. 153–180.
Maßgeblich ist jetzt die Ausgabe in: Føroya Kvæði. Corpus Carminum Færoen-
sium VI, hg. von N. Djurhuus, Kopenhagen 1972, S. 375 ff. (Nr. 212).

Inhalt

Ältere Vulgat-Version (HzL A 1596 Verse): I. Rühmung Dietrichs von Bern, von Hildebrand dahingehend eingeschränkt,
daß Dietrich *der getwerge âventiure* (HzL A, V. 30), den Rosengarten des Zwergenkönigs Laurin *in dem Tiroldes tanne*,
‚im Wald von Tirol‘ (HzL A, V. 66), nicht kenne. Dietrich begibt sich daraufhin in Begleitung Witeges zum Rosengarten. Sie
treten den Faden, der den Garten umgibt, und die Rosen in den
Boden. Genugtuung fordernd, erscheint Laurin und besiegt
Witege im Kampf. Als Dietrich sich anschickt, seinerseits gegen
Laurin zu kämpfen, kommen Hildebrand, Wolfhart und Dietleib herbei. Hildebrand rät Dietrich, wie er Laurin überwinden
kann, obwohl dieser wunderbare Schutzrequisiten besitzt (un-
zerstörbare Brünne, Tarnkappe, Zaubergürtel). Nach hartem
Kampf behält Dietrich die Oberhand und will den Zwergenkönig töten. Dieser bittet in höchster Not Dietleib um Hilfe unter
Hinweis auf dessen Schwester Künhild, die er in seinen Berg
entführt habe. Als Dietleibs Bitten um Schonung nichts fruch-
ten, befreit er Laurin im Handstreich aus der Gewalt Dietrichs
und versteckt ihn im Wald. Es kommt zum Kampf zwischen
Dietrich und Dietleib, der von den anderen Helden geschlichtet
wird. In die allgemeine Versöhnung wird auch Laurin einbezo-
gen. – II. Laurin lädt die Helden in seinen Berg ein. Sie haben
Bedenken, nehmen die Einladung aber an, um sich nicht dem
Vorwurf der Feigheit auszusetzen. Sie machen sich auf den Weg
und werden in Laurins Berg prächtig empfangen und von Künhild begrüßt. Diese versichert Dietleib, daß es ihr an nichts

mangele, wünscht aber dennoch, den Berg zu verlassen, weil
Laurin und seine Zwerge Heiden seien. Dietleib verspricht ihr,
sie zu befreien. Laurin bewirtet seine Gäste aufs beste. Betrübt
über die schmähliche Niederlage im Rosengarten, plant er jedoch einen Hinterhalt und versucht, Dietleib auf seine Seite zu
ziehen. Als dieser ablehnt, sperrt er ihn in einen Kerker. Die anderen Helden werden durch einen Betäubungstrank kampfun-
fähig gemacht und ebenfalls eingekerkert. Als die Zwerge sich
zur Ruhe begeben haben, öffnet Künhild das Gefängnis Dietleibs. Er wappnet sich und wirft den anderen Helden ihre Rüstungen in den Kerker. Der Lärm alarmiert die Zwerge, die unter Laurins Führung auf Dietleib eindringen. Inzwischen ist es
Hildebrand gelungen, sich und seine Gefährten zu befreien. In
schwerem Kampf, an dem auf der Seite der Zwerge auch fünf
zur Verstärkung herbeigeholte Riesen teilnehmen, bleiben die
Berner siegreich. Laurin wird gefangen und muß fortan in Bern
ein *goukelaer* sein (HzL A, V. 1574 – d. h. wohl ein Possenrei-
ßer zur Unterhaltung der Hofgesellschaft). Dietleib und Künhild, die einem *biderman* (HzL A, V. 1577) zur Frau gegeben
wird, kehren heim; ebenso die Berner, die fröhlich empfangen
werden und von ihren Abenteuern berichten.

Die jüngere Vulgat-Version (HzL D 2830 Verse) bringt eine
Vorgeschichte: Laurin entführt unerkannt Dietleibs Schwester
mit Hilfe einer Tarnkappe. Dietleib begibt sich zu Hildebrand,
wird freundlich empfangen und berichtet von der Entführung.
Sie machen sich auf den Weg und begegnen einem wilden Mann,
den Laurin geächtet hat. Er informiert Hildebrand über den
Zwergenkönig und dessen Rosengarten. Darauf begeben sich
die Helden nach Bern und halten sich dort ein halbes Jahr lang
tatenlos auf. – Mit dieser Vorgeschichte korrespondiert eine Er-
weiterung am Schluß: Ehe Dietrich und die Seinen nach Bern zurückkehren, begleiten sie Dietleib und seine Schwester nach
Steiermark, wo sie von deren Vater Biterolf bewirtet werden.

Die ,Walberan'-Version bietet einen versöhnlichen Ausgang
(HzL K I): Auf dem Höhepunkt der Schlacht im Berg, als Laurin gefangen ist und Witege und Wolfhart sich anschicken, die

Bewohner des Berges vollends niederzumetzeln, bittet der
Zwergenkönig Dietrich um Schonung. Dietrich lehnt zunächst
zornig ab, gibt aber dann auf Fürsprache Künhilds, Hildebrands und Dietleibs nach: Laurin wird als Gefangener nach
Bern geführt, das Zwergenreich – nun Dietrich untertan – dem
Zwerg Sintram anvertraut, der Dietrich Treue schwört. Dietleib
und Künhild bleiben noch vierzehn Tage bei Dietrich in Bern.
Beim Abschied bittet Künhild Dietrich, den Zwergenkönig um
der guten Behandlung willen, die dieser ihr im Berg hatte zuteil
werden lassen, für das Christentum zu gewinnen und zu rehabi-
litieren. – Es folgt als *liber secundus* die Fortsetzung (HzL K II
1266 Verse, Text bricht vor dem Ende ab): Sintram, auf Rache
bedacht, sendet Boten in andere Zwergenreiche. Laurins Ver-
wandter Walberan, der mächtige Herr der Zwerge im Orient,
sammelt ein riesiges Heer und läßt den Bernern durch den Boten Schiltung den Krieg erklären. Laurin versichert Schiltung,
daß es ihm gut gehe, und läßt Walberan bitten, auf dem Weg
nach Bern keinen Schaden in Dietrichs Land anzurichten. Schiltung überbringt Walberan die Antwort, der nun mit seinem
Heer nach Bern zieht. Laurins Bitte um Schonung wird erfüllt.
Als Walberan vor Bern das Lager aufschlägt, begibt sich Laurin
zu ihm und versucht zu vermitteln. Walberan verzichtet darauf,
die Stadt anzugreifen, fordert aber Dietrich und seine Helden
zum Kampf vor den Toren von Bern heraus. Man rüstet sich
beiderseits. Im ersten Treffen wird Wolfhart von Schiltung besiegt. Dann kämpfen Dietrich und Walberan. Walberan sticht
Dietrich mitsamt dem Pferd zu Boden und erweist sich auch im
folgenden Schwertkampf als überlegen. Ehe es zur Entschei-
dung kommt, trennen Laurin und Hildebrand die Kämpfenden.
Man schwört sich Freundschaft, und Dietrich gibt ein prächtiges Fest für Walberan und dessen Leute.

Der ‚Dresdner Laurin‘ (326 Strophen) entspricht im Grundriß der älteren Vulgat-Version, erzählt im einzelnen aber völlig
selbständig.

Der ‚Preßburger Laurin‘ scheint die Geschichte ins Parodisti-
sche zu ziehen: Hildebrand berichtet von Laurins Rosengarten

während eines Festes, das Dietrich zu Fastnacht gibt; Dietrich macht sich in Begleitung Hildebrands, Dietleibs, Witeges, Siegfrieds (!) und Wolfharts auf den Weg (mit dem Aufbruch endet das Bruchstück).

Textgeschichte

Den Terminus ante quem für die Entstehung des ,Laurin' liefert die Federprobe von ca. 1300 in der Wiener Handschrift L_{16}. Daß er sich gegen Ende des 13. Jahrhunderts einiger Bekanntheit erfreute, zeigt das Gedicht vom ,Wartburgkrieg', das Dietrichs Ende mit seiner Beziehung zu Laurin verbindet (s. u.). Einen gewissen Zeugniswert wird man auch der Tatsache beimessen dürfen, daß *Laurin* als Personenname in Urkunden seit dem Ende des 13. Jahrhunderts bezeugt ist. Möglicherweise bezieht sich schon Albrecht von Kemenaten auf den ,Laurin', wenn er im ,Goldemar' davon spricht, daß Dietrich seine besiegten Gegner *gevangen und verwunt* (,gefangen und verwundet') nach Bern brachte (DHB V, Str. 3,10 ff.): dazu stimmt von den bekannten Dietrich-Dichtungen nur der ,Laurin'. Wenn hier an diesen gedacht sein sollte, wäre er in der ersten Hälfte, vielleicht sogar am Beginn des 13. Jahrhunderts entstanden.

Die genannten Urkunden stammen aus Tirol. Das unterstützt die Annahme, daß der Text dort entstanden ist, wo die Geschichte spielt.

Literatur:
DE, S. 47 f., 53. – Die urkundlichen Zeugnisse bei Oswald von Zingerle, Die Verbreitung der Namen Laurin und Rosengarten in Tirol, in: Forschungen und Mitteilungen zur Geschichte Tirols und Vorarlbergs 15 (1918), S. 8–21. Vgl. auch Karl Finsterwalder, Ortsnamen um Klausen. Von der Vorgeschichte bis zu Walther und Laurin, in: Der Schlern 46 (1972), S. 417–428 (428).

Auf die Entwirrung des Verwandtschaftsverhältnisses zwischen den Textzeugen und die Rekonstruktion der Textge-

schichte hat die Forschung auch im Falle des ‚Laurin‘ vergebli-
che Mühe verwandt. Die Befunde sind zu vielfältig und wider-
sprüchlich, als daß man zu tragfähigen Ergebnissen gelangen
könnte. In keiner Weise zu sichern ist auch die Annahme einer
Vorstufe des erhaltenen Textes, eines ‚Ur-Laurin‘ oder ‚Laurin‘-
Liedes.

Festhalten kann man, daß sich die Hauptmasse der Textzeugen in den beiden Vulgat-Versionen einigermaßen klar auf zwei
Überlieferungsphasen verteilt. Es scheint, daß die Textentwicklung im 13. Jahrhundert von der älteren Vulgat-Version ausging, die bis an den Beginn des 16. Jahrhunderts im ganzen
ober- und mitteldeutschen Sprachraum verbreitet wurde. Und
es zeichnet sich ab, daß diese Version seit der zweiten Hälfte
des 15. Jahrhunderts durch die jüngere Vulgat-Version (faßbar
zuerst im Schluß des Textes der bairischen Handschrift L$_9$) ver-
drängt wurde, die anscheinend von Straßburg aus ihren Er-
folgsweg angetreten hat (Heldenbuch-Handschrift des Diebolt
von Hanowe, Erstdruck des Heldenbuchs, erste Separat-Druk-
ke von 1500 und 1509).

Literatur:
Zu den Versuchen, die Textgeschichte zu rekonstruieren, vgl. DE, S. 23 f.; speziell zur Drucküberlieferung John L. Flood, Das gedruckte Heldenbuch und
die jüngere Überlieferung des Laurin D, in: ZfdPh 91 (1972), S. 29–48. – An
der Rekonstruktion eines ‚Ur-Laurin‘ hat sich Brestowsky, S. 76 ff., versucht.

Als Verfasser der jüngeren Vulgat-Version wird Heinrich von
Ofterdingen genannt, der die *âventiure gesungen* habe, *daz si sô
meisterlîche stât* (HzL D, V. 2822 ff.). Der Name dieses sagen-
umwobenen Dichters, dessen historische Existenz nicht zu sichern ist, stammt aus dem merkwürdigen Gedicht vom ‚Wartburgkrieg‘, und zwar aus dem um 1260/80 entstandenen Teil
dieses Werks, den man ‚Fürstenlob‘ nennt (er handelt von einem
Wettsingen am Hof des Landgrafen von Thüringen, in dem
Heinrich sein Leben dafür zum Pfand setzt, daß alle anderen
Sänger zusammen nicht imstande sind, sein Lob des Herzogs

von Österreich zu überbieten). Daß er als Dichter des ‚Laurin‘ in Anspruch genommen wurde, könnte damit zusammenhängen, daß in einer wohl am Ende des 13. Jahrhunderts entstandenen Fortsetzung des ‚Wartburgkriegs‘ eine Version von Dietrichs Ende (vgl. S. 9) erzählt wird, in der Laurin die entscheidende Rolle spielt (vergleichbar der des Zwergs am Ende der ‚Heldenbuch-Prosa‘: s. S. 48). Diese Fortsetzung, ‚Zabulons Buch‘ genannt, zeigt Wolfram von Eschenbach und Klingsor (eine Gestalt aus Wolframs eigenem ‚Parzival‘-Roman) im Wettstreit vor dem Landgrafen von Thüringen. Der erste Teil der Dietrich-Laurin-Erzählung ist Klingsor in den Mund gelegt: im Lande Palakers am Lebermeer herrscht König Sinnels, Laurins Bruder; als sein Volk von Krokodilen bedrängt wird, schickt er um Hilfe zu Laurin; der besorgt ihm zwei Greifeneier, die ein Strauß ausbrütet; die Greifen vertilgen das Gewürm, so daß die Zwerge, die auf Dietrichs Bitte ein christliches Leben führen, ihren Frieden haben. Nach dieser Erzählung ergreift Wolfram von Eschenbach das Wort und erklärt, *wiez umb den Berner stât*, ‚was es mit dem Berner auf sich hat‘ (Str. 170,2): Laurin erklärt Dietrich, dieser habe hier nur noch fünfzig Jahre zu leben, sein Bruder Sinnels aber könne ihm ein Leben von tausend Jahren garantieren; unter der Vorspiegelung, sie hätten sich in einen feurigen Berg gestürzt, begeben sich Dietrich und Laurin zu Sinnels. Die Passage ist rudimentär zuerst um 1300 in der Heidelberger Liederhandschrift C (dem berühmten Manesse-Codex), vollständig dann in der Kolmarer Liederhandschrift von ca. 1460 überliefert. Diese stellt explizit eine Verbindung zu Heinrich von Ofterdingen her, indem sie ihn als Erfinder des ‚Thüringer Herrentons‘ nennt, der Spruchstrophe, in der ‚Zabulons Buch‘ (wie auch das ‚Fürstenlob‘) verfaßt ist.

Die Erzählung weist auffällige Parallelen zur ‚Walberan‘-Version auf: freundschaftliche Verbindung zwischen Dietrich und Laurin; Bekehrung der Zwerge; Beziehung Laurins zu einem verwandten Zwergenkönig in exotischen Gefilden. Es erscheint durchaus möglich, daß die Erzählung in ‚Zabulons Buch‘ von der ‚Walberan‘-Version inspiriert ist, und das würde bedeuten, daß auch diese schon dem 13. Jahrhundert angehört. Was den Entstehungsort betrifft, so spricht einiges dafür, daß sie aus dem Kreis der deutschen Kolonie in Venedig stammt, wo jedenfalls die Kopenhagener Handschrift (L$_1$) geschrieben wurde.

Literatur:
Zur Dietrich-Laurin-Erzählung im ‚Wartburgkrieg‘ und zu Heinrich von Ofterdingen: DE, S. 47f., 95f., Anm. 128; Burghart Wachinger, Heinrich von Ofterdingen, in: VL III, Sp. 855f. Der ‚Wartburgkrieg‘-Text ist ediert bei Karl Simrock: Der Wartburgkrieg, Stuttgart/Augsburg 1858, Str. 168–173; vgl. auch DHB I, S. LVIff. – Zur ‚Walberan‘-Version: Pausch. Die Präsenz des ‚Laurin‘ in Venedig unterstreicht ein Zitat im ‚Feigenmuntorden‘, einem Spottgedicht auf das Leben der deutschen Kaufleute in Venedig, das in einer Handschrift von 1422 überliefert ist: vgl. Karin Schneider, Der Feigenmuntorden, in: VL II, Sp. 717f.

Das Ende der mittelalterlichen Überlieferung im Heldenbuch-Druck von 1590 ist nicht das Ende der Wirkungsgeschichte des ‚Laurin‘ gewesen. Das von den Philologen wiederentdeckte Werk gewann im 19. Jahrhundert eine neue Popularität an dem Ort, an dem die Handlung spielt: es begründete eine Art Heimat-Mythos in Südtirol. Im 20. Jahrhundert vor allem durch die Arbeiten des Reisejournalisten und Sagenforschers Karl Felix Wolff (1879–1966) befördert, fand und findet dieser Mythos seinen Niederschlag in einer Fülle von Bearbeitungen, Nachdichtungen und bildlichen Darstellungen der Laurin-Erzählung. Bis auf den heutigen Tag muß er auch als Folie für die politischen Auseinandersetzungen in der Region herhalten. Ein krasses Beispiel liefert die Geschichte eines Brunnens, der 1907 in Bozen errichtet wurde, das sich – touristisch werbewirksam – als ‚Laurin-Stadt‘ zu präsentieren suchte. Den Brunnen krönte eine plastische Figurengruppe: ein übermächtiger Dietrich in langem Kettenpanzer ringt den sich am Boden krümmenden Laurin nieder (Abb. 10a). Die Darstellung war den faschistischen Herren Südtirols ein Dorn im Auge: sie lasen die Niederringung des Winzlings durch den gewaltigen Helden als provokative Demonstration der Überlegenheit Deutschlands über

Italien. Der Brunnen wurde in der Nacht vom 4. auf den 5.
Juni 1934 von Unbekannten zerschlagen (Abb. 10b), anschlie-
ßend entfernt und 1936 ins Kriegsmuseum von Rovereto verbracht. Die Versuche, ihn zurückzuholen, hielten eine gereizte
Diskussion über seine vermeintliche politische Bedeutung
wach. Dabei bezog man den Kampf zwischen Dietrich und
Laurin nicht nur auf den Gegensatz zwischen Deutschen und
Italienern, sondern, nicht weniger närrisch, auch auf den Gegensatz zwischen der rätischen Urbevölkerung – den Ladinern
– und den germanischen Eroberern des Landes.

Literatur:
Eine Bestandsaufnahme der Bearbeitungen und Nachdichtungen geben Sieg-
fried Grosse/Ursula Rautenberg, Die Rezeption mittelalterlicher deutscher
Dichtung, Tübingen 1989, S. 151 ff. – Bildliche Darstellungen, darunter den
Laurin-Brunnen, hat Helmut Stampfer vorgestellt: Dreimal Laurin – Bildliche
und plastische Rezeption in Südtirol, in: Mittelalter-Rezeption, hg. von Jürgen
Kühnel/Hans-Dieter Mück/Ulrich Müller, Göppingen 1979 (GAG 286),
S. 537–550, und: Die Entwürfe zu Goldschmitts Laurin-Fresken in Bozen, in:
Der Schlern 53 (1979), S. 323–325. Hinweise zur politischen Inanspruchnah-
me des Brunnens auch bei Reinhard Olt, König Laurin, Dietrich von Bern und
der Rosengarten. Die philologischen Ursachen eines politischen Konflikts, in:
Sprache und Literatur 61 (1988), S. 88–96.

Stoffliche Grundlagen

Die Popularität des ‚Laurin' in Tirol hat entscheidend damit zu
tun, daß es dort volkstümliche Erzähltraditionen gibt, von denen man in einer waghalsigen Vorstellung von historischer
Kontinuität annahm, daß sie letztlich aus den selben Quellen
stammen, aus dem Jahrhunderte früher schon der mittelhochdeutsche Dichter geschöpft hatte. Besondere Aufmerksamkeit
fand in der Forschung eine von Karl Felix Wolff (s. o.) publizierte ladinische Sage aus dem Fassatal, die die Entstehung des
Alpenglühens erklärt, für das vor allem eine Felskette östlich
von Bozen berühmt ist, die den Namen ‚Rosengarten' trägt

(Karl Felix Wolff, König Laurin und sein Rosengarten, Bozen
³1947, S. 127 f.):

*Wenn die Dämmerung eintritt, werden die hohen Felsen rot,
und darüber wußten unsere Väter eine Geschichte. In jenen alten Zeiten, in denen es weder Mörder noch Kriege gab und alle
Menschen sich wohl befanden, wohnte hoch oben in den Ber-
gen der König von Nyès, der schöne Weiden und viele Gärten
besaß, mit Alpenrosen, die schöner, größer und röter waren als
die heutigen. Aber eines Tages kamen fremde Krieger und zer-
stampften die Alpenrosen. Der König ließ es auf einen Kampf
ankommen, um sich zu verteidigen, aber die anderen waren
stärker, sie siegten, nahmen den armen König gefangen und
schleppten ihn in ihr Land. Wenn sie dann um das Feuer her-
umsaßen, mußte der Gefangene, an ein Seil gebunden, vor ihnen tanzen, um sie zu unterhalten. Aber einmal, als sie eingeschlafen waren, konnte er sich dem Feuer nähern und das Seil
versengen. Dann floh er und kam in sein Haus. Die Alpenrosen waren alle schön und rot, und der König dachte sich: Wenn
sie nicht diese Rosen gesehen hätten, so wären sie nie zu meinem Hause gekommen! – Und er sprach einen Zauberbann
aus, damit man die schönen roten Rosen nicht mehr sehen
könnte, weder bei Tag noch bei Nacht. Und so geschah es. Er
hatte aber die Dämmerstunde vergessen, und wenn diese
kommt, dann werden die verzauberten Rosen wieder schön
und rot. Es sieht aus, als ob in den Felsen drin ein Feuer wäre
und als ob dieses Feuer seinen glänzenden Schein bis in die
Zimmer der Häuser hineinwürfe. Da kommen dann die Menschen heraus und haben eine Erinnerung an jene alten Zeiten,
in denen es weder Mörder noch Kriege gab und alle sich wohl
befanden.*

Es läßt sich gewiß nicht ausschließen, daß der Verfasser des
‚Laurin‘ mit Lokalsagen dieser Art vertraut war und sie auf den
Dietrichkreis übertragen hat. Doch kann nicht nachdrücklich
genug betont werden, daß alle diese Sagen nur in modernen

Aufzeichnungen bezeugt sind. Und gerade die sagenkritische Analyse von Wolffs Alpenglühen-Erzählung führt auf Ungereimtheiten, die zu äußerster Vorsicht mahnen: sie kann nicht als authentisch gelten.

Völlig abwegig sind noch weiter zurückgreifende Spekulationen, die die Rosengarten-Handlung aus mythischen Wurzeln herleiten und etwa Laurin als Fruchtbarkeitsdämon oder seinen Rosengarten als Totenreich erklären wollen.

Literatur:
Justus Lunzer, Rosengartenmotive, in: Beitr. 50 (1927), S. 161–213; Paulus B. Wessels, König Laurin. Quelle und Struktur, in: Beitr. (Tübingen) 84 (1962), S. 245–265; ders., Dietrichepik und Südtiroler Erzählsubstrat, in: ZfdPh 85 (1966), S. 345–369; Manfred Zips, König Laurin und sein Rosengarten, in: Tiroler Heimat 35 (1972), S. 5–50; Ulrike Kindl, Die umstrittenen Rosen. Laurins Rosengarten zwischen mittelalterlicher Spielmannsepik und deutsch-ladinischer Volkserzählung, in: Ir sult sprechen willekomen. Grenzenlose Mediävistik. Festschrift für Helmut Birkhan zum 60. Geburtstag, hg. von Christa Tuczay/Ulrike Hirhager/Karin Lichtblau, Bern/Berlin/Frankfurt a. M./New York/Paris/Wien 1998, S. 567–579. – Bernd Kratz hat versucht, eine Erzählsequenz in Heinrichs von dem Türlin Roman ,Die Krone' von ca. 1230 auf dieselbe alpendländische Erzähltradition zurückzuführen wie den ,Laurin': Rosengarten und Zwergenkönig in der Crone Heinrichs von dem Türlin, in: Mediaevalia Bohemica 1 (1969), S. 21–29. Hätte er recht, wäre die Existenz der Erzähltradition schon für das frühe 13. Jahrhundert gesichert. Doch sind die Parallelen viel zu vage, um irgendetwas zu beweisen. – Mythische Deutungen z. B. bei Alexander Haggerty Krappe, Laurîns Rosengarten, in: Archiv 163 (1933), S. 161–171, oder Hulda H. Braches, Jenseitsmotive und ihre Verritterlichung in der deutschen Dichtung des Hochmittelalters, Assen 1961 (Studia Germanica 3), S. 138ff. Vgl. auch S. 184 (Rosengärten als Kultstätten).

Textstruktur und Fassungsdivergenzen

Die Handlungsfolge des ,Laurin' gliedert sich klar in zwei Teile: (I) vom Auszug der Berner bis zum Sieg über den Zwergenkönig im Rosengarten, (II) von der vorläufigen Versöhnung der

Gegner bis zur Rückkehr nach Bern. Der erste Teil folgt dem
Herausforderungs-, der zweite dem Befreiungsschema. Der
Schemawechsel vom ersten zum zweiten Teil gelingt nicht ohne
Mühe. Er bahnt sich an in Laurins überraschendem Geständ-
nis, er habe Dietleibs Schwester entführt. Die Schema-Erwartung wird aber sofort enttäuscht, indem Dietleib ohne weiteres
bereit ist, Laurin seine Schwester zur Frau zu geben. Entsprechend erscheint der Zug der Berner in den Berg nicht als
Befreiungsaktion, sondern wird aus dem alten heldenepischen
Schema der verräterischen Einladung mit nachfolgendem Hal-
lenkampf entwickelt. Erst Künhilds Auftritt setzt das Befreiungsschema in Gang, indem sie ihrem Bruder erklärt, daß sie
nicht bei Laurin bleiben wolle. Doch die Schema-Erwartung
trügt erneut. Die Kämpfe im Berg sind allein vom Schema der
verräterischen Einladung her motiviert: sie werden von Laurin
ausgelöst, der sich für die erlittene Schmach rächen will. Künhilds Befreiung ergibt sich am Schluß beiläufig von selbst. So
sind in der Fabel des ‚Laurin‘, wie sie die ältere Vulgat-Version
präsentiert, verschiedene Erzählmodelle ohne Rücksicht auf einen geschlossenen Motivierungszusammenhang neben- und
übereinandergesetzt. Mit diesen heterogenen, nach verschiedenen Seiten strebenden Motivierungstendenzen bot die Fabel einen Anreiz, sie in der einen oder anderen Richtung weiterzu-
entwickeln, und dies ist, wie es scheint, zum Auslöser für die
Fassungsbildung geworden.

Der Bearbeiter der jüngeren Vulgat-Version hat das Befreiungsschema durch die Vorgeschichte verlängert. Diese mündet
aber nicht, wie man erwarten sollte, in eine Befreiungshandlung. Mit Dietleibs Aufenthalt an Dietrichs Hof ist die Entführung vergessen, und die Rosengarten-Handlung setzt ohne jeden Bezug auf die Vorgeschichte nach dem Muster der älteren
Vulgat-Version ein.

Daß und wie man diesen Ansatz auch innerhalb der Kernfabel selbst entwickeln konnte, zeigt der ‚Dresdner Laurin‘. Hier
tritt das Befreiungsschema schon beim Zug der Berner in Laurins Berg in den Vordergrund: die Berner nehmen die Einla-

dung vor allem an, weil sie Gelegenheit zur Befreiung Künhilds bietet. Künhild bittet dann ihren Bruder sofort, sie zu befreien, ohne ein Wort davon zu sagen, daß Laurin sie gut behandelt habe.

Mit der Heterogenität der Erzählmodelle im ‚Laurin‘ hängt eine Doppeldeutigkeit in der Zeichnung der beiden Parteien zusammen. In der älteren Vulgat-Version ist Dietrich deshalb bereit, gegen Laurin anzutreten, weil dieser ihm als würdiger Gegner, als *künec lobesam* (HzL A, V. 64) und *degen hêrlich* (HzL A, V. 76), geschildert wird. Auf diese positive Zeichnung des Zwergenkönigs fällt im ersten Teil kaum ein Schatten; nur Witege spricht einmal von der *hôchvart* Laurins, derentwegen der Garten zerstört werden müsse (HzL A, V. 130 f.), aber eine *hôchvart*-Schuld wird nirgendwo genauer entwickelt und thematisiert. Das hat zur Folge, daß die Zerstörung des Rosengartens, mit der die Aventiure ausgelöst wird, als ungerechtfertigte Gewalttat erscheint. Die negative Zeichnung der Berner paßt jedoch nicht zur Tradition der Gattung und muß daher kompensiert werden. Dies ist die Funktion des zweiten Teils: er baut mit dem Betrugsmotiv im Rahmen des Schemas der verräterischen Einladung und mit dem Frauenraubmotiv im Rahmen des Befreiungsschemas gleich zwei Perspektiven auf, die die Tat der Berner nachträglich als gerechte Bestrafung eines Bösewichts legitimieren.

Der Bearbeiter des ‚Dresdner Laurin‘ hat mit dem Befreiungsschema zugleich Laurins Rolle als Bösewicht forciert und entsprechend die Rechtsposition der Berner in drei Einleitungsstrophen programmatisch begründet: die Gegner Dietrichs werden hier als Vertreter einer gesellschaftsfeindlichen Gegenwelt hingestellt, deren Bekämpfung als höchste Fürstenpflicht gilt. Im Text selbst ist dieses Programm nicht ohne Rest durchgeführt, aber es schafft einen Bezugsrahmen, der das Verständnis leitet.

Auf dieser Linie könnte auch der ‚Preßburger Laurin‘ liegen. Hier fehlt jede positive Kennzeichnung des Zwergenkönigs. Der Zug in den Rosengarten wird offenbar als Strafexpedition vorgestellt, die das Ziel hat, Laurin wegen seiner *hachfart* zu töten (DHB I, S. 295 f., V. 90 und 101). Es scheint, als werde hier nach dem Wortbruch- und dem Entführungsmotiv der dritte der in der älteren Vulgat-Version vorgegebenen Ansätze einer negativen Zeichnung des Zwergenkönigs zur Konstruktion eines Motivierungszusammenhangs verwendet, der die Tat der Berner rechtfertigt. Eine sichere Beurteilung des Textes ist allerdings nicht möglich, nicht nur wegen seines fragmentarischen Zustands, sondern auch deshalb, weil er parodistisch gemeint sein könnte: darauf deutet die Terminierung von Dietrichs Hoffest auf Fasnacht und vielleicht auch das kurios anmutende Auftreten *des hurneyn Seyfrid* (V. 23) und Eckes (V. 25) in Dietrichs Gefolge hin.

Interessanter ist in diesem Zusammenhang die ‚Walberan‘-Version. Ihr Verfasser ist den umgekehrten Weg gegangen: er hat zwar an der Kernfabel nichts Wesentliches geändert, knüpft aber in seiner Gestaltung des Schlusses und in der Fortsetzung an die positiven Züge Laurins an und kritisiert indirekt die Berner. Die Taufe reinigt den Zwergenkönig vom Makel des Heidentums, und ausdrücklich wird seine *triuwe* gerühmt (HzL K I, V. 1673), die er dann als Vermittler zwischen Dietrich und Walberan bewährt. Dietrich selbst korrigiert und diskreditiert zugleich seine Unerbittlichkeit im Rosengarten, indem er sich nun als ein wahres Muster an Versöhnungsbereitschaft zeigt. Auch die Darstellung von Walberans Verhalten liest sich wie ein kritischer Kommentar zum Verhalten der Berner: während diese ohne Kriegserklärung fremdes Land zerstört haben, sagt Walberan, sorgsam bedacht auf seine herrscherliche Ehre, Dietrich in aller Form den Kampf an (HzL K II, V. 185 ff.) und verbietet seinen Leuten bei Todesstrafe, während des Marsches nach Bern Gewalt anzuwenden (HzL K II, V. 499 f.). Der Verfasser dieser Version hat die Doppeldeutigkeit der Laurin-Gestalt zu deren Gunsten entschieden, indem er die in der Fabel angelegten positiven Züge verlängerte und akzentuierte und die Handlungsweise der Berner im Gegenlauf paralleler Szenen kritisch beleuchtete.

Auch die Fassungsbildung in der Überlieferung des ‚Laurin‘

läßt sich der gattungstypischen Auseinandersetzung mit den Werten des höfischen Rittertums zuordnen, wie sie auf je besondere Weise im ,Goldemar‘, im ,Eckenlied‘ und in der ,Virginal‘ geführt wird. Die Fabel macht – in der Gewalttat der Berner im Rosengarten – die Sinn- und Rechtlosigkeit von Aventiure als Kampf um des Kampfes willen sichtbar. Die ,Walberan‘-Version hat dieses kritische Potential genutzt, die anderen Versionen – am konsequentesten der ,Dresdner Laurin‘ – haben sich darum bemüht, der Aventiure einen Sinn abzugewinnen, indem sie sie als soziale Tat akzentuierten.

Literatur:
Firestone, S. 153 ff.; DE, S. 192 ff.; Joachim Heinzle, Überlieferungsgeschichte als Literaturgeschichte. Zur Textentwicklung des Laurin, in: DHT, S. 172–191; Marina Cometta, Il Laurin e il mondo die racconti popolari, Milano 1981; J. Wesley Thomas, Structure and Interpretation in Four Medieval German Novellas, in: Spectrum Medii Aevi (wie S. 120), S. 509–520; Marina Cometta, Il Laurin nella tradizione tedesca del XV e XVI secolo, in: ACME – Annali della Facoltà di Lettere e Filosofia dell‘Università degli Studi di Milano 37/1 (1984), S. 29–74; George T. Gillespie, Laurin, in: Geistliche und weltliche Epik des Mittelalters in Österreich (wie S. 7), S. 107–117; Meyer, Die Verfügbarkeit der Fiktion (wie S. 127), S. 237 ff.; Ursula Hennig, Wunderbares und Wundertaten in deutscher Heldendichtung, in: Das Wunderbare in der mittelalterlichen Dichtung, hg. von Dietrich Schmidtke, Göppingen 1994 (GAG 606), S. 15–35.

,Rosengarten‘
Überlieferung

Der ,Rosengarten‘ – zur Unterscheidung vom ,Laurin‘ auch ,Rosengarten zu Worms‘ oder der ,Große Rosengarten‘ genannt (vgl. S. 183 f.) – ist in einundzwanzig Handschriften vom frühen 14. Jahrhundert bis ca. 1500 und in den sechs Drucken des Heldenbuchs (1479 bis 1590) überliefert:

Handschriften:

R_1 (F_2):   Staatsbibl. Prag, Fragm. germ. 5 – Fragment einer Pergamenthandschrift, 1. Hälfte 14. Jahrhundert, mitteldeutsch – vgl. DE, S. 313;

R_2 (F, B, F_3): Staatsbibl. Berlin, Nachlaß Grimm Nr. 131,4 – Fragment einer Pergamenthandschrift, Anfang 14. Jahrhundert, mitteldeutsch – vgl. DE, S. 314;

R_3 (D, F_1): ehem. Danzig, Stadtbibl., Ms. 2412 (Verbleib nicht ermittelt) – Fragment einer Pergamenthandschrift, 14. Jahrhundert, mitteldeutsch – vgl. DE, S. 314;

R_4 (Aa, d^n, a): Handschrift des 14. Jahrhunderts, erhalten nur in einer Abschrift ihres Entdeckers Bernhard Joseph Docen: Bayerische Staatsbibl. München, Doceniana C 56 – vgl. DE, S. 314;

R_5 (T):   Nationalmuseum Prag, Cod. I E a 3 – Fragment einer Pergamenthandschrift, 2. Hälfte 14. Jahrhundert, aus Böhmen (?) – vgl. DE, S. 314 f.;

R_6 (Dc, p): Graf von Schönbornsche Schloßbibl. Pommersfelden, Cod. 54 (früher 2798) – s. S. 145 f.;

R_7 (C, f):   Stadt- und Universitätsbibl. Frankfurt a. M., Ms. germ. 4° 2 – s. S. 146;

R_8 (K):   Kongelige Bibliotek Kopenhagen, Fragmenter 18 I etc. – s. S. 136;

R_9 (Da, h): Universitätsbibl. Heidelberg, Cpg 359 – Papier, um 1420, aus dem Elsaß (?) – ,Rosengarten' und ,Lucidarius' – vgl. DE, S. 317;

R_{10}:   Stadtbibl. Dessau, Hs. Georg. 224 4° – s. S. 146;

R_{11} (Aa, m): ehem. München, Bayerische Staatsbibl., Cgm 429 (Verbleib nicht ermittelt) – erhalten eine Abschrift von Friedrich Heinrich von der Hagen: Staatsbibl. Berlin, Ms. germ. 4° 771 – Papier, Mitte 15. Jahrhundert, aus Augsburg (?) – Strickers ,Daniel von dem blühenden Tal' und ,Rosengarten' – vgl. DE, S. 317 f.;

R_{12} (Ac, b): Staatsbibl. Berlin, Ms. germ. 4° 744 – Papier, 1453, mitteldeutsch – Abdruck durch Philipp – vgl. DE, S. 318;

R_{13}:   Graf von Schönbornsche Schloßbibl. Pommersfelden, Cod. 5 (früher 2949) – Papier, 1470, niederdeutsch – Bertholds von Holle ‚Crane' und der Beginn des ‚Rosengarten' – vgl. DE, S. 318;

R_{14} (B, ß) – Dresdner Heldenbuch – s. S. 44, 111;

R_{15} (Dc, s_1) – die zweite Straßburger Heldenbuch-Handschrift (s. S. 44): ehem. Stadtbibl./Johanniter-Bibl. Straßburg, Cod. B 81 (1870 verbrannt) – vom ‚Rosengarten' sind Auszüge in Abschriften des 19. Jahrhunderts in Ms. germ. 4° 921 der Staatsbibl. Berlin erhalten (s. S. 127 zu S_2) – Papier, 1476, aus dem Elsaß (Straßburg?) – vgl. DE, S. 318, VL III, Sp. 954;

R_{16} (Db, s) – Heldenbuch-Handschrift des Diebolt von Hanowe – s. S. 44, 127;

R_{17} (Aa, d): Sächsische Landesbibl. Dresden, Msc. M 56 – Papier, 1489, aus Augsburg (?) – Strickers ‚Daniel von dem blühenden Tal' und ‚Rosengarten' (Abschrift von R_{11}) – vgl. DE, S. 319;

R_{18} (Dd, b_1, b): Staatsbibl. Berlin, Ms. germ. 4° 577 – Fragment einer Papierhandschrift, 15./16. Jahrhundert, mitteldeutsch – vgl. DE, S. 319;

R_{19}:   Fragment aus Ms. theol. lat. 2° 82 der Staatsbibl. Berlin – Pergament, 1. Drittel 14. Jahrhundert, mitteldeutsch – Abdruck durch Bernhard Schnell: Eine neue Fassung des Rosengarten?, in: ZfdA 108 (1979), S. 33–50;

R_{20}:   Biblioteka Jagiellońska Krakau, Berol. Ms. germ. 4° 1497 – s. S. 148;

R_{21}:   Pfarrarchiv Kempen, H 44 – Fragment einer Pergamenthandschrift, 1. Hälfte 14. Jahrhundert, niederdeutsch – Abdruck durch Helmut Tervooren: Ein

neues Fragment des Rosengartens, in: ZfdPh 114
(1995), S. 119–122.

Drucke:

r_1 – erster Druck des Heldenbuchs – s. S. 44 f., 148 f.;
r_2 – zweiter Druck des Heldenbuchs – s. S. 45, 149;
r_3 – dritter Druck des Heldenbuchs – s. S. 45, 149 f.;
r_4 – vierter Druck des Heldenbuchs – s. S. 45, 150;
r_5 – fünfter Druck des Heldenbuchs – s. S. 45, 151;
r_6 – sechster Druck des Heldenbuchs – s. S. 45, 151 f.

Man kann mindestens fünf Versionen unterscheiden:

1. Version A, in drei Fassungen:
    a. der älteren Vulgat-Fassung in sechs Handschriften des 14.
       und 15. Jahrhunderts (R_4, R_{10}, R_{11}, R_{12}, R_{17}, R_{20});
    b. der jüngeren Vulgat-Fassung in den Drucken (r_1-r_6);
    c. dem ‚Dresdner Rosengarten‘ (R_{14});

2. Version DP, in zwei Fassungen,
    a. der Vulgat-Fassung D in fünf Handschriften des 15./16.
       Jahrhunderts (R_8, R_9, R_{15}, R_{16}, R_{18});
    b. der Fassung P in einer Handschrift (R_6) und einem gerin-
       gen Fragment (R_5) des 14. Jahrhunderts;

3. Version F in drei Fragmenten des 14. Jahrhunderts, die möglicherweise verschiedene Fassungen repräsentieren (R_1, R_2,
   R_3);

4. Version C in einer Handschrift des 14. Jahrhunderts (R_7);

5. eine niederdeutsche Version in einer Handschrift des 15.
   Jahrhunderts (R_{13}).

Zwei Bruchstücke des 14. Jahrhunderts (R_{19} und R_{21}) lassen
sich nicht zuordnen: sie können eigenständige Versionen repräsentieren, aber auch zu einer der genannten Versionen gehören.

Der ‚Rosengarten‘ ist im Hildebrandston abgefaßt (s. S. 85), die jüngere Vulgat-Fassung der Version A und der ‚Dresdner Rosengarten‘ in der Variante mit Zäsurreimen (Heunenweise: s. S. 153).

Ausgaben:
Die beiden wichtigsten Fassungen (die ältere Vulgat-Fassung der Version A und die Vulgat-Fassung D der Version DP) und die Version mit der ältesten Überlieferung (F) liest man am bequemsten in der kritischen Ausgabe von Georg Holz: HzR, Texte A, D, F (zur Beurteilung der Ausgabe vgl. Samuel Singer, in: AfdA 21 [1895], S. 65–75). Für die ältere Vulgat-Fassung der Version A kann man auch auf den Abdruck der Handschrift R₁₂ durch Philipp zurückgreifen. – Für die jüngere Vulgat-Fassung der Version A stehen der Abdruck (HBK) und das Faksimile (HBFaks) des ersten Drucks zur Verfügung. – Der ‚Dresdner Rosengarten‘ ist in HBHP II abgedruckt. – Ausgabe der Fassung P der Version DP von Karl Bartsch: Der Rosengarte, in: Germania 4 (1859), S. 1–33. – Ausgabe der Version C von Wilhelm Grimm: Der Rosengarte, Göttingen 1836. – Die niederdeutsche Version, von der nur 53 Kurzzeilen vom Eingang erhalten sind, hat Georg Holz in der vorauszusetzenden strophischen Form hergestellt: HzR, S. LXXf.

Neben den erzählenden Texten stehen Dramatisierungen: das Reihenkampf-Schema bot sich für eine szenische Umsetzung geradezu an. Es ist damit zu rechnen, daß es einschlägige Aufführungen schon früh gegeben hat, doch sind Nachrichten, die ein *spil mit dem rosen garten* (so 1429 aus dem fränkischen Windsheim) o. ä. erwähnen, leider nicht eindeutig (s. u.). Texte sind erst aus dem 16. Jahrhundert erhalten.

Die älteste Aufzeichnung, *Das recken spil. Ain vasnacht spill von den risn oder recken*, findet sich in der berühmten Spiele-Sammlung des Sterzinger Malers Vigil Raber in einem auf 1511 datierten Eintrag. Ein weiterer Text ist nur fragmentarisch erhalten: Reste – sechs Blätter – einer mit Federzeichnungen illustrierten Handschrift von 1533 (Abb. 11), die in der Staatsbibl. Berlin aufbewahrt wird (Ms. germ. 2° 800). Der Vergleich der beiden Texte zeigt, daß es sich um Fassungen ein und desselben Spiels handelt und daß der Sterzinger Text, der nur sechs der zwölf Kämpfe enthält, eine kürzende Bearbeitung darstellt (Behauptungen in der Forschung, die beiden Spiele gingen unabhängig voneinander auf dieselbe epische Vorlage zurück, sind falsch). Das Spiel ist nächstverwandt mit der Fassung der Heldenbuch-Drucke, doch kämpfen im Sterzinger Text wie in DP(C) Hildebrand und Gibich als letzte nach Dietrich und Siegfried (in den Berliner Fragmenten fehlen die beiden Kämpfe).

Sicher auf einem Heldenbuch-Druck beruht die Verarbeitung der ‚Rosengarten'-Geschichte in Hans Sachs' *Tragedij* ‚Der hürnen Seufrid' von 1557.

Literatur:
Der Sterzinger Text ist zuletzt von Werner M. Bauer ediert worden: Sterzinger Spiele. Die weltlichen Spiele des Sterzinger Spielearchivs nach den Originalhandschriften (1510–1535) von Vigil Raber und nach der Ausgabe von Oswald Zingerle (1886), Wien 1982 (Wiener Neudrucke 6), S. 9–26. Die Berliner Fragmente hat Wilhelm Grimm abgedruckt: Bruchstücke einer Bearbeitung des Rosengartens, in: ZfdA 11 (1859), S. 243–253 (wieder in: W. G., Kleinere Schriften, IV, Gütersloh 1887, S. 468–478), mit verkehrter Reihenfolge (richtiggestellt von Philipp, S. XX). – Vgl. zu den beiden Texten und zu den Spielnachrichten DE, S. 32, und Eckehard Simon, Rosengartenspiele: Zu Schauspiel und Turnier im Spätmittelalter, in: Entzauberung der Welt, hg. von James F. Poag/Thomas C. Fox, Tübingen 1989, S. 197–209; zum Sterzinger Spiel Werner M. Bauer, Das Tirolische Reckenspiel, in: DHT, S. 355–381 (philologisch unzulänglich), und Norbert Richard Wolf, Raber, Vigil, in: VL VII, Sp. 943–958 (951). – Zu Hans Sachs: Horst Brunner, Hürnen Seyfrid, in: VL IV, Sp. 317–326 (324).

Zu den deutschen Texten kommt eine (offenbar P nahestehende) tschechische Bearbeitung. Sie ist in zwei Bruchstücken in Prag und Brünn erhalten, die wie die Bearbeitung selbst in die zweite Hälfte des 14. Jahrhunderts datiert werden.

Literatur:
Der Text ist bequem in Übersetzungen von Georg Holz zugänglich, der des Prager Bruchstücks in: Holz, Zum Rosengarten (wie S. 181), S. 9 ff., der des Brünner Bruchstücks, das nur ein paar Verse umfaßt, in HzR, S. LXXII. Vgl. DE, S. 33, Anm. 40; Bok (wie S. 155).

Inhalt

Version A (ältere Vulgat-Fassung: HzR A 390 Strophen): I.
Kriemhild, die Tochter des Burgundenkönigs Gibich, besitzt in
Worms einen prächtigen Rosengarten, den zwölf Helden – darunter ihr Vater, ihre Brüder und ihr Verlobter Siegfried – bewa-
chen. Sie wünscht, daß Siegfried sich im Kampf mit Dietrich
mißt. Eine Delegation unter Herzog Sabin, dem für die Erledigung des Auftrags die Hand der Dame Bersabe aus Kriemhilds
Gefolge zugesagt wird, begibt sich nach Bern. Die Boten kommen an und werden nach anfänglichen Schwierigkeiten emp-
fangen. Kriemhilds Brief wird verlesen: Dietrich und elf seiner
Helden sollen im Rosengarten gegen dessen Hüter kämpfen;
als Kampfpreis winkt jedem Sieger ein Rosenkranz und ein
Kuß Kriemhilds. Dietrich will die Boten im ersten Zorn über
die anmaßend abgefaßte Botschaft töten lassen, wird aber von
Wolfhart und Hildebrand besänftigt und entschließt sich, die
Herausforderung anzunehmen. Sabin überbringt Kriemhild
Dietrichs Antwort und begibt sich mit Bersabe in sein Land. –
II. Hildebrand bestimmt die einzelnen Kämpfer, von denen
Dietleib und Hildebrands Bruder Ilsan, der als Mönch in einem
Kloster lebt, erst herbeigeholt werden müssen. Sigestab reitet
aus, um Dietleib zu holen. Nach vergeblicher Suche in der
Steiermark bei Biterolf und in Bechelaren bei Rüdiger findet er
ihn in Wien. Dietleib ist bereit zu kämpfen und zieht mit Sigestab nach Bern, wo er freundlich empfangen wird. Dietrich
versammelt ein Heer von sechzigtausend Mann. Das Heer
zieht zu Ilsans Kloster. Der Mönch hält die Berner zunächst für
Feinde und zieht ihnen gewappnet entgegen. Hildebrand läßt
sich zum Scherz auf einen Kampf ein, gibt sich dann zu erkennen und unterrichtet Ilsan über den Zweck ihres Kommens. Ilsan zieht mit, nachdem er versprochen hat, seinen Mitbrüdern,
die ihm wegen seiner Gewalttätigkeiten Flüche nachsenden,
Rosenkränze mitzubringen. Zehntägige Reise nach Worms.
Die Berner werden von Gibich und Kriemhild empfangen. – III.
Gibich und Hildebrand rufen jeweils die Kämpfer auf. Es tre-

ten an: der Riese Pusolt gegen Wolfhart, der Riese Ortwin gegen Sigestab, der Riese Schrutan gegen Heime, der Riese Asprian gegen Witege, Studenfuchs vom Rhein gegen Ilsan, Walther
vom Wasgenstein gegen Dietleib, Volker von Alzeie gegen Ortwin, Hagen gegen Eckehart, Gernot gegen Helmschrot, Gunther gegen Amelolt, Gibich gegen Hildebrand, Siegfried gegen
Dietrich. Der Sieger erhält im Anschluß an den Kampf Kuß
und Rosenkranz von Kriemhild. Mit Ausnahme des Kampfes
zwischen Dietleib und Walther, der unentschieden ausgeht, enden alle Kämpfe mit einem Sieg der Berner Helden. Witege ist
erst bereit zu kämpfen, als Dietrich ihm das Roß Schemming
im Tausch gegen Witeges Falke anbietet. Dietrich weigert sich
aus Furcht vor seinem Gegner zu kämpfen und muß erst von
Hildebrand und Wolfhart gereizt werden. Am Ende fordert Ilsan noch einmal zweiundfünfzig Gegner heraus, besiegt sie alle
und erwirbt zweiundfünfzig Rosenkränze für seine Mitbrüder
und zweiundfünfzig Küsse Kriemhilds, der er mit seinem rau-
hen Bart das Gesicht zerkratzt. Gibich muß sein Land von Dietrich zu Lehen nehmen. – IV. Die Berner ziehen nach Hause.
Nach einem Fest in Bern verabschieden sich die Helden von
Dietrich. Ilsan kehrt in sein Kloster zurück und drückt den
Mönchen die Rosenkränze aufs Haupt, daß das Blut herunter-
läuft.

Version DP, Vulgat-Fassung D (HzR D 633 Strophen): I.
Herr des Rosengartens ist Gibich, der verkünden läßt, er wolle
dem untertan sein, der die Hüter des Gartens besiege. König
Etzel erfährt davon und begibt sich nach Bern zu Dietrich. Der
erklärt sich bereit, mit ihm nach Worms zu ziehen, und führt
ihn zu seinen Leuten in den Saal. Da stellt sich heraus, daß
Dietrich inzwischen – wie in A – einen Herausforderungsbrief
Kriemhilds erhalten hat. Der Brief wird verlesen; man entschließt sich zur Fahrt. – II. Hildebrand wählt die Kämpfer aus.
Diether wird zu Dietleib und Rüdiger gesandt. Dietrich und
Hildebrand holen Ilsan im Kloster ab. Man zieht zu Etzels Residenz. Königin Herche empfängt die Gäste freundlich und läßt
sie prächtig ausstatten. Aufbruch nach Worms. Nach zwanzig

Tagen kommen sie an den Rhein, wo der Fährmann Norprecht
Fuß und Hand als Zoll verlangt. Ilsan bezwingt den Fährmann;
das Heer wird übergesetzt. Vor Worms wird das Lager aufge-
schlagen. Rüdiger überbringt Kriemhild die Kampfansage Etzels und Dietrichs. Bei einem nächtlichen Erkundungsritt trifft
Sigestab auf Rienold von Mailand, der auf Seiten der Wormser
kämpft, und verwundet ihn. – III. Hildebrand vereinbart mit
Gibich die Kämpferpaare. Es treten an: Hagen gegen Wolfhart,
der Riese Asprian gegen Witege, der Riese Schrutan gegen Heime, Stüefing gegen Dietleib, Gunther gegen Vruot von Dänemark, Gernot gegen Rüdiger, Walther von Kerlinc (Frankreich)
gegen Hartnit von Riuzen, Herbort gegen Dietrich von Grie-
chenland, Rienolt gegen Sigestab, Volker gegen Ilsan, Siegfried
gegen Dietrich, Gibich gegen Hildebrand. Auch hier unterliegen die Wormser Helden, nur Walther kämpft wieder unentschieden. Witege kämpft erst, als ihm Dietrich das Pferd
Schemming anbietet, das Witege einst von seinem Vater mitgebracht und an Dietrich verloren hatte. Gibich muß sein Land
von Etzel und Dietrich zu Lehen nehmen. Jeder Sieger erhält einen Rosenkranz und den Kuß eines Mädchens. Wolfhart und
Hagen versöhnen sich. Hagen verflucht Kriemhild. – IV. Aufbruch der Berner und Hunnen. Empfang in Bechelaren und an
Etzels Hof. Allgemeine Heimkehr der Helden.
    Fassung P stimmt in den Grundzügen zu D, ist aber wesent-
lich knapper und geht in manchem eigene Wege.
    Einen ganz eigenartigen Text bietet, soweit das nach den ge-
ringen Bruchstücken zu beurteilen ist, Version F. – Bruchstück
I: Kriemhild will Seburg, die Herzogin von Bayern, zu Dietrich
senden. Auf Hagens Rat läßt sie ihr die Bitte durch ihren Geliebten Dankwart übermitteln. – Bruchstück II: Seburg sendet
die Dame Wendelmut aus ihrem Gefolge nach Bern. Wendelmut besorgt ein prächtiges Quartier bei einem reichen Kaufmann und kündigt Dietrich den Besuch Seburgs an. Seburg
wird mit aller höfischen Pracht – Turnier und Festmahl – empfangen, verläßt Bern aber noch, bevor Kriemhilds Brief verlesen wird. – Bruchstück III: Diskussion der Berner über die Her-

ausforderung, Entschluß zur Annahme, Auswahl der Kämpfer.
– Bruchstück IV: Ausschnitt aus den Kämpfen: Witege wird
von Walther besiegt. Dietleib besiegt Schrutan. Ein Kampf zwischen Nudung und Gunther kommt nicht zustande, weil beide
Seiten um ihren Kämpfer fürchten. Ein Kampf zwischen Eckewart und Herbort wird aufgeschoben, weil Heime zuerst
kämpfen will. – Bruchstück V: Ilsan im Kampf gegen Hagens
und Dankwarts Vater Aldrian. Ilsan ersticht Aldrian mit dem
Messer. Tumult. Schließlich verbinden sich Hagen und Dankwart mit den Bernern, um sich an der Mörderin Kriemhild zu
rächen. Diese wendet sich an Seburg, die bei ihrem Geliebten
Dankwart vermitteln soll.

Version C stellt eine Mischung aus Teilen des A- und des DP-
Typs dar. Von der niederdeutschen Version der Handschrift R$_{13}$
ist nur der Eingang mit einer völlig eigenständigen Schilderung
des Rosengartens erhalten.

Textgeschichte

Es ist damit zu rechnen, daß der ‚Rosengarten‘ noch in der ersten Hälfte des 13. Jahrhunderts entstand. Sicher bezeugt ist
seine Existenz allerdings erst für den Anfang des 14. Jahrhunderts: aus dieser Zeit stammen die älteste Überlieferung (das
Berliner Fragment R$_2$) und das älteste Rezeptionszeugnis, eine
Passage in Ottokars von Steiermark ‚Steirischer Reimchronik‘,
in der der Chronist die Tapferkeit König Ottokars von Böhmen
rühmt (Ottokars österreichische Reimchronik, hg. von Joseph
Seemüller, Hannover 1890 [Monumenta Germaniae Historica.
Deutsche Chroniken V/1], V. 16 597 ff.):

> *doch wizzet sicherlich,*
> *daz von Bern an hern Dietrich*
> *solich ellen nie wart schîn*
> *gegen Sîfriden dem hurnîn*

in dem rôsengarten,
als man von Bêheim den zarten
dâ sach begên und tuon.

Seid versichert, daß Herr Dietrich von Bern im Kampf gegen den hörnernen Siegfried im Rosengarten nicht solchen Mut gezeigt hat, wie man es hier den Edlen aus Böhmen tun sah.

Über den Entstehungsort des Textes läßt sich nichts Sicheres sagen. Die Annahme der älteren Forschung, daß er im bairisch-österreichischen Sprachraum verfaßt wurde, beruhte auf falschen Prämissen. Sie bezeichnet nicht mehr als eine Möglichkeit.

Literatur:
DE, S. 44 ff., 53f. – Zu der Ottokar-Stelle jetzt: Ch. März, Geborgte Helden, geliehene Gefühle. Heldenepos und höfischer Roman in Ottokars ,Österreichischer Reimchronik', in: PHG4, S. 123–136 (130 f.)

Für eine Datierung in die erste Hälfte des 13. Jahrhunderts spricht vor allem die Beziehung des ,Rosengarten' zu dem Heldenroman von ,Biterolf und Dietleib', der von manchen zur Dietrichepik gerechnet wird, aber doch nur in ihr weiteres stoffliches Umfeld gehört und in dem zyklisch strukturierten Erzählverband der heroischen Welt nicht viel enger als ,Nibelungenlied' und ,Nibelungenklage' über Personen und Ereignisse mit ihr verknüpft ist. Der Roman handelt von König Biterolf von Toledo und seinem Sohn Dietleib, die am Hof Etzels leben und von diesem für ihre Dienste mit der Steiermark beschenkt werden. Der zweite Teil des Werks zeigt enge Berührungen mit dem ,Rosengarten'. Mit einem großen Heer unter der Führung Rüdigers, das die Etzel-Helden und Dietrich und seine Gesellen vereint, unternimmt Dietleib einen Feldzug nach Worms, um sich dafür zu rächen, daß Gunther, Gernot und Hagen ihn angegriffen haben, als er einst auf dem Weg von Spanien zum Etzelhof den Rhein überqueren wollte. Die teils

ernsten und blutigen, teils turniermäßig sportlichen Kämpfe in
Worms, in denen Dietrich auf Siegfried trifft, enden versöhnlich. Der ‚Biterolf' stimmt in der Darstellung dieser Kämpfe so
sehr – gelegentlich bis in die Formulierungen hinein – mit dem
‚Rosengarten' überein, daß an einem genetischen Zusammenhang nicht zu zweifeln ist. Dabei spricht alles dafür, daß der
‚Rosengarten' der gebende Teil war. Leider ist der ‚Biterolf' allein im späten Ambraser Heldenbuch überliefert (s. S. 45) und
läßt sich nur vage und ohne letzte Sicherheit auf die Mitte des
13. Jahrhunderts datieren. So liefert er zwar keinen Beweis,
gibt aber doch einen Hinweis, daß der ‚Rosengarten' noch vor
der Jahrhundertmitte entstanden ist.

Literatur:

Der ‚Biterolf' wurde zuletzt von André Schnyder herausgegeben: Biterolf und
Dietleib, Bern/Stuttgart 1980 (Sprache und Dichtung N. F. 31) (dazu Joachim
Heinzle, in: ZfdPh 102 [1983], S. 143–148). Dort auch ausführliche Erörte-
rung der Forschungsprobleme. Ergänzend dazu: Michael Curschmann, Biterolf und Dietleib (Biterolf), in: VL I, Sp. 879–883. – Die bei Curschmann
(Sp. 882) und Schnyder (S. 51 ff.) noch vertretene präzise Datierung in die
fünfziger Jahre des 13. Jahrhunderts (1254/60 bzw. 1257/59) ist unhaltbar:
vgl. Heinzle (wie oben), S. 144; Bumke (wie S. 27), S. 484 ff. Der Ansatz um
die Mitte des 13. Jahrhunderts kann sich nur darauf stützen, daß sich im Text
eine Art steirisches Landesbewußtsein äußert, das zu den politischen Verhält-
nissen dieser Zeit paßt. Vgl. Fritz Peter Knapp, Sagengeographie und euro-
päischer Krieg in Biterolf und Dietleib, in: PHG, S. 69–77; ders., Literarische
Interessenbildung (wie S. 75), S. 115 ff. – Daß der ‚Biterolf' vom ‚Rosengarten'
abhängt (und nicht umgekehrt der ‚Rosengarten' vom ‚Biterolf'), hat Brestowsky, S. 63 ff., wahrscheinlich machen können.

Die engsten Beziehungen weist der ‚Biterolf' zur Fassung D
des ‚Rosengarten' auf. Die Forschung hat das immer schon
gewußt, gleichwohl nahm man lange Zeit an, Version A re-
präsentiere die älteste Fassung, aus der (über eine Zwischen-
stufe) D(P) und F entwickelt worden seien. Davon kann heute keine Rede mehr sein. Es scheint allenfalls diskutabel, daß
F und P abgeleitete Texte sind. Über die Priorität von A oder

D kann man nichts sagen: die beiden Versionen stehen sich im gesamten – vorwiegend mitteldeutschen und alemannischen – Verbreitungsgebiet als Texte aus je eigenem Recht gegenüber.

Literatur:
Philipp (dazu Elias Steinmeyer, in: AfdA 6 [1880], S. 229–235); Georg Holz, Zum Rosengarten. Untersuchung des Gedichtes II, Halle 1889, ²1893 (dazu Samuel Singer, in: AfdA 17 [1891], S. 35–43); Brestowsky; Erich Benedikt, Untersuchungen zu den Epen vom Wormser Rosengarten, Diss. (Masch.) Wien 1951; DE, S. 123 ff., 211ff.

Stoffliche Grundlagen

Konstitutiv für die ,Rosengarten'-Geschichte sind drei Momente: das Reihenkampf-Schema, die Lokalisierung der Kämpfe in einem Rosengarten und die Einbindung des Geschehens in die Nibelungensage.

Das Reihenkampf-Schema findet sich auch in der ,Virginal' (s. S. 140). Die engste Parallele bietet jedoch die Erzählung von Thidreks Zug ins Bertangenland in der ,Thidrekssaga' (ThSB I, S. 352 ff./II, S. 1 ff. = ThSE, S. 236 ff.): Thidrek rühmt sich seiner und seiner Gesellen Kraft: niemand sei ihnen ebenbürtig. Herbrand warnt ihn: sie könnten ihre Meister finden in König Isung von Bertangenland, seinen elf Söhnen und seinem Bannerträger Jung-Sigurd (Siegfried). Thidrek macht sich sogleich mit seinen zwölf Gesellen ins Bertangenland auf. Im Bertangenwald besiegt Widga den Riesen Etgeir, der das Land bewacht. Vor Isungs Stadt schlagen sie ihre Zelte auf. Sigurd bemerkt das Lager und berichtet Isung und dessen Söhnen davon, indem er die dreizehn Schilde beschreibt, die an den Zelten hängen. Isung schickt Sigurd als Boten in das Lager. Dieser verlangt im Namen des Königs Tribut von Thidrek, der seinerseits den König und seine Helden zum Zweikampf herausfordert. Als Botengeschenk soll Sigurd von Thidrek Roß und Schild ei-

nes der Thidrek-Mannen bekommen, der ausgelost wird. Das
Los fällt auf Amlung. Der reitet Sigurd auf Widgas Skemming
nach und fordert sein Pferd zurück, läßt sich auf einen Kampf
mit Sigurd ein, unterliegt und muß Sigurd auch noch Skemming überlassen. Sigurd schenkt ihm indes beide Pferde, weil er
mit ihm verwandt ist. Amlung soll Thidrek und seinen Gesellen erzählen, er habe Sigurd die Pferde im Kampf abgewonnen.
Sigurd läßt sich von ihm an eine Linde binden. Auf Amlungs
Bericht reitet Widga los, um zu erkunden, ob er die Wahrheit
gesagt hat. Als Sigurd Widga heranreiten sieht, macht er sich
los und läßt die zerrissenen Fesseln zurück. Widga sieht sie und
ist nun überzeugt, daß Amlung nicht gelogen hat. Inzwischen
ist Sigurd bei Isung und überbringt ihm die Herausforderung.
Isung nimmt sie an. Am nächsten Morgen reitet er mit den Seinen zu Thidreks Lager. Man vereinbart eine Folge von dreizehn
Einzelkämpfen zu Fuß. Heime, Herbrand, Wild-Ewer, Sintram
von Venedig und Fasold unterliegen nacheinander den ersten
fünf Söhnen Isungs; Amlung überwindet den sechsten Sohn;
Jarl Hornbogi und Högni unterliegen dem siebten und achten
Sohn; Thetleif der Däne überwindet den neunten, Hildibrand
unterliegt dem zehnten Sohn, Gunnar dem König selbst; Widga überwindet den elften Sohn. Den dreizehnten und letzten
Kampf bestreiten Thidrek und Sigurd. Da Thidreks Schwert
Eckesachs der harten Haut Sigurds nichts anhaben kann, leiht
Thidrek sich Widgas Schwert Mimung, muß Sigurd aber
schwören, daß er es nicht benutzt. Thidrek greift zu einer List:
er hält Mimung hinter seinen Rücken, stößt es mit der Spitze in
die Erde, stützt sich mit dem Rücken gegen den Griff und
schwört, er wisse Mimungs Spitze nicht über der Erde und seinen Griff nicht in eines Mannes Hand. Sigurd ist mit diesem
Eid zufrieden. Thidrek aber ergreift Mimung und kämpft Sigurd nieder, der seine Waffen ausliefert und Thidreks Gefolgs-
mann wird. Thidrek und Isung schließen Freundschaft. Amlung wird mit Isungs Tochter Fallborg verheiratet. Die Berner
reiten nach Hause. Mit ihnen zieht Sigurd, den sie in ihren
Kreis aufnehmen.

In welchem Verhältnis diese Geschichte zur ‚Rosengarten'-Überlieferung steht, ist umstritten. Am einfachsten ist die Annahme, daß der Verfasser der Saga den ‚Rosengarten' benutzt hat (was wiederum bedeutete, daß das Werk vor der Mitte des 13. Jahrhunderts entstanden ist). Doch kann man nicht ausschließen, daß es eine ältere Überlieferung von einem Reihenkampf Dietrichs und seiner Gesellen gab, der im direkten Vergleich Dietrichs mit Siegfried gipfelte, aber noch nicht in einem Rosengarten stattfand. Aus dieser Überlieferung hätten dann unabhängig voneinander die ‚Thidrekssaga' und der ‚Rosengarten' geschöpft.

Literatur:
Richard Constant Boer, Die Dichtungen von dem Kampfe im Rosengarten, in: Arkiv för nordisk Filologi 24 (1908), S. 103–155, 260–291; Friese, S. 93 ff.; Brestowsky, S. 2 ff.; DE, S. 45.

Wie es zu der Lokalisierung des Kampfes gerade in einem Rosengarten kam und was sie zu bedeuten hat, ist unklar. Vielleicht wurde das Motiv einfach aus dem ‚Laurin' übernommen. Doch bleibt auffällig, daß es eine ganze Reihe von Nachrichten über städtische Turniere gibt, die an einem als ‚Rosengarten' bezeichneten Ort stattfanden und bisweilen selber ‚Rosengarten' genannt wurden (man konnte sagen: ‚den Rosengarten fechten'). Es ist nicht wahrscheinlich, daß sich alle diese Turniere auf die ‚Rosengarten'-Dichtung beziehen oder gar szenische Umsetzungen der ‚Rosengarten'-Handlung, also ‚Rosengarten'-Spiele, sind. Vielmehr hat es den Anschein, als seien Rosengärten traditionell Turnier-, Spiel- und Festplätze gewesen.

Literatur:
Zur möglichen Abhängigkeit des ‚Rosengarten' vom ‚Laurin': Lunzer, Rosengartenmotive (wie S. 165); Brestowsky, S. 76 ff. Daß man der Parallelität der Kampfplätze im ‚Laurin' und ‚Rosengarten' Bedeutung beimaß, zeigt die häufige Verbindung von ‚Laurin' und ‚Rosengarten' in der Überlieferung, die nur aus dieser Motiv-Korrespondenz erklärbar ist. Sie kommt auch in der Titel-Ge-

bung zum Ausdruck: in der Frankfurter Handschrift (L₁/R₂) etwa wird der
‚Laurin‘ *der kleine rosen garte* (Blatt 16ʳ), der ‚Rosengarten‘ dagegen *der große rosen garte von wormse* bzw. *der grozze Rosen garte* (Blatt 24ʳ) genannt. –
Zu den Rosengarten-Turnieren: Simon (wie S. 174). – ‚Rosengarten‘ ist im
übrigen ein verbreiteter Flurname, der seit 1422 auch in Worms bezeugt ist:
mehrere Rheininseln vor der Stadt wurden so genannt (vgl. Eugen Kranzbüh-
ler, Worms und die Heldensage, Worms 1930, S. 56 ff.). Zahlreiche Belege für
Rosengarten-Orte hat Kurt Ranke gesammelt: Rosengarten, Recht und Toten-
kult, Hamburg o. J. (1951), insbesondere S. 76ff.: Rosengärten als Spiel- und
Festplätze. Nach Ranke sollen die Rosengärten ursprünglich Stätten des germanischen Totenkults gewesen sein, ihr Name leite sich von der roten Farbe
des Blutes her und sei erst sekundär mit der Blume verbunden worden. Für die
Erklärung des ‚Laurin‘ und des ‚Rosengarten‘ tragen die abstrus anmutenden
Spekulationen nichts bei. Vgl. auch Braches (wie S. 165).

Man kann den ‚Rosengarten‘ als Sproßdichtung der Nibelungensage bezeichnen: er schildert ein Ereignis, das am Wormser
Hof zu der Zeit geschah, als Siegfried um Kriemhild warb bzw.
mit ihr verlobt war. Mit der Darstellung des ‚Nibelungenliedes‘
ist das allerdings nicht zu vereinbaren, schon gar nicht, wenn
auch Brünhild schon am Wormser Hof lebt. Im Widerspruch
zur Darstellung des ‚Nibelungenliedes‘ steht auch, daß der Vater der drei Könige und Kriemhilds noch am Leben ist und den
sagengeschichtlich ‚richtigen‘ Namen *Gibich* (*Gibeche*) trägt.
Das ‚Nibelungenlied‘ hat diesen Namen merkwürdigerweise
durch einen anderen ersetzt (doch wurde der richtige in der
späten Fassung k wieder eingeführt). Auf der anderen Seite gibt
es ein dichtes Gewebe aus stofflichen, motivischen und sprachlichen Beziehungen zwischen dem ‚Nibelungenlied‘ und dem
‚Rosengarten‘ bis hin zur Übernahme einer ganzen Strophe des
‚Nibelungenliedes‘ in P. So ist der ‚Rosengarten‘ trotz der Wi-
dersprüche ohne das ‚Nibelungenlied‘ nicht zu denken und
nicht zu verstehen. Die Analyse von Textstruktur und Fas-
sungsdivergenzen kann deutlich machen, daß er geradezu ein
Stück Rezeptionsgeschichte des ‚Nibelungenlieds‘ ist.

Textstruktur und Fassungsdivergenzen

Auch beim ‚Rosengarten‘ ist die Fassungsbildung von einer latenten Kollision in der Textstruktur beeinflußt worden. Zwei Erzählschablonen sind zusammenmontiert, die sich nicht ohne Rest in Einklang bringen ließen: Männervergleich und Aventiure. Der Männervergleich zielt auf die Feststellung, ob Siegfried oder Dietrich der bessere Kämpfer ist. Er setzt voraus, daß gerade diese beiden Männer dazu gebracht werden, gegeneinander anzutreten. Zugleich ist der Rosengarten in Worms als Aventiure-Ort nach dem Muster des Artusromans gedacht – und eine solche Aventiure steht (wie etwa die Quelle im ‚Iwein‘) prinzipiell jedem offen, damit er sich in ihr bewähren kann.

Im ‚Rosengarten‘ A wird vom Männervergleich her erzählt. Siegfried hat um Kriemhild geworben, aber sie hat von Dietrich gehört und will sehen, *von welhem daz beste würde getân* (HzR A, Str. 4,4). Darauf folgt die Beschreibung der Rosengarten-Aventiure, die allen offensteht: *trutz sî allen vürsten, daz keiner kome darîn* (HzR A, Str. 5,4: ‚Trotz sei allen Fürsten geboten, daß keiner in den Rosengarten komme‘). Die spezielle Herausforderung an Dietrich, die der Männervergleich erfordert, wird dann einigermaßen umständlich mit wenig überzeugender Motivation eingefädelt. Entscheidend ist, daß Kriemhild als Herrin der Aventiure und Veranstalterin des Männervergleichs negativ gezeichnet wird: als *vâlandinne* (‚Teufelin‘) und *ungetriuwe meit* (‚hinterhältige Jungfrau‘), beherrscht von *übermuot* und *hôchvart* und getrieben von einer blutrünstigen Freude an Mord und Totschlag. Ilsans blutige Kuß-Aktion erscheint als gerechte Strafe, die die moralische Ordnung der Welt wieder herstellt. Daß der Kuß als Lohn der Frau für männliche Bewährung in ein Instrument schmerzhaft demütigender Zerstörung von Frauenschönheit verkehrt wird, spiegelt die Perversion der Ideale von Aventiure und ritterlichem Kampf, die Kriemhild angezettelt hatte, und setzt ihr ein Ende: *keinen garten hegete mê Kriemhilt diu schoene meit* (HzR A,

Str. 380,4). Überdeutlich verweist die Kennzeichnung Kriemhilds als *vâlandinne* (HzR A, Str. 116,5; 357,11) auf das ‚Nibelungenlied‘: es ist das böse Fluchwort, das ihr, der gnadenlosen Rächerin Siegfrieds, dort Dietrich und Hagen entgegenschleudern (Bartsch/de Boor [wie S. 25], Str. 1748,4; 2371,4). Indem der Verfasser des ‚Rosengarten‘ A diese negative Sicht der Kriemhild-Gestalt festschrieb, bezog er in der Frage Stellung, die der Dichter des ‚Nibelungenliedes‘ nicht klar beantwortet hatte: wie das Verhalten der Protagonisten, das zu der Katastrophe führte, zu bewerten sei. Er hat sich dafür entschieden, die Schuld bei Kriemhild zu suchen und ist damit den umgekehrten Weg gegangen wie die Autoren der Fassung *C des ‚Nibelungenliedes‘ und der ‚Nibelungenklage‘, die Kriemhild nach Kräften entlastet und alle Schuld ihrem Gegenspieler Hagen aufgeladen haben.

Der ‚Rosengarten‘ D zieht die Erzählung von der Aventiure her auf. Als deren Herr wird Gibich eingeführt, der die Herausforderung an alle Welt ergehen läßt. So gelangt sie auch an Etzel, der sie annimmt, aber die Hilfe Dietrichs sucht. Der Männervergleich scheint hier keine Rolle zu spielen, doch biegt die Erzählung abrupt in diesen ein, indem Dietrich überraschender Weise noch eine persönliche Herausforderung Kriemhilds erhält. Der Erzählansatz von der Aventiure her nimmt Kriemhild ein Stück weit aus der Verantwortung für die Kämpfe im Rosengarten heraus. Zwar erscheint sie auch in dieser Fassung in einem negativen Licht, doch geht es dem Verfasser offenbar nicht um die Statuierung eines Exempels. Er treibt vielmehr ein ironisches bis parodistisches Spiel mit den Vorgaben des ‚Nibelungenliedes‘, das keinen der Beteiligten schont (auch die Berner machen eine recht fragwürdige Figur). Auch das ist eine Art, mit der Problematik des ‚Nibelungenliedes‘ umzugehen, und nicht die dümmste. Der literarische Rang und die Brisanz dieser Fassung zeigen sich deutlich, wenn man sie mit P vergleicht. In dieser Fassung ist der Text stark gekürzt, und zwar – soweit die Überlieferungslücken ein Urteil erlauben – nicht nur um die negativen Züge Kriemhilds, sondern auch um die burlesken Motive. Das ergibt eine flott erzählte, aber etwas eintönig wirkende Geschichte von einem Aventiure-Zug in den Formen höfischer Konvention.

Äußerst seltsam nimmt sich für uns die Version F aus. Die Bruchstücke lassen erkennen, daß der Verfasser das höfische Moment – die Pracht von Kleidung und Architektur, die Etikette und das Minnewesen – extrem betont, zugleich aber die Brutalität der Kämpfe gesteigert und den Mordvorwurf an Kriemhild eindringlich artikuliert hat. Wie das gemeint ist, bleibt unklar.

Literatur:

Helmut de Boor, Die literarische Stellung des Gedichtes vom Rosengarten in Worms, in: Beitr. (Tübingen) 81 (1959), S. 371–391 (wieder in: H. de B., Kleine Schriften, II, Berlin 1966, S. 229–245); DE, S. 204 ff., 244 ff.; Williams, S. 222 ff.; Karl Heinz Ihlenburg, Zum ,Antihöfischen' im Rosengarten A, in: Studien zur Literatur des Spätmittelalters, Greifswald 1986 (Deutsche Literatur des Mittelalters 2), S. 41–52; Curschmann, Zur Wechselwirkung (wie S. 28), S. 398 ff.; Müller, Woran erkennt man (wie S. 126 f.), S. 100 ff.; Lenschow, S. 97ff.

,Wunderer'

Überlieferung

Die Erzählung vom ,Wunderer' (früher auch ,Etzels Hofhaltung' genannt) ist in zwei Handschriften und drei Drucken überliefert:

Handschriften:

W_1 (H)   – Dresdner Heldenbuch, s. S. 44, 111;
W_2 (K):   Bayerische Staatsbibl. München, Cgm 5919 – s. S. 147.

Drucke:

w_1 (L):   (Augsburg, Johann Schönsperger, um 1490) – Exemplar: Studienbibl. Linz (Fragment) – Abdruck durch Konrad Schiffmann: Ein Bruchstück des Wunderers, in: ZfdA 51 (1909), S. 416–420 – vgl. DE, S. 334;

w_2 (B):   Straßburg, o.Dr. (Bartholomäus Kistler), 1503 – Exemplar: Bibliothèque de l'Institut de France Paris – Faksimile von Zink – vgl. DE, S. 334;

w_3 (H_1):   Erfurt, Matthes Maler, 1518 – Exemplar: Biblioteka Jagiellońska Krakau (früher Preußische Staatsbibl. Berlin) (Fragment) – vgl. DE, S. 334.

Das Dresdner Heldenbuch (von 1472) auf der einen, der Straßburger und der Erfurter Druck auf der anderen Seite bieten zwei Fassungen ein und derselben Version, in der der Text in der Heunenweise steht (s. S. 153). Der Druck von ca. 1490 und die Münchner Handschrift (vom Beginn des 16. Jahrhunderts) enthalten ,Wunderer'-Texte in Reimpaaren. Da von der Handschrift nur der Anfang, von dem gedruckten Text nur spätere Partien überliefert sind, kann man nicht sagen, ob es sich um Zeugen derselben Fassung handelt. Unterschiede in der Erzähltechnik sprechen dagegen.

Ausgaben:
Die strophische Version liest man im Abdruck des Dresdner Textes in HBHP II bzw. im Faksimile des Straßburger Druckes von Zink, in das eine Strophenzählung einmontiert ist. Den Reimpaar-Text der Münchner Handschrift findet man bei Adelbert von Keller: Erzählungen aus altdeutschen Handschriften, Stuttgart 1855 (BLVS 35), S. 1ff.

Außer den erzählenden Texten gibt es noch ein Fastnachtspiel vom ,Wunderer' (in der Forschung als ,Wunderer' F geführt), ein kurzes Stück von 134 Versen, das die Handlung wirkungsvoll auf wenige pointierte Dialoge im derben Stil der Gattung konzentriert. Das Spiel ist in einer umfangreichen Sammlung von Fastnachtspielen überliefert, die der Augsburger Kaufmann Claus Spaun zwischen 1486 (oder früher?) und 1494 zusammengetragen hat (Herzog August Bibl. Wolfenbüttel, Cod. Guelf. 18.12 Aug. 4°). Man hat vermutet, daß es von dem Nürnberger Barbier Hans Folz (um 1435/40–1516), einem der fruchtbarsten deutschen Autoren des 15. Jahrhunderts, verfaßt wurde. Die Zuweisung läßt sich nicht sichern, doch kann man davon ausgehen, daß das Stück in Nürnberg entstanden ist. Das ist auch insofern von Interesse, als das Dresdner Heldenbuch möglicherweise aus Nürnberg stammt (s. S. 44). Tatsächlich stimmt das Spiel im ganzen zur strophischen Version, aber prägnante Übereinstimmungen mit dem Reimpaar-Text w_1 verbieten es, diese als direkte Vorlage in Anspruch zu nehmen.

Literatur:
Maßgeblich ist die Edition von Adelbert von Keller: Fastnachtspiele aus dem 15. Jahrhundert, II, Stuttgart 1853 (BLVS 29), Neudruck Darmstadt 1965, S. 547ff., Nr. 62 (Text)/IV, Stuttgart 1858 (BLVS 46), Neudruck Darmstadt 1966, S. 344 (Anmerkungen). Zur Handschrift vgl. Gerd Simon, Die erste deutsche Fastnachtsspieltradition, Lübeck/Hamburg 1970, S. 107ff. – Analysen: H. H. J. de Leeuwe, Die dramatische Komposition des Fastnachtspiels vom Wunderer, in: Neophilologus 33 (1949), S. 150–160; Zink, S. 50ff. – Zu Folz als möglichem Verfasser: Eckehard Catholy, Das Fastnachtspiel des Spätmittelalters, Tübingen 1961 (Hermaea N.F. 8), S. 185f. Vgl. auch Simon (wie oben), S. 113.

Inhalt

Strophische Version (in beiden Fassungen 215 Strophen, doch
besitzt jede der Fassungen eine Strophe, die der anderen fehlt):
Bei einem Fest, das König Etzel für die Großen seines Reiches
gibt, erscheint ein überaus schönes Mädchen und fleht um Hilfe gegen den wilden Wunderer, der sie mit einer Hundemeute
seit drei Jahren verfolgt und fressen will. Sie ist eine Königstochter, die nach dem Tod ihres Vaters ewige Keuschheit ge-
lobt hat. Dafür hat Gott ihr drei wunderbare Gaben verliehen:
sie kann jeden Menschen auf den ersten Blick durchschauen;
ihr Segen macht unbesiegbar im Kampf; sie kann sich in Win-
deseile an jeden beliebigen Ort begeben. Etzel – als Feigling
durchschaut – lehnt es ab zu kämpfen und verweist das Mädchen auf seine Helden. Sie entscheidet sich für Rüdiger, der
ebenfalls ablehnt. Etzel weist das Mädchen in einen anderen
Saal. Dort findet sie Dietrich, der sich bereit erklärt zu kämpfen, falls Etzel seine Einwilligung gibt. Etzel lehnt ab: er fürchtet die Rache von Dietrichs Verwandten, falls diesem, der ihm
zur Erziehung übergeben wurde, etwas zustoßen sollte. Der
Wunderer dringt mit den Hunden in die Burg ein. Rüdiger lehnt
es erneut ab zu kämpfen. Schließlich nimmt sich Dietrich doch
des Mädchens an, obwohl er erst fünfzehn (Druck: sechzehn)
Jahre alt ist und Hildebrand versprochen hat, nicht vor seinem
vierundzwanzigsten Jahr zu kämpfen. Das Mädchen spricht einen Schutzsegen über ihn. Der Wunderer verschafft sich mit
Gewalt Zutritt zum Saal und fordert die Herausgabe des Mädchens, in deren Kleid sich die Hunde verbeißen. Dietrich
schlägt die Hunde tot. Der Wunderer packt das Mädchen und
wird von Dietrich niedergestoßen. Er erklärt, er sei ein Königs-
sohn, das Mädchen sei ihm von ihrem Vater zur Ehe versprochen worden, verschmähe ihn aber: daher habe er geschworen,
sie lieber zu fressen, als sie einem anderen zu überlassen. Dietrich macht sich kampfbereit. Der Kampf dauert mehr als vier
Tage (Druck: bis zum andern Tag) und endet damit, daß Dietrich dem Wunderer den Kopf abschlägt. Man feiert ein Sieges-

fest. Das Mädchen, das sich als Frau Saelde vorstellt, nimmt
Abschied. Die Gäste brechen auf.

Das Münchner Bruchstück reicht vom Anfang bis zum Gespräch des Mädchens mit Etzel. Es bittet ihn gleich um einen
Kämpfer, erkennt aber vermöge seiner wunderbaren Fähigkeit,
daß alle seine Helden Feiglinge sind. Etzel ist darüber bestürzt
und fordert das Mädchen auf, ihm zu sagen, ob auch er selbst
ein Feigling sei.

Das Bruchstück des Augsburger Druckes bringt je einen
Ausschnitt aus der Szene vor dem Kampf und aus dessen
Schlußphase.

Textgeschichte

Die ältere Forschung hat den ‚Wunderer' ins 13. Jahrhundert
datiert. Diese Datierung ist nicht ausgeschlossen, aber in keiner
Weise zu sichern. Bislang ist kein Zeugnis für die Existenz des
Textes vor dem ‚Dresdner Heldenbuch' nachgewiesen. Die
strophische Version hat man für eine Bearbeitung eines Textes
in Reimpaarversen gehalten. Das ist möglich, läßt sich aber
nicht beweisen. Das einzige – sehr schwache – Argument ist der
Eindruck einer redundanten Breite des Textes, der die Folge
eben einer Umsetzung von Reimpaaren in Strophen sein könnte. Letztlich kommt man um das Eingeständnis nicht herum,
daß völlig unklar ist, wann und wo der Text entstand und wie
sich die Fassungen genetisch zueinander verhalten.

Literatur:
Franz Zimmerstädt, Untersuchungen über das Gedicht Kaspars von der Roen
Der Wunderer, Berlin 1888 (Wissenschaftliche Beilage zum Programm des Lui-
senstädtischen Realgymnasiums. Ostern 1888); Otto Warnatsch, Die Sage vom
Wunderer und der Saligen in ihrer litterarischen Gestaltung, in: Festschrift des
germanistischen Vereins in Breslau. Hg. zur Feier seines 25jährigen Bestehens,
Leipzig 1902, S. 177–192; Hempel, S. 2 ff.; Carl Brestowsky, Zum Wunderer-
Bruchstück L, in: ZfdA 65 (1928), S. 63 f.; Zink, S. 13 ff. – Vgl. DE, S. 48 f.

Stoffliche Grundlagen

Die ‚Wunderer'-Erzählung folgt dem internationalen Erzählty-
pus der Frauenjagd, der durch die achte Novelle des fünften
Tages in Boccaccios ‚Decameron' (und deren Darstellung als
Wandbild durch Botticelli, heute im Prado) berühmt geworden
ist: der verschmähte Liebhaber jagt die spröde Geliebte, um sie
zu töten. Teilmotive des Typus finden sich auch in den Frauen-
jagdszenen des ‚Eckenliedes' und der ‚Virginal' (s. S. 126 und
140). Ob zwischen den drei Texten eine – wie auch immer ge-
artete – Abhängigkeit besteht, muß trotz entschiedener Äußerungen in der Forschung offenbleiben. Nur der ‚Wunderer'
kennt jedenfalls das Motiv des verschmähten Liebhabers, das
den Typus konstituiert. Die Frage ist, ob dessen Verbindung
mit Dietrich auf alter Überlieferung beruht.

Von Interesse ist dabei insbesondere eine seit der ersten Hälfte des 14. Jahrhunderts bezeugte Überlieferung in Verona, derzufolge Theoderich nach seiner Entrückung auf dem Teufelsroß (s. S. 8) durch die Wälder jagt und dort die Nymphen
verfolgt. Auffälligerweise ist auch im ‚Wunderer' von Dietrichs
Entrückung auf dem Roß die Rede. Der Erzähler nimmt die
Segnung Dietrichs durch das Mädchen zum Anlaß für einen
Exkurs (HBHP II, Str. 131 f. = Zink, Str. 130 f.): Dietrich lebe
noch heute; auf ein unbedachtes Wort, das der Teufel angestif-
tet habe, sei er von dem *ros vnrein* (Druck: *das mocht der teuf-
fel seyn*) in die *wust Rumeney* (Druck: *rumanyag*) – die Ro-
magna? – entführt worden, wo er bis zum Jüngsten Tag mit
Drachen kämpfen müsse; dies sei ihm von Gott zur Buße auf-
erlegt worden. Die Angabe, die zu einer Notiz in der ‚Mörin'
des Hermann von Sachsenheim (1453) stimmt, gehört offenbar
in die Reihe der Versionen von Theoderichs/Dietrichs Ende, die
die negativen Überlieferungen umgebogen haben (s. S. 9). Man
hat von da aus den gesamten ‚Wunderer' als Dietrich-Apologie
verstehen wollen: die Rolle des Frauenjägers, in der Theoderich in jener Überlieferung auftritt, sei auf den Wunderer übertragen und Dietrich als Beschützer der Verfolgten gezeigt wor-

den, um zu demonstrieren, daß ihm jene Rolle gerade nicht zukomme.

Eine Brücke von den Volkserzählungen des Frauenjagd-Typs zum ,Wunderer‘ hat man auch über den Namen der Verfolgten gesucht, indem man die Dame Saelde mit den ,Saligen‘ oder ,Salgfrauen‘ in Verbindung brachte. Das sind Gestalten der Tiroler Volkssage, feenhafte Waldfrauen, von denen erzählt wird, daß sie vom Wilden Mann verfolgt und aufgefressen werden. Weiter ab liegt eine Nachricht von 1525 über das Verhör einer Wahrsagerin aus Vorarlberg, die einer Frau *Selga*, der Schwester der Frau Venus, begegnet sein wollte, die wie die Dame Saelde mit übernatürlichem Wissen begabt war.

Es ist offensichtlich, daß man hier nichts beweisen kann, und z. T. sind die Kombinationen schlicht abwegig. So braucht man keine Volkssagen zu bemühen, um die in der höfischen Literatur notorische Frau Saelde (Fortuna) zu erklären. Alles in allem nötigt das Material aber doch dazu, ernsthaft mit der Möglichkeit zu rechnen, daß die Frauenjagd schon früh irgendwie mit Dietrich verbunden war. Näher liegt freilich die Annahme, daß die Verbindung, wie sie der ,Wunderer‘ präsentiert, eine junge literarische Erfindung ist.

Literatur:
I. V. Zingerle, Frau Saelde, in: Germania 2 (1857), S. 436–439; Warnatsch (wie S. 191); Hempel, S. 49 ff.; Zink, S. 59 ff.; Lutz Röhrich, Die Frauenjagdsage (Mot. E 501.5.1 Wild hunter pursues a woman), in: Laographica 22 (1965), S. 408–423; ders., Erzählungen des späten Mittelalters und ihr Weiterleben in Literatur und Volksdichtung bis zur Gegenwart, II, Bern/München 1967, S. 5 ff. (Texte), 393 ff. (Kommentar); John L. Flood, Dietrich von Bern and the human hunt, in: Nottingham Mediaeval Studies 17 (1973), S. 17–41; Horst P. Pütz, Der Wunderer und der Herr der Tiere, in: Österreichische Zeitschrift für Volkskunde 80 (1977), S. 100–115; Andrea Egger, Verschwenden und verschwinden. Die Salige, der Wilde Mann und das Motiv der Frauenjagd, in: Mitteilungen aus dem Brenner-Archiv 11 (1992), S. 60–63. – Zum Bericht über Dietrichs Ende s. auch die S. 9 f. genannte Literatur, insbesondere Plassmann, Gschwantler (Zeugnisse) und Cometta (S. 82 ff.).

Gattungstypik

Der ‚Wunderer' zeigt modellhaft, wie der Dietrich-Stoff mit Erzählschablonen des höfischen Romans literarisiert wurde. Etzel wird ausdrücklich mit Artus verglichen, und wie bei dessen Hoffesten bricht die Aventiure in Gestalt eines verfolgten Mädchens ein, das um Hilfe bittet und sie bei einem der berühmten Helden aus dem Kreis des Herrschers findet. Mit Händen zu greifen ist der Bezug in der Reimpaar-Fassung der Münchner Handschrift: sie orientiert sich bis zur wörtlichen Übernahme ganzer Versfolgen an dem Artusroman von ‚Wigamur' aus dem 13. Jahrhundert.

Als Dietrich-Dichtung ist der ‚Wunderer' eine Art Dublette der ‚Virginal', denn wie diese handelt er von Dietrichs erster Waffentat, die der Verteidigung eines Mädchens gegen ein menschenfressendes Ungeheuer dient. Deutlich ist jedoch der Unterschied in der Zeichnung des Helden. In der ‚Virginal' ist seine Hilfsbereitschaft zögerlich und bleibt gebrochen durch eine ablehnende Haltung gegenüber dem Frauendienst; im ‚Wunderer' hingegen ist sie – unterstrichen durch die Feigheit Etzels, auf den das Zagheitsmotiv übergegangen ist – der prägende Zug des Helden. Ob der ‚Wunderer' bewußt als Anti-'Virginal' konzipiert wurde, muß freilich dahinstehen. Erkennbar ist in jedem Fall die Absicht des Autors, ein Teilstück von Dietrichs Leben zu entwerfen, das dessen Entwicklung, wie sie die vorhandenen Texte zeigten, ausbaute und fundierte. Das entspricht dem Gattungsprinzip der zyklischen Reihung (vgl. S. 34 f.).

Literatur:
Hempel, S. 39 ff.; Zink, S. 59 ff.; George T. Gillespie, Probleme um die Dichtungen vom Wunderer oder König Theoderichs Glück und Ende, in: Deutsche Literatur des späten Mittelalters, hg. von Wolfgang Harms und L. Peter Johnson, Berlin 1975, S. 99–115; DE, S. 243 f.; Williams, S. 226 ff.; Marina Cometta, La figura del gigante antropofago nella Dietrichepik, in: Letteratura e filologia. Studi in memoria di Giorgio Dolfini, Milano 1987, S. 109–131.

Zum Nachleben Dietrichs im Heldenbuch

Die Heldenbuch-Drucke, vor allem die anscheinend auflagenstarken Ausgaben von 1560 und 1590, haben dafür gesorgt, daß die Kenntnis der Dietrich-Überlieferung niemals ganz verlorenging. Vom 16. bis ins 19. Jahrhundert haben Gelehrte und Poeten in diesen Drucken gelesen, sie studiert und ausgewertet. Als seit dem Ende des 18. Jahrhunderts nach und nach die übrigen Dietrichepen bekannt wurden, hat man sie auf das Heldenbuch bezogen. Dessen Name wurde zur Chiffre für den literarischen Komplex der mittelhochdeutschen Heldenepik außer dem ‚Nibelungenlied' (und der ‚Kudrun'). Die Erforschung dieser Nachgeschichte der Texte steht noch am Anfang. Hier können nur exemplarisch einige Hinweise gegeben werden.

Zu Beginn des 16. Jahrhunderts lief die Überlieferung der mittelalterlichen deutschen Literatur aus. Die letzte große Sammlung, die schon retrospektiven Charakter hatte, war Maximilians Ambraser Heldenbuch. Von den – relativ – wenigen Werken abgesehen, die zum Druck gelangten, starb die lebendige Tradition ab. Gleichzeitig setzte die antiquarische, philologisch-literarhistorische Beschäftigung mit ihr ein, die vom Bewußtsein der historischen Distanz gegenüber den Texten getragen war. Dabei wurde das Heldenbuch als leicht zugängliches Magazin von Wörtern und Sprachformen mittelhochdeutscher Prägung zum geschätzten Hilfsmittel. So benutzten es Melchior Goldast und Martin Opitz für die Kommentierung der von ihnen veranstalteten Ausgaben mittelhochdeutscher Texte (Ausgabe paränetischer Texte durch Goldast 1604, Ausgabe des ‚Annolieds' durch Opitz 1639).

Die Benutzung des Heldenbuchs als philologisches Hilfsmittel ging Hand in Hand mit der literarhistorischen Analyse: man fragte nach dem Alter der Texte, nach ihren Verfassern, ihrer Funktion. Die Hypothesen, zu denen die Gelehrten der frühen Neuzeit gelangten, muten meistens abenteuerlich an, doch gibt es früh auch erstaunlich klare Einsichten. So hat der lutherische Theologe und Historiker Cyriacus Spangenberg (1528–1604) das Verfahren der Synchronisierung historischer Ereignisse und Personen aus verschiedenen Zeiten in der heroischen Welt im Prinzip richtig erfaßt: man habe das Auseinanderliegende zusammengezogen, *Damit man der alten Deutschen hin vnd wider geschehene tapffere Tathen/als hetten sie sich auff eine zeit begeben/gleich als in einem Liede zu singen/beysammen hetten/Wie denn dauon das Heldenbuch [...] noch vorhanden [...]* (,Mansfeldische Chronik‘ von 1572, zitiert nach Haustein, S. 120). Das Heldenbuch galt Spangenberg als seriöse historische Quelle, zu deren Erschließung es allerdings eines besonderen, allegorischen (euhemeristischen) Verfahrens bedurfte, das hinter dem Buchstabensinn das Gemeinte aufzudecken hatte: so bedeutete für ihn Laurins Tarnkappe nichts anderes, als *das er seine Anschlege heimlich gehalten/vnd dauon nicht viel geschreyes gemachet* (,Mansfeldische Chronik‘, zitiert nach Haustein, S. 121). Dem herrschenden Verständnis von Geschichte als Lehrmeisterin des Lebens entsprechend, ist das Heldenbuch für Spangenberg nicht zuletzt ein Tugendspiegel (vorrangig für den Adel) gewesen, eine Sammlung von Exempeln, *anreitzung zu tügenden/vnd warnung für lastern daraus zu nemen* (,Ander Teil des Adelspiegels‘ von 1594, zitiert nach Haustein, S. 122).

Mit der gelehrten Auffassung des Heldenbuchs als historische Quelle stand Spangenberg in einer schon etablierten Tradition. Offenbar beeindruckt von der Aura historischer Verbindlichkeit, die die Heldendichtung immer umgeben hat, haben humanistische Gelehrte seit dem späteren 15. Jahrhundert die Überlieferung für die Rekonstruktion einer Nationalgeschichte der Deutschen herangezogen. Deren ehrwürdige Anfänge suchte man – inspiriert durch die ,Germania‘ des Tacitus – in der germanischen Vorzeit, und eben für diese stand die heroische Überlieferung. Ihren Höhepunkt fand die Diskussion über die Historizität der im Heldenbuch erzählten Begebenheiten im 18. Jahrhundert. Bestimmend blieb dabei das schon von den Humanisten entwickelte Verständnis der Erzählungen als poetische Transformationen historischer Begebenheiten (das im Prinzip der modernen Auffassung entspricht). So meinte Lessing, *Der Dichter* habe *unter dem Ottnit, die beyden Gegenkayser Ottos des Vierten, nemlich Philipp und Friedrich II verstanden, und verschiedne von ihren vornehmsten Thaten in diesem seinem Roman von Ottnit, in ein Ganzes verbunden* (zitiert nach Haustein, S. 150), und Johann Friedrich Schütze stellte in seiner ‚Nachricht von dem alten Heldenbuche‘ von 1795 grundsätzlich fest, daß dem Heldenbuch *würklich Begebenheiten aus der Geschichte Germaniens und Italiens bis zu den Zeiten der Kreuzzüge zum Grunde liegen; daß unter den von den Dichtern aufgestellten Riesen, Drachen, Zwergen, Greifen und Bergbewohnern, Helden, Drachen etc. etc. oft würkliche Personen nicht unkenntlich angedeutet werden, z. B. durch den Mönch Ilsan der Pabst* (zitiert nach Haustein, S. 135).

Eine gewisse Bedeutung erlangte das Heldenbuch auch im poetologischen Diskurs des 18. und 19. Jahrhunderts – in den Debatten über Epos und Roman, über das Erhabene und das Schöne – bis hin zu August Wilhelm Schlegel und Hegel. Dieser qualifizierte in der ‚Ästhetik‘ die Texte des Heldenbuchs gnadenlos ab, die Schlegel in seiner Berliner Vorlesung über die Geschichte der romantischen Literatur (1802/1803) noch durchaus wohlwollend als *Heldenkomödie* neben der *großen Tragödie* des ‚Nibelungenliedes‘ hatte gelten lassen (August Wilhelm Schlegel, Geschichte der romantischen Literatur, hg. von Edgar Lohner, Stuttgart 1965, S. 116). Für Hegel ist das Heldenbuch das Musterbeispiel dafür, wie ein Epos n i c h t sein soll, denn ihm mangle völlig – noch mehr als dem ‚Nibelungenlied‘, das er auch von Herzen verachtete – *die bestimmte Wirklichkeit eines anschaulichen Grundes und Bodens*, die den Homer auszeichne: daher die *langweilige Breite der*

Schwäche in diesen Texten – *Ortnit reitet in die Tannen, kämpft mit dem Drachen, ohne Umgebung von Menschen, bestimmter Örtlichkeit usf., so daß der Anschauung in dieser Beziehung so gut als nichts gegeben ist* (Georg Wilhelm Friedrich Hegel, Ästhetik, hg. von Friedrich Bassenge, I, Frankfurt o.J. [1966], S. 249, II, S. 417).

Man mag Hegels Urteile über die mittelalterliche Literatur der Ignoranz des Philosophen zuschreiben, doch ist nicht zu bestreiten, daß die literarische Qualität der Texte des Heldenbuch-Komplexes gering ist. Das wird der Hauptgrund dafür gewesen sein, daß ihnen in der Gunst des modernen Lesepublikums das ‚Nibelungenlied‘ rasch den Rang abgelaufen hat. Wiederholte Versuche, sie zu neuem Leben zu erwecken, sind kläglich gescheitert: von Christian August Vulpius’ ‚Laurin‘-Bearbeitung von 1796 (aus der Goethe seine Kenntnis der ‚Heldenbuch-Prosa‘ bezogen haben könnte, die er in der ‚Neuen Melusine‘ verwendet hat) über Ludwig Tiecks Heldenbuch-Projekt, Friedrich Heinrich von der Hagens ‚Helden Buch‘ (1811) und ‚Heldenbilder‘ (1819/1823) bis zu Karl Simrocks ‚Amelungenlied‘.

Dieses war der ehrgeizigste Versuch, Dietrich wieder zu literarischen Ehren zu bringen. Der Bonner Germanistik-Professor Simrock (1802–1876) hat einen großen Namen als Übersetzer mittelalterlicher, insbesondere mittelhochdeutscher Texte. Seine Übersetzung des ‚Nibelungenliedes‘ von 1827 ist einer der bedeutendsten Bucherfolge der neueren deutschen Literaturgeschichte: in den verschiedensten Ausgaben wieder und wieder gedruckt, bis heute im Handel, hat sie für Generationen das Bild der Dichtung geprägt. Mit der Übersetzung der ‚Kudrun‘ faßte er sie zu seinem ‚Heldenbuch‘ zusammen, zu dem noch ‚Das kleine Heldenbuch‘ (mit Übertragungen u.a. des ‚Alphart‘ und des ‚Rosengarten‘) und eben das ‚Amelungenlied‘ gehörten. Die Arbeit an dem Werk, das in den Jahren 1843 bis 1849 erschien, hat Simrock über zwanzig Jahre beschäftigt. Es bietet eine freie Mischung aus Übersetzungen, Nachbildungen und Nachdichtungen der mittelalterlichen Texte in neuhochdeutschen Nibelungenstrophen. Es sollte d a s große zyklische Dietrichepos sein, das es im Mittelalter nicht gegeben hat. Mehr als 1700 Strophen umfassend, ist es in acht ,Gesänge' gegliedert: ,Wieland der Schmied' (schon 1835 separat erschienen) – ,Wittich, Wielands Sohn' – ,Ecken Ausfahrt' – ,Dietleib' – ,Sibichs Verrat' – ,Die beiden Dietriche' – ,Die Rabenschlacht' – ,Die Heimkehr'. Simrocks Hauptquellen waren die ,Thidrekssaga' und die mittelhochdeutsche Dietrichepik. Das ,Amelungenlied' ist von seinen Freunden enthusiastisch begrüßt worden, hat das breite Publikum aber kalt gelassen. Es scheint, daß schon die Zeitgenossen den endlosen Redestrom dieser Philologen-Verse nicht ertragen konnten. Heute ist das Werk auch deshalb unerträglich, weil Simrock den Berner, den er als deutschen Kaiser imaginiert, partout zum Nationalhelden machen wollte. Das gipfelte in einem Appell an das deutsche Volk (zitiert nach Moser [s. u.], S. 383):

Auch dir, mein Volk, gelinge, *was Dem von Bern*
              [gelang:
Magst du dir selbst vertrauen, *so tut dir niemand*
              [Zwang.
Folg angebornem Sinne, *der Kraft zu Milde fügt,*
so hast du was zur Freiheit, *zu ewgem Ruhme*
              [genügt.

Es ist kein finsterer Nationalismus, der sich hier äußert. Die Zeilen formulieren ein damals fortschrittlich-liberales politisches Programm, das auf die Schaffung eines deutschen Nationalstaats gerichtet war. Der Impuls kam letztlich aus dem Widerstand gegen die napoleonische Besetzung Deutschlands zu Beginn des 19. Jahrhunderts, der auch den entscheidenden Anstoß zur Beförderung des ,Nibelungenliedes' zum deutschen ,Nationalepos' gegeben hatte. Simrock wollte die Dietrich-Überlieferung als Hort nationaler Identität dem ,Nibelungenlied' an die Seite stellen. Daß er sie bei diesem Versuch förmlich zu Tode gewalzt hat, ist deprimierend zu sehen. Doch hat die

Ungenießbarkeit des ‚Amelungenliedes' dem Berner auch die
verhängnisvolle Popularität der Nibelungen erspart, die im 20.
Jahrhundert zu Trägern einer mörderischen National-Ideologie
gemacht wurden. Glücklicher Dietrich.

Literatur:
Zur Rezeption des Heldenbuchs vom 16. Jahrhundert bis von der Hagen:
Haustein. – Zu Simrocks ‚Amelungenlied': Hugo Moser, Karl Simrock, Berlin
1976 (Philologische Studien und Quellen 82), S. 343ff; Ulrich Müller, Heldenlieder aus Minnesangs Zweitem Frühling: Karl Simrock's „Amelungenlied"
(1843–1849), in: PHG4, S. 171–188.

Abkürzungsverzeichnis

ABäG	Amsterdamer Beiträge zur älteren Germanistik.
AfdA	Anzeiger für deutsches Altertum und deutsche Literatur.
Archiv	Archiv für das Studium der neueren Sprachen und Literaturen.
ATB	Altdeutsche Textbibliothek.
Becker	Peter Jörg Becker, Handschriften und Frühdrucke mittelhochdeutscher Epen, Wiesbaden 1977.
Beitr.	Beiträge zur Geschichte der deutschen Sprache und Literatur.
BLVS	Bibliothek des litterarischen Vereins in Stuttgart.
Brestowsky	Carl Brestowsky, Der Rosengarten zu Worms, Stuttgart 1929 (Tübinger germanistische Arbeiten 7).
Brunner	Horst Brunner, Strukturprobleme der Epenmelodien, in: DHT, S. 300–328.
DE	Joachim Heinzle, Mittelhochdeutsche Dietrichepik, München 1978 (MTU 62).
DgF	Danmarks gamle Folkeviser, hg. von Svend Grundtvig/Axel Olrik/Hakon Grüner-Nielsen/ Karl-Ivar Hildeman/Erik Dal/Iørn Piø, I-X, Kopenhagen 1853–1965.
DHB	Deutsches Heldenbuch. – Teil 1: Biterolf und Dietleib, hg. von Oskar Jänicke/Laurin und Walberan, mit Benutzung der von Franz Roth gesammelten Abschriften und Verglei-

chungen [hg. von Karl Müllenhoff], Berlin 1866, Neudruck Berlin/Zürich 1963. – Teil 2: Alpharts Tod, Dietrichs Flucht, Rabenschlacht, hg. von Ernst Martin, Berlin 1866, Neudruck Dublin/Zürich 1967. – Teile 3 und 4: Ortnit und die Wolfdietriche, nach Müllenhoffs Vorarbeiten hg. von Arthur Amelung und Oskar Jänicke, Berlin 1871. 1873, Neudruck Dublin/Zürich 1968. – Teil 5: Dietrichs Abenteuer von Albrecht von Kemenaten nebst den Bruchstücken von Dietrich und Wenezlan, hg. von Julius Zupitza, Berlin 1870, Neudruck Dublin/Zürich 1968.

DHT   Deutsche Heldenepik in Tirol, in Zusammenarbeit mit Karl H. Vigl hg. von Egon Kühebacher, Bozen 1979 (Schriftenreihe des Südtiroler Kulturinstitutes 7).

DVjs   Deutsche Vierteljahrsschrift für Literaturwissenschaft und Geistesgeschichte.

Firestone   Ruth R. Hartzell Firestone, Elements of traditional structure in the couplet epics of the late middle high german Dietrich cycle, Göppingen 1975 (GAG 170).

Friese   Hans Friese, Thidrekssaga und Dietrichsepos, Berlin 1914 (Palaestra 128).

GAG   Göppinger Arbeiten zur Germanistik.

GDH   Zur germanisch-deutschen Heldensage, hg. von Karl Hauck, Darmstadt 1961 (Wege der Forschung 14).

GDLM   Geschichtsbewußtsein in der deutschen Literatur des Mittelalters, hg. von Christoph Gerhardt/Nigel F. Palmer/Burghart Wachinger, Tübingen 1985.

GGA   Göttingische Gelehrte Anzeigen.

GHS   Wilhelm Grimm, Die deutsche Heldensage, Darmstadt ⁴1957.

Gotzkowsky	Bodo Gotzkowsky, „Volksbücher". Prosaromane, Renaissancenovellen, Versdichtungen und Schwankbücher: Bibliographie der deutschen Drucke, I.II, Baden-Baden 1991. 1994 (Bibliotheca Bibliographica Aureliana 125. 142).
Haustein	Jens Haustein, Der Helden Buch. Zur Erforschung deutscher Dietrichepik im 18. und frühen 19. Jahrhundert, Tübingen 1989 (Hermaea N. F. 58).
HBFaks	Heldenbuch, nach dem ältesten Druck in Abbildung hg. von Joachim Heinzle, I: Abbildungsband, II: Kommentarband, Göppingen 1981. 1987 (Litterae 75/I.II).
HBH	Heldenbuch, hg. von Friedrich Heinrich von der Hagen, I. II, Leipzig 1855, Neudruck Hildesheim/New York 1977.
HBHP	Der Helden Buch in der Ursprache, hg. von Friedrich Heinrich von der Hagen/Alois Primisser, I. II, Berlin 1820. 1825. (Vgl. Haustein, S. 50 ff.).
HBK	Das deutsche Heldenbuch, hg. von Adelbert von Keller, Stuttgart 1867 (BLVS 87), Neudruck Hildesheim 1966.
Heinzle, Triaden	Joachim Heinzle, Die Triaden auf Runkelstein und die mittelhochdeutsche Heldendichtung, in: Walter Haug/Joachim Heinzle/Dietrich Huschenbett/Norbert H. Ott, Runkelstein. Die Wandmalereien des Sommerhauses, Wiesbaden 1982, S. 63–93.
Hempel	Heinrich Hempel, Untersuchungen zum Wunderer, Diss. Halle 1914.
HHG	Heldensage und Heldendichtung im Germanischen, hg. von Heinrich Beck, Berlin/New York 1988 (Ergänzungsbände zum Reallexikon der Germanischen Altertumskunde 2).

HLB	Hansische Literaturbeziehungen, hg. von Susanne Kramarz-Bein, Berlin/New York 1996 (Ergänzungsbände zum Reallexikon der Germanischen Altertumskunde 14).
HzL	Laurin und der kleine Rosengarten, hg. von Georg Holz, Halle 1897.
HzR	Die Gedichte vom Rosengarten zu Worms, hg. von Georg Holz, Halle 1893.
Klein	Thomas Klein, Vorzeitsage und Heldensage, in: HHG, S. 115–147.
Kornrumpf	Gisela Kornrumpf, Strophik im Zeitalter der Prosa: Deutsche Heldendichtung im ausgehenden Mittelalter, in: Literatur und Laienbildung im Spätmittelalter und in der Reformationszeit, hg. von Ludger Grenzmann/Karl Stackmann, Stuttgart 1984 (Germanistische Symposien. Berichtsbände 5), S. 316–340.
von Kraus	Carl von Kraus, Bruchstücke einer neuen Fassung des Eckenliedes, München 1926 (Abh. der Bayer. Ak. der Wiss. Philosoph.-philol. u. hist. Kl. 32/3,4).
Lenschow	Sabine Lenschow, Die Funktion und Verwendung der Propria in der mittelhochdeutschen Dietrich-Epik, Hildesheim/Zürich/New York 1996 (DOLMA B/1).
MLR	Modern Language Review.
MTU	Münchener Texte und Untersuchungen zur deutschen Literatur des Mittelalters.
Pausch	Oskar Pausch, Laurin in Venedig, in: DHT, S. 192–211.
PHG	2. Pöchlarner Heldenliedgespräch. Die historische Dietrichepik, hg. von Klaus Zatloukal, Wien 1992 (Philologica Germanica 13).
PHG4	4. Pöchlarner Heldenliedgespräch. Helden-

dichtung in Österreich – Österreich in der Heldendichtung, hg. von Klaus Zatloukal, Wien 1997 (Philologica Germanica 20).

Philipp Bruno Philipp, Zum Rosengarten, Halle 1879.

RgH Die Gedichte vom Rosengarten zu Worms, hg. von Georg Holz, Halle 1893, Neudruck Hildesheim/New York 1982.

Schanze Frieder Schanze, ‚Volksbuch‘-Illustrationen in sekundärer Verwendung, in: Archiv für Geschichte des Buchwesens 26 (1986), S. 239–257.

Schneider Hermann Schneider, Germanische Heldensage I/1, Berlin ²1962 (Grundriß der germanischen Philologie 10/I).

von See Klaus von See, Germanische Heldensage. Ein Forschungsbericht, in: GGA 218 (1966), S. 52–98 (wieder in: K. v. S., Edda, Saga, Skaldendichtung, Heidelberg 1981, S. 107–153).

Stammler Wolfgang Stammler, Theoderich der Große (Dietrich von Bern) und die Kunst, in: W. St., Wort und Bild, Berlin 1962, S. 45–70.

Steche Theodor Steche, Das Rabenschlachtgedicht, das Buch von Bern und die Entwicklung der Dietrichsage, Greifswald 1939 (Deutsches Werden 16).

ThSB Þiðriks saga af Bern, hg. von Henrik Bertelsen, I. II, Kopenhagen 1905–11 (Samfund til udgivelse af gammel nordisk litteratur 34).

ThSE Die Geschichte Thidreks von Bern, übertr. von Fine Erichsen, Jena 1924 (Sammlung Thule 22), Neudruck Düsseldorf 1967.

VL Die deutsche Literatur des Mittelalters. Verfasserlexikon, 2., völlig neubearbeitete Auflage, hg. von Kurt Ruh (ab IX: von Burghart

	Wachinger) u. a., Iff., Berlin/New York 1978 ff.
Williams	Jennifer Williams, Etzel der rîche, Bern/ Frankfurt a. M./Las Vegas 1981 (European University Studies I/364).
ZfdA	Zeitschrift für deutsches Altertum und deutsche Literatur.
ZfdPh	Zeitschrift für deutsche Philologie.
Zimmer	Uwe Zimmer, Studien zu Alpharts Tod nebst einem verbesserten Abdruck der Handschrift, Göppingen 1972 (GAG 67).
Zink	Le Wunderer. Fac-similé de l'édition de 1503, hg. von Georges Zink, Paris 1949 (Bibliothèque de Philologie Germanique 14).
Zips	Manfred Zips, Dietrichs Aventiure-Fahrten als Grenzbereich spätheroischer mittelhochdeutscher Heldendarstellung, in: DHT, S. 135–171.

Register

Forschungsliteratur

Das Register erfaßt die Autoren der Forschungsliteratur. Bei Herausgebern von Texten und Übersetzern, die in den bibliographischen Blöcken (,Literatur', ,Ausgaben') genannt werden, sind nur die Erwähnungen dort erfaßt. Die Herausgeber von Sammelwerken aller Art sowie die Empfänger von Festschriften bleiben unberücksichtigt.

Autoren und Texte

Das Register erfaßt die antiken und mittelalterlichen Autoren und Texte, dazu die neuzeitlichen, die in den Rezeptionszusammenhang vom 16. Jahrhundert bis Simrock gehören.

Handschriften

Das Register erfaßt die handschriftliche Überlieferung der mittelhochdeutschen Dietrichdichtungen (Epen und Spiele) einschließlich der neuzeitlichen Abschriften.

Ms. germ. 4° 768   127
Ms. germ. 4° 771   170
Ms. germ. 4° 772   111
Ms. germ. 4° 921   127. 171
Ms. germ. 4° 1107   128
Ms. germ. 8° 287, Bruchstück I   146
Ms. germ. 8° 287, Bruchstück II   s. München, Bayerische
    Staatsbibl., Cgm 811
Ms. theol. lat. 2° 82   171
Nachlaß Grimm Nr. 131,4   170. 178

Danzig, Stadtbibl., Ms. 2412   170
Darmstadt, Hessische Landes- und Hochschulbibl., Hs. 4257
    und Hs. 4314   s. Berlin, Staatsbibl., Ms. germ. 2° 856
Dessau, Stadtbibl., Hs. Georg. 224 4°   146. 170
Dinkelsbühl, Stadtarchiv, B 259 (IV)   128
Dresden, Sächsische Landesbibl.
    Msc. M 56   171
    Msc. M 201 (Dresdner Heldenbuch)   35. 44. 51. 64.
        111 f. 117 f. 128. 136 f. 147. 171. 188. 191

Ebstorf, Klosterbibl., VI 8a   s. Kopenhagen, Kongelige Bi-
    bliotek, Fragmenter 18 I

Frankfurt a. M., Stadt- und Universitätsbibl., Ms. germ. 4° 2
    146. 170. 184
Freiburg i.Br., Universitätsbibl., Hs. 531   s. Stuttgart, Würt-
    tembergische Landesbibl., HB VII

Gotha, Forschungsbibl., Cod. Chart. A 3   62
Graz, Universitätsbibl., Ms. 1969   60 f.
Grevenbroich, Kath. Pfarramt St. Stephanus, o. Sign. (Frag-
    ment der ‚Virginal‘)   135

Hannover, Niedersächsische Landesbibl., MS VII 626   99
Heidelberg, Universitätsbibl.

Bilder

Das Register erfaßt die Bildzeugnisse. Aufgeschlüsselt sind sie
über den Namen des Künstlers, wenn er bekannt ist, sonst über
den Fund- bzw. Standort. Die Bilder in Handschriften und im
Erstdruck des Heldenbuchs sind unter dem Lemma ‚Buchillu-
strationen‘ zusammengefaßt.

Abbildungen

1   Portalrelief von San Zeno, Verona (um 1140?) – zu S. 8

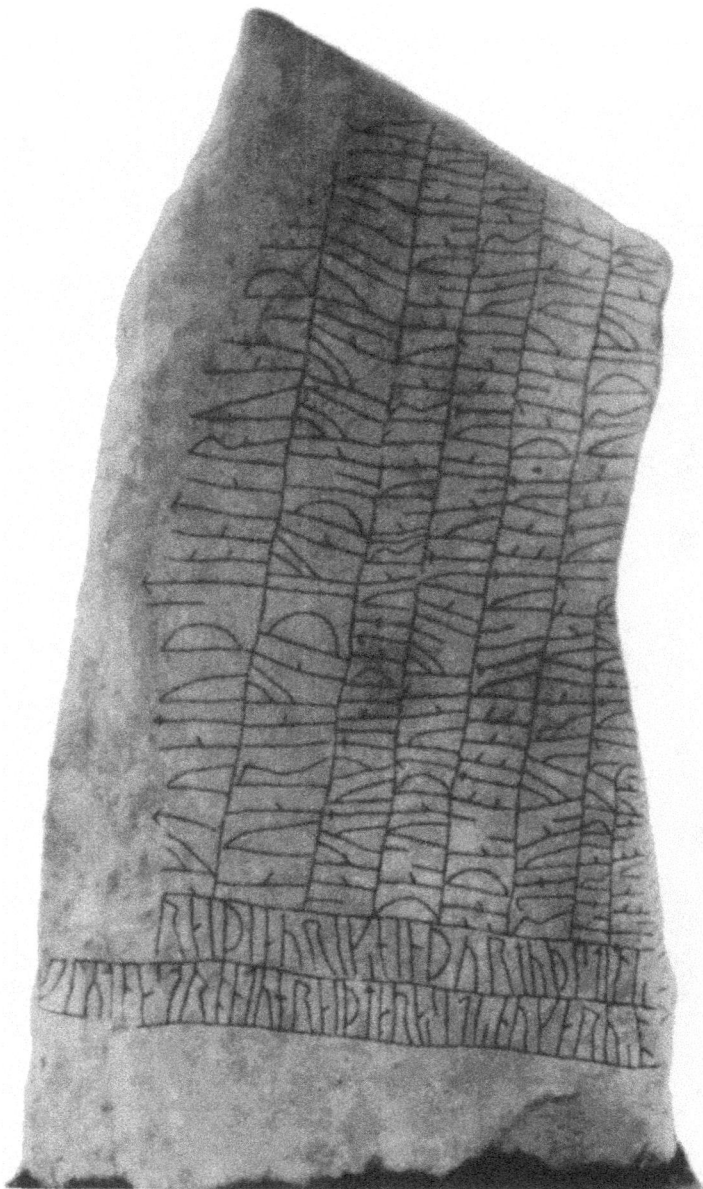

2   Runenstein von Rök (1. Hälfte 9. Jahrhundert),
Vorderseite (auf den waagerechten Zeilen unten
Beginn der Theoderich-Strophe) – zu S. 2

3   Standbild Dietrichs von Bern in der Hofkirche von Innsbruck (1513) – zu S. 31

ich tarz jm nie ferfagen
wúro ou oer búrge mein
es fol zú oifen tagen
feer vno auch fefee fein
Was ift oir noch zú finnen
fpzach meifter hiltebzant
oas foltu mir ferkinnen
witrich kiener wigant
befeano oen rpfen afperian
oas biet ich oich helo gemeit
ein herezogchúm vnoerthan
ife oir von oem tterner bereit
Oa fpzach witrich oer gúte
ich fag oir hiltebzant

ou folt mirs nie zúmúte
ich neme nie alles fein lant
oas ich hie folte feerben
von oem vngefiegen man
wer wolte mir hulo erwerben
ich wils nie vnoerftan
Er bat witrich gar fere
befeano fn ou kiener tegen
fo will oir mein here
feinen gúten fchpmmel geben
vmb oem rofz falcke
gefizcfc ou jm an
vno erfchlechfeu oen fchalcke
fo bifeu ein bpoerman

hie fereit Wittich mie oem rpfen afperian / vno waro oer rpfe Afperian
flichtig mie zwepen fchwereen·

4   Ältester Druck des Heldenbuchs, Blatt 241^r (Darmstädter
Exemplar) mit Holzschnitt zum ‚Rosengarten': Witege
(Wittich) kämpft gegen den Riesen Asprian – zu S. 44

5   Ms. germ. 2° 1062 der Staatsbibl. Berlin (Riedegger Codex, Ende
    13. Jahrhundert), Blatt 92ʳ: ‚Dietrichs Flucht' – zu S. 76

6   Triaden von Runkelstein (um 1400): die Riesin Ritsch –
     zu S. 31, 117

7   Cod. Donaueschingen 74 der Badischen Landesbibl. Karlsruhe (Anfang 14. Jahrhundert), S. 132: älterer ‚Sigenot‘ und ‚Eckenlied‘ – zu S. 133

8   Wappen der Visconti aus dem Codex
1390 der Biblioteca Trivulziana Mailand
(15. Jahrhundert) – zu S. 142

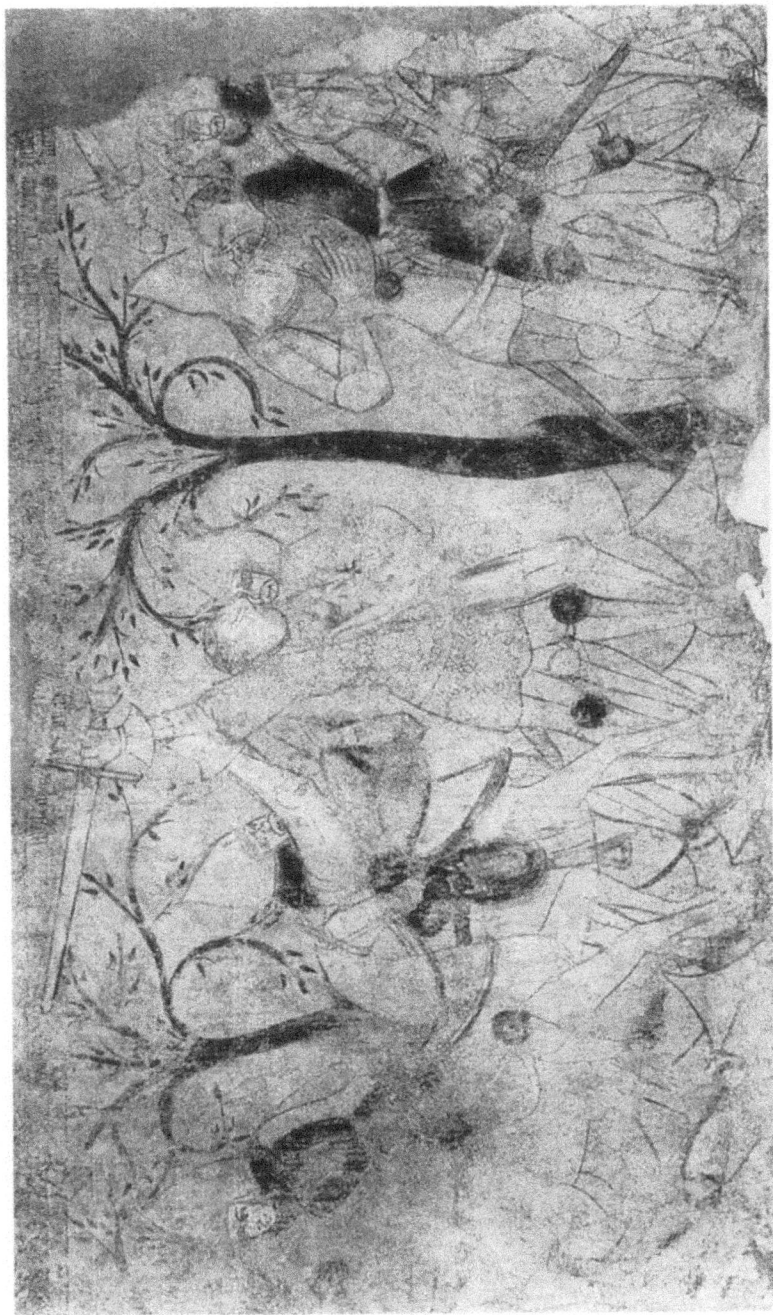

9   Wandgemälde aus Schloß Lichtenberg im Vintschgau (um 1400): Kampf zwischen Dietrich und Dietleib – zu S. 31, 154 f.

10a Laurin-Brunnen in Bozen (1907), vor der Zerstörung – zu
     S. 162

10b Laurin-Brunnen in Bozen (1907), nach der Zerstörung (am Boden Fragment der Dietrich-Figur) – zu S. 163

Graff Watther:

Hrtzog Dietlieb
von Steyer ye.

Kriemhilt

Die Schaidt Kunigin Keimhilt die
Zwen fursten vnd gibt yedem ein Craintz:

11   Berliner Rosengartenspiel, Ms. germ. 2° 800 der Staatsbibl. Berlin
      (1533), Bl. 2ᵛ: Kriemhild überreicht Dietleib und Walther je einen
      Rosenkranz – zu S. 173

Bildnachweis:

www.ingramcontent.com/pod-product-compliance
Lightning Source LLC
Chambersburg PA
CBHW070411100426
42812CB00005B/1705